GOTTESDIENST PRAXIS SERIE A

Arbeitshilfen für die Gottesdienste
zu den Sonn- und Feiertagen
des Kirchenjahres

Herausgegeben von Horst Nitschke

Gütersloher Verlagshaus Gerd Mohn

GOTTESDIENST-PRAXIS

II. Perikopenreihe

Band 1: 1. Sonntag im Advent bis Reminiscere

Gütersloher Verlagshaus Gerd Mohn

CIP-Titelaufnahme der Deutschen Bibliothek

Gottesdienstpraxis / hrsg. von Horst Nitschke. –
Gütersloh : Gütersloher Verl.-Haus Mohn.

Früher hrsg. von Erhard Domay u. Horst Nitschke

Ser. A, Arbeitshilfen für die Gottesdienste zu den Sonn- und Feiertagen des Kirchenjahres.
Perikopenreihe 2.

NE: Domay, Erhard [Hrsg.]; Nitschke, Horst [Hrsg.]; 1. Abt.

Bd. 1. 1. Sonntag im Advent bis Reminiscere. – 1991
ISBN 3-579-02873-1

ISBN 3-579-02873-1

Satz: Satz-Service-Berkemeier, Gütersloh
Druck und Bindung: Ebner Ulm
Umschlagentwurf: Franz Wöllzenmüller, Oberhaching
Umschlagbild: © Benedikt Werner Traut, 8677 Selbitz
Tröstliches Zeichen 1973, Farbholzschnitt 55 x 70 cm,
Printed in Germany

Inhalt

Kanon zum Advent

Hermann Rauhe

Melodie: Hermann Rauhe

Machet die Tore weit

(Ps. 24,7)

Aus: Hermann Rauhe, Singt und lobt (BE 2400), Gustav Bosse Verlag, Regensburg 1990

1. Sonntag im Advent

Predigttext: Römer 13,8–12

Peter Kreyssig

Theologisch-homiletische Skizze

Im Unterschied zur exegetischen Erörterung des Textes (in Band 4) möchte ich in der Predigt die zweite Texthälfte (Vers 11 u. 12) zum Schwerpunkt der Überlegung machen. Das ist kein Gegensatz in der Auslegung, denn die beiden Sinnabschnitte unserer Perikope verhandeln ja in der Tat nichts grundsätzlich Verschiedenes. Sowohl die Stellung zum Gesetz wie das Zeitbewußtsein sind nichts anderes als unterschiedliche Aspekte des einen Neuen Seins, an dem wir durch die Hingabe an das Leben des Christus (Kap. 12,1ff.) Anteil gewinnen. Diese Entscheidung ist vielmehr homiletisch begründet. Denn das Vorrücken der Zeit in eine neue Qualität hinein – die im Text als »Wachheit«, also Helle des Bewußtseins, im Licht eines Neuen Tages bezeichnet wird – ist schließlich eines der eigentlichen Grundthemen des Advents und vermutlich doch auch der Anlaß, aus dem diese Perikope ihren Sitz im de tempore des Kirchenjahres erhielt. Daß auch diese Zeitansage (vgl. Exegese, Abschn. A) nicht nur im Indikativ erfolgt, sondern in eine Paränese ausläuft, soll in der Predigt intensiv berücksichtigt werden. Es könnte dies geschehen, indem man eine simple und plakative Gegenüberstellung von »Licht« und »Finsternis« vermeidet und von der Zwielichtigkeit unseres gegenwärtigen Daseins aus – vom unklaren Dämmerlicht einer vorgerückten Nacht und eines anbrechenden Tages ausgehend – Mut zum Leben zu machen versucht. In einer württembergischen gutbürgerlichen Großstadtgemeinde am Rande der City ist die Adventszeit durchaus noch Besinnungszeit und nicht nur Anbruch einer neuen kommerziellen Phase.
An dieser Stelle ist dann auch die Verknüpfung mit der ersten Texthälfte möglich. Dem Dämmerzustand zwischen Tag und Nacht entspricht die prinzipielle Forderung des Gesetzes und ihre kasuistische Unerfüllbarkeit als ›Nachtseite‹ und die erhellende Aufforderung auf der ›Tagseite‹, dennoch den konkreten Gehorsam der Liebe zu wagen, weil sie den Horizont des Gesetzes mit seiner kasuistischen Endlosigkeit zwar nicht ausfüllt, aber *erfüllt*! Die Nacht der lähmenden Orientierungslosigkeit ist zwar noch nicht gewichen, aber unter den ersten Vorboten des Tages »durchschaubar« geworden. Deshalb kann den Menschen Mut gemacht werden, so daß sie nicht mehr dauernd feststellen, ›wie finster es noch immer ist‹, sondern aufatmend aufschauen und sich klar werden(!): ›Der Tag ist schon im Kommen!‹ So möchte ich als Leitseil für diesen zweiten Teil der Predigt über die erste Texthälfte auch den Weckruf des Advent herausstellen: Die Nacht ist zu Ende – der Tag bricht an.

Vorschläge zur Liturgie

Unter der Prämisse, daß die Symbolik der »Tag- und Nacht-Ungleiche« auch ein gutes Stück weit die Liturgie prägen soll:

Eingangsspruch
Jes 60,1+2: »Mache dich auf, werde Licht ...«

Eingangsgebet
Herr, unser Gott und Vater, den niemand wirken sieht, außer der reines Herzens ist, und den niemand erkennt, außer der liebt: Verleihe uns die Erkenntnis, die das wirkliche Leben erschließt. Laß vor unseren Augen etwas aufgehen von dem verborgenen Licht deiner Herrlichkeit und von der Größe deines Erbarmens. Öffne du selbst dir die verschlossenen Türen in der Welt und in unseren Herzen, daß wir dir entgegengehen und dich willig und mit Freuden empfangen.

Zum Fürbittengebet
(Einleitg. nach Werner Jetter, Wir rufen dich an, Hamburg 1966, S. 14)
Allmächtiger, ewiger Gott, du hast uns durch deinen Sohn von der Macht der Finsternis errettet und einen Ort der Freiheit geschaffen in seinem Licht. Wir haben dein Rufen oft überhört und dein Kommen vergessen; wir haben uns von unserer täglichen Arbeit, aber auch von maßlosen Wünschen zerstreuen und aufhalten lassen. Nun bitten wir dich: Bereite selber den Weg für deine Wahrheit und deine Freude bei uns und bei all den Menschen, die uns nahe sind, ob sie uns helfen oder uns beschweren. Zeige uns, wie wir dir auch dort besser dienen können, wo niemand etwas von deiner Macht weiß oder erhofft. Laß uns deinem Willen gehorsam werden und nach allen Kämpfen, nach all unserem Versagen und allen Beweisen deiner Hilfe dich schauen in deiner unverstellten Klarheit ... Amen.

Lieder
Neben den Adventsliedern des EKG, welche dies Thema aufnehmen – z.B. 1,4; 5,5 und natürlich vor allen Nr. 14 – sind auch Nr. 263 und 264 als Lieder nach der Predigt gut denkbar. Wer einmal etwas unverbraucht Neues anbieten möchte, könnte aus dem »Kleinen Stundenbuch« der katholischen Kirche – Advent u. Weihnachtszeit (Verl. Benziger u. Herder u.a.) – den folgenden Laudes-Hymnus zur Melodie v. EKG Nr. 3 »Ihr lieben Christen, freut euch nun« singen lassen:

1. Hört, eine helle Stimme ruft
und dringt durch Nacht und Finsternis:
Wacht auf und lasset Traum und Schlaf –
am Himmel leuchtet Christus auf

2. Dies ist der Hoffnung lichte Zeit,
der Morgen kommt, der Tag bricht an.
Ein neuer Stern geht strahlend auf,
vor dessen Schein das Dunkel flieht

3. Vom Himmel wird als Lamm gesandt,
der alle Sünde auf sich nimmt.
Wir blicken gläubig zu ihm auf
und bitten ihn um sein Verzeihn

4. Daß wenn im Licht er wiederkommt,
sein Glanz die Welt mit Schrecken schlägt,
er nicht die Sünde strafend rächt,
uns liebend vielmehr bei sich birgt

5. Ruhm, Ehre, Macht und Herrlichkeit
sei Gott, dem Vater und dem Sohn,
dem Geiste, der uns Beistand ist
durch alle Zeit und Ewigkeit   Amen.

Vorschläge zur Predigt

Den Text sollte man vielleicht nach dem Wortlaut des »Neuen Testaments für Menschen unserer Zeit« (Quell-Verl.) verlesen.

Möglicher Anfang
»Die Nacht geht zu Ende, der Tag bricht an« – das ist der Weckruf des Advent, der hell und scharf wie eine Fanfare zum Beginn eines neuen Kirchenjahrs in die Dämmerung unseres Lebens, in den Dämmerzustand unserer Welt hineinfährt. »Denn der Morgen ist da; jetzt kann man nicht mehr schlafen. Jetzt ist die Rettung, die Gott uns zugesagt hat, vor der Tür!« Im alltäglichen Wechsel von Nacht und Tag wissen wir im allgemeinen, was die Stunde geschlagen hat. Es müßte schon ein sehr tiefer Erschöpfungs- oder Krankheitsschlaf uns so verwirrt haben, daß wir in der Dämmerung aufwachen und nicht wissen: Kommt jetzt die Nacht oder wird es Tag? – Aber hier ist ein Zustand unseres Lebens als ganzen gemeint und darüber hinaus die Situation unserer Welt insgesamt: Ein Dämmerungszustand, in dem Helligkeit und Dunkelheit miteinander ringen; in dem wir selber angefüllt sind mit beidem und oft nicht wissen, welches davon den Sieg behalten wird: Geht es mit uns ins Dunkel oder in das Licht eines erneuerten Lebens?
»Die Nacht geht zu Ende, der Tag bricht an!« – Paulus ist es, der uns das zuruft. Woher weiß er das eigentlich?! So viele von uns, Junge wie Alte, leiden unter der Ungewißheit, nicht unterscheiden zu können, ob unser Leben der Nacht zuneigt oder dem Tag: Einmal liegt das Leben vor uns wie ein Abenteuer, wie ein vielversprechender Tagesanfang. Wir machen Pläne und malen uns leuchtende Zukunftsbilder: Ich werde eine sinnvolle Aufgabe finden und ich will mich anständig darauf vorbereiten. Ich will nicht ein Mensch sein, der in den Tag hineinlebt und bloß reagiert auf das,

was ihm entgegenkommt. Ich werde etwas wollen und ich will jemand sein – ein Mensch mit einem persönlichen Gesicht, jemand, von dem etwas ausgeht. Und dann zieht eine dunkle Wolke von irgendwoher auf und löscht alle Farben mit einem Schlag scheinbar wieder aus: Wer bist du schon; was hast du denn für Chancen? Bis du so weit bist, haben die ungeheuren Umwälzungen unserer Welt sicher schon wieder eine Katastrophenseite nach oben gedreht; schlägt man sich vielleicht ums pure Überleben mit Millionen Verzweifelter aus der übrigen Welt, die Hunger, Elend und politische Unterdrückung zur Raserei getrieben haben. Wozu erst Verantwortung übernehmen, wozu erst Bindungen eingehen, weshalb Kinder in die Welt setzen, warum mitkeuchen in der Leistungs-Tretmühle?
Manche hoffen in diesem Dämmerzustand der Ungewißheit auf den Tag, nehmen alle Kräfte zusammen und hoffen, daß alles gut geht. Andere, viele, viel zu viele steigen aus und flüchten vor der Nacht der Sinnlosigkeit in den Rausch: den Rausch der Droge oder des Alkohols, den Rausch der Geschwindigkeit oder den Rausch des tosenden Lichtergefunkels in einer Diskothek. Und wenn wir sie fragen: Was müßt ihr eigentlich übertönen mit all dem Lärm und Betrieb, wovor seid ihr auf der Flucht?, dann schauen sie uns an und sagen: Vor der Leere und der tristen Resignation unserer schönen neuen Welt, in der das Leben versackt und uns anödet! ...

Zum weiteren Verlauf
Die Situationsbeschreibung sollte jetzt noch durch einige entsprechende Bilder aus der Welt der Älteren ergänzt werden, damit nicht der Eindruck einer »Generationsschelte« entsteht. Wir sind alle in der gleichen Dämmerung. Manchmal geht man dem Älterwerden, dem Ruhestand, der letzten Lebensphase wie einem Fest entgegen, erwartungsvoll und zuversichtlich: eine abschließende Lebensphase im Hellen, frei von vielen lästigen Pflichten; ein Mensch, der sich selber gehört; ein bißchen fertiger mit den Zweifeln und Lebensfragen; reifer, gelassener, ein guter Zuhörer und Ratgeber vielleicht für andere. Und dann überfällt einen wieder einmal die Angst vor dem Dunkel zunehmender Einsamkeit, vor wachsendem Abgemeldetsein, zunehmender Angewiesenheit auf Hilfe, Verlust der Selbständigkeit und des eigenen Lebensraums: Weg ins Dunkel, bergab ... und der Nacht des Todes entgegen! Und wir sehen die Welt draußen auch in diesem Zwielicht: Früher war alles ganz anders, besser; wir verstehen diese Welt nicht mehr. Und versuchen uns dann wieder einzureden: »Wo Gefahr wächst, wächst das Rettende auch.« Es wird »ihnen« schon noch rechtzeitig etwas einfallen!
»Die Nacht geht zu Ende, der Tag bricht an.« Damit wird angesagt, daß dies alles kein Dämmerzustand ist, der unentschieden bleiben muß. Gott hat sich bereits entschieden: für uns Menschen; für unser Leben, für seine Schöpfung, für den Weg der Menschheitsgeschichte an ein sinnvolles Ziel: Gott hat wissen lassen, daß er sich von dem Ziel nicht abbringen lassen wird,

das »Menschwerden des Menschen« heißt. Deshalb sollen und dürfen wir glauben, daß über dem Wechsel von Tag und Nacht, über dem Kampf zwischen Licht und Dunkelheit in unserem Leben, über dem Dämmerzustand des Schicksals der Welt schon ein einziger, langer Tag angebrochen ist, der bis zur Vollendung dieser Welt reicht und den kein Dunkel wieder verschlingt: Der Tag Jesu Christi ist immer schon im Werden und Wachsen. Und vielleicht werden wir es eines Tages selbst mit staunenden und beglückten Augen erkennen: Diese neue Welt und unser Leben in ihr ist ein einziger, allmählich aufstrahlender Weltentag Gottes. Es ist der Tag des Menschentums Jesu Christi, das unter uns und in uns im Kommen ist.
Deshalb sollen wir uns nicht faszinieren lassen von dem allen, was vor unseren Augen jeweils hell oder dunkel erscheint und das wir verzweifelt oder hoffnungsvoll auf den Sieg der Nacht oder des Tages hin deuten. Wir sollen uns vielmehr daran halten, daß jeder Wechsel zwischen Dunkel und Helle, so ungewiß er aussieht und so sehr er uns verunsichern mag, uns im Tag Gottes ein Stück voranbringt, dem Sieg des Lichtes zu. Wir dürfen uns darauf verlassen, daß die Zeit nicht einfach »verläuft«, d.h. ins Nichts verrinnt; sondern daß sie mit uns auf ein Ziel zuläuft, vor dem wir uns nicht zu fürchten brauchen. Wir sollen darauf vertrauen, daß auch unser Leben nicht einfach vorbeigeht, sondern daß Gott es auf Wachstum und Reife angelegt hat. Es soll sich mit dem Licht seines anbrechenden Tages vollsaugen und es widerstrahlen können. »Darum sollen wir uns fernhalten von allen Taten, die nur im Dunkeln geschehen können; wir sollten den Kampf aufnehmen wie Menschen, die das Licht nicht zu scheuen brauchen.«
Darum hat unser Text vor dem Weckruf des Advent mit dem Aufruf zu einer großen Gelassenheit eingesetzt: Ihr braucht nicht Leute zu sein, die sich und anderen ständig ›etwas schuldig sind‹. Laßt euch also nicht von der Panik mancher Zeitgenossen anstecken, die immer Angst haben, etwas zu versäumen oder dem Leben nicht alles abzugewinnen, was es bietet! Laßt euch als gewissenhafte Menschen nicht ständig ängstigen von dem Gedanken, was ihr euch oder anderen schuldig bleibt. Wir stehen in vielen Bereichen des Lebens vor einer mehr als düsteren Weltlage; und wer sie sich bewußt macht, muß sich entweder ruinieren bei dem Versuch, zu helfen, zu ändern, zu sparen, zu opfern – oder in die Lethargie künstlicher Gefühllosigkeit versinken. Es gibt nur eine Schuldigkeit in dem Dämmerschlaf der Welt, und die ist: in der Gelassenheit der Liebe zu denken, zu reden und zu handeln versuchen. Gottes Tag ist im Kommen – und er ist dabei nicht von unseren Zeitmaßen abhängig. Frage nicht zu lange, ob du diesem Menschen dauerhaft helfen oder seine Not beseitigen kannst. Überlege nicht zu lange, welche Chancen du hast, dem Welthunger zu steuern oder ein unmenschliches System zu bessern. Tu gelassen, was du im Augenblick vermagst – mit Liebe. Sie findet ihr Maß. Wir sollen nicht endlos darüber meditieren, warum Menschen heute angeblich gedankenloser, unpünktlicher, egoistischer, ungebildeter oder fauler sind als früher. Laßt uns einfach

versuchen, selber anders zu sein, weil es sonst lieblos wäre. Wir müssen die Zeiten nicht ändern noch sie lange beweinen. Wir brauchen nur selber aus dem Geist *der* Zeit zu leben, zu der wir gehören: dem kommenden Tag der Menschlichkeit Jesu Christi!

Möglicher Schluß
Es bleibt vieles ungewiß und dunkel, was uns ängstigt und in Zweifel versetzt. Es gibt Nachtzeiten im Leben, die endlos scheinen und einen Glauben an den Tag Gottes fast unmöglich machen. Darum sind die Adventsgebete der Christenheit auch oft voll drängender und sehnsüchtiger Bitten, daß Gott den Himmel aufreißen und die Zeiten abkürzen und uns damit einen Lichtschimmer vor die Augen bringen möchte. Darum brauchen wir die Gemeinschaft um sein Wort und um seinen Tisch als eine Ermutigung zum Leben aus dieser großen und ständigen Erwartung. Aber es lohnt sich, Ohr und Herz neu zu öffnen für diesen Weckruf des Advent. »Wenn wir uns so verhalten, haben wir verstanden, in welcher Zeit wir leben. Denn der Morgen ist da; jetzt kann man nicht mehr schlafen. Jetzt ist die Rettung, die Gott uns zugesagt hat, vor der Tür. Die Nacht geht zu Ende; der Tag bricht an.« Amen.

2. Sonntag im Advent

Predigttext: Jakobus 5,7–8

Ursula Schütz

Theologisch-homiletische Skizze

Eschatologische Hoffnungen der ersten Christen, die Erwartung des Kommens Jesu mit Gericht und Weltende sind Themen vieler Bibeltexte in der Adventszeit. Auch im vorliegenden Abschnitt aus dem Jakobusbrief ist das so. Wie sollen die Christen, die »Brüder«, sich verhalten angesichts der schon Jahrzehnte andauernden Parusieverzögerung? Auf dieses existentielle Problem der frühen Kirche geht der Jakobusbrief hier ein. Es steht in deutlicher Spannung zu der auf Wiederholung angelegten Frömmigkeitspraxis in der Gegenwart. Die Gottesdienstbesucher erwarten, gerade in der Advents- und Weihnachtszeit, Erinnerung und feierliche Stabilisierung des Bestehenden. Die lineare Zeitstruktur mit der auf Zukunft ausgerichteten Spannung wird faktisch zurückgedrängt und eine zyklische Zeiterfahrung ermöglicht: Alle Jahre wieder das gleiche Fest, der gleiche Anlaß, die gleiche Botschaft. Nicht das Ende der Welt wird dringend erwartet, auch wenn die Lieder das noch zur Sprache bringen (»Der Jüngste Tag ist nun nicht fern«), sondern ihr Bestehen wird gefeiert mit dem alljährlich wiederkehrenden feierlichen Rahmen. Diese Vergewisserung, die durch Ritus und feste Struktur gerade die emotionalen Seiten der Kirchenbesucher anspricht, macht sogar die Attraktivität der Adventsgottesdienste aus.
In dieser Spannung zwischen dem Bibeltext und den Erwartungen der Gemeinde steht die Predigerin/der Prediger.
Das Beispiel des Bauern, der den Frühjahrs- und den Herbstregen erwartet, um aussäen und später ernten zu können, bietet eine Brücke an von der auf ein zukünftiges Ziel ausgerichteten Zeitstruktur zur zyklischen Zeiterfahrung. Dieses Bild ist zudem tröstlich, es vermittelt Sicherheit. Auf den Regen ist Verlaß, denn »Solange die Erde steht, soll nicht aufhören Saat und Ernte, Frost und Hitze, Sommer und Winter, Tag und Nacht« (Gen 8,22). Ob der Hinweis auf die Verläßlichkeit des Wetters heute angesichts von Klimaveränderungen noch überzeugen bzw. für der Landwirtschaft und Gartenarbeit entfremdete Menschen noch etwas sagen kann, ist fraglich. Eins leistet das Bild des Bauern auf alle Fälle: Es holt das endzeitliche Warten auf eine alltägliche, alljährliche Ebene herunter, auf eine überschaubare Zeitspanne.
Die Verse 7f. stehen einmal im Zusammenhang zu Vers 1–6, wo die reichen Landbesitzer die Erntearbeiter um ihren Lohn betrogen haben. Die angesprochenen »Brüder« in Vers 7 sind also Lohnabhängige; die Perikope bekommt so einen sozialkritischen Ansatz. Ob die Gemeinde in diesem Sinne als »Brüder« anzusprechen ist? Im allgemeinen werden die Kirchenbesucher der Mittelschicht angehören, trotzdem sollten die im Blick bleiben, die der Jakobusbrief anredet, auch wenn sie nicht im Gottesdienst sind.
Der Zusammenhang nach hinten (»Klagt nicht übereinander«, Vers 9ff.) führt noch zu einem anderen Gedanken: Die Unzufriedenheit darf nicht an anderen, noch Schwächeren ausgelassen werden, so daß andere Benachteiligte, z.B. Asylbewerber, Ausländer, als Ursache für das eigene Los bekämpft werden.

Den unterdrückten, um ihren Lohn betrogenen Arbeitern Geduld zu empfehlen ist das Gegenteil von Klassenkampf. Die Predigt wird nur dann nicht zynisch, wenn der himmlische Lohn nicht an die Stelle des irdischen treten soll, sondern auch die irdische Gerechtigkeit eingefordert werden muß.
Das Wort für Geduld »makrothymein« meint nicht nur den zeitlichen Aspekt, das Warten auf ein Ereignis in der Zukunft, sondern auch die Geduld im mitmenschlichen Bereich (vgl. Mt 18,26.29, wo die Geduld mit einem, der nicht bezahlen kann, gemeint ist).
Um die Geduld im Alltag des Zusammenlebens und die Geduld bei der großen Hoffnung auf Gottes Kommen geht es bei meiner Adventspredigt, um das Leben mit unerfüllten Hoffnungen und um die sichtbaren irdischen Zeichen von Gottes Entgegenkommen.

Vorschläge zur Liturgie

Psalm 126
Oder:
Nach Psalm 27
Wider die Resignation
Der Herr ist mein Licht und mein Heil
Der Herr ist Aussicht in aller Aussichtslosigkeit;
warum soll ich resignieren?
Der Herr ist langer Atem in aller Atemlosigkeit;
warum sollte ich aufgeben?
Und steht es tausendmal in jeder Zeitung,
daß Glaube, Kirche keine Zukunft habe,
und sieht es auch so aus, als ob selbst Bischöfe es glaubten,
ich habe keinen Grund, es ihnen nachzureden.
Und sind auch die verbürgerlichten, angepaßten Christen
die stärksten Argumente gegen mich,
sie wiegen nicht auf gegen das eine: Jesus von Nazareth,
der lebt und lebendig macht.
Und sind die Verhältnisse so, daß man fragt:
»Warum schweigt Gott zu all der Ungerechtigkeit,
die doch zum Himmel schreit?«,
dann leihe ich ihm meine Stimme,
und man wird hören, daß Gott schreit.
Aber eines brauche ich, und darum bitte ich den Herrn:
eine Handvoll Menschen, die meine Sicht teilen,
eine Handvoll Menschen, die immer wieder zusammenkommen,
versammelt sind in deinem Namen
und erfahren, daß du, Gott, mitten unter uns bist.
Nur so werden wir der Versuchung zur Resignation widerstehen,
nur so werden wir das Unmögliche möglich machen:
Friede und Gerechtigkeit;

nur so werden wir Menschen wie jener Jesus aus Nazareth:
bis zum letzten da für den Menschen,
bis zum letzten vertrauend, daß deine Liebe stärker ist als der Tod.
(Dietmar Zils in: U. Seidel/D. Zils, Psalmen der Hoffnung. Texte für jeden Tag, Schriftenmissions-Verlag Gladbeck 1973/1982)

Sündenbekenntnis
Das Warten fällt uns schwer, Gott,
wir sind ungeduldig,
haben zu wenig Zeit,
für andere und für uns selbst,
auch für dich haben wir zu wenig Zeit.
Lieber lenken wir uns ab,
stürzen uns in Arbeit oder Zerstreuung,
machen uns etwas vor
und können es nur schwer aushalten,
wenn etwas Zeit braucht
oder nicht nach unserem Kopf geht.
So bitten wir dich:
  Herr, erbarme dich!

Zuspruch
Gott kommt euch entgegen, darum seht auf und erhebt eure Häupter, weil sich eure Erlösung naht. (Luk 21,28)

Eingangsgebet
Gott, in deinem Licht können wir uns aufrichten
und unser Haupt erheben,
Abstand gewinnen zu dem, was uns gefangenhält,
innehalten und uns ausrichten auf dich.
Erlöse du uns aus unserer Ängstlichkeit,
aus unserer Eintönigkeit und Ziellosigkeit,
damit wir frei werden
für dich, für uns selbst und füreinander.
Amen.

Lesung
Luk 21,25–33 oder Joh 16,16.20–22, auch Luk 18,1–8

Schlußgebet
Barmherziger Gott,
du bist geduldig und hast einen langen Atem.
Schenke auch uns etwas von deiner Geduld,
die warten kann, bis die richtige Zeit gekommen ist,

die nicht verzweifelt im Umgang mit schwierigen Mitmenschen,
mit Kindern, Jugendlichen und Alten.
Laß uns nicht bitter werden, wenn jemand uns Unrecht getan hat
oder wenn wir lange vergeblich gewartet haben.
Stärke uns das Herz, daß auch wir einander die Herzen stärken können.
Laß uns im Warten nicht am Leben vorbeileben,
sondern auch diese Zeiten als sinnvoll erfahren.
Schenke uns das richtige Verhältnis zwischen dem Leben im Augenblick
und der Ausrichtung auf die Zukunft, aus der du uns entgegenkommst.
Sei bei denen, die sich fürchten
vor der Zukunft, vor Krankheit und Tod,
und laß uns in frohen und in schweren Zeiten deine Nähe spüren. Amen.

Liedvorschläge
EKG 5,1–7; EKG 4,1–3.5; EKG 10,1.4–7; auch EKG 123,1–4; Neue Lieder II, Nr. 795,1–5: Weil Gott in tiefster Nacht erschienen (Neuhausen-Stuttgart 1983)

Zur Predigt

Möglicher Predigtanfang
»Darum, Geschwister, haltet geduldig aus bis zur Ankunft des Herrn! Auch der Bauer wartet auf die kostbare Frucht der Erde, er wartet geduldig, bis im Herbst und im Frühjahr der Regen fällt. Ebenso geduldig sollt auch ihr sein. Macht euer Herz stark, denn die Ankunft des Herrn steht nahe bevor.«

Liebe Gemeinde, worauf warten Sie heute? Was ist es, das Sie aufrecht hält, auch in schweren Zeiten? Was erwarten Sie sich von der »Ankunft des Herrn«?
»... all unsre Not zum End er bringt, derhalben jauchzt, mit Freuden singt ...«, so singen wir in dieser Adventszeit und drücken die Sehnsucht nach Erlösung aus. Die Hoffnungen in diesen Tagen werden groß und das Bewußtsein der Not auch. Weihnachtswünsche nach dem Partner fürs Leben, nach Glück in der Familie, nach Genesung von Krankheit, nach einem Arbeitsplatz, nach einer Wohnung, nach Wiedersehen mit guten Freunden, überall werden Hoffnungen genährt.
Und da hören wir diese Ermahnung zur Geuld. Gleich dreimal legt Jakobus seinen Geschwistern Geduld ans Herz. Offenbar ist diese Ermahnung nötig, offenbar sind die Empfänger des Briefes ungeduldig. Zur Geduld werden Menschen ermahnt, die etwas nicht erwarten können. Wie ist das mit denen, die Jakobus da anredet? Warum haben sie Mühe mit der Geduld?
Was wir von ihnen wissen, ist, daß sie als Fremde in der Zerstreuung leben. Und seit langem haben sie auf das Kommen des Herrn Jesus Christus ge-

wartet. Inzwischen ist es um das Jahr 100 n.Ch., viele sind über den Worten gestorben, und immer noch hat sich an ihrer armseligen Lage nichts geändert. Hoffnung auf die Heimkehr nach Jerusalem, aber vor allem Hoffnung auf einen gerechten Ausgleich am Ende der Zeit. Der Richter, der alles aufwiegen und das Unrecht wieder gutmachen wird, auf ihn gehen die Hoffnungen schon seit Generationen. Die armen Tagelöhner, die von den reichen Grundbesitzern um ihren Lohn betrogen wurden, sie sehnen diesen Tag des Gerichts herbei.
Aber die Zeit des Wartens dauert schon lange. In so einer Situation kann Hoffnung stur werden und Menschen versteinern lassen (vgl. Kontexte: W. Biermann, Ballade von den Spaniern im Dresdener Exil).

Zum weiteren Verlauf
Die Wartezeit wird zu lang, die Erfüllung bleibt zu lange aus. Da beginnt es in einer Gruppe zu kriseln. Junge Menschen wollen ihr Leben *jetzt* leben und sich nicht immer auf später vertrösten lassen. Alte Menschen werden müde in ihrer Hoffnung, haben die große Hoffnung ihres Lebens sich nicht erfüllen sehen.
In einer ähnlichen Situation sind Gastarbeiterfamilien, die vor Jahren in unser Land gekommen sind mit dem Ziel, hier viel Geld zu verdienen, möglichst nichts zu brauchen, sich alles vom Mund abzusparen, um irgendwann in die südliche Heimat zurückzukehren und dort ein Haus zu bauen. In der Zwischenzeit haben sie Kinder bekommen, die ihre Muttersprache nicht gelernt haben, denen die Heimat ihrer Eltern fremd ist und die hier bleiben wollen.
Ob hier Alte und Junge die gleiche Hoffnung teilen? Oder ob es auch immer mehr Menschen gibt, die die Vertröstungen satt haben?
Ob die Empfänger des Briefes die Ratschläge des Jakobus beherzigt haben, oder ob sie eher den Kopf geschüttelt haben und ärgerlich wurden und enttäuscht? Lernt sich Geduld überhaupt durch Ermahnungen?
Als ich noch ein Kind war und ermahnt wurde, ich solle Geduld haben und abwarten, da konnte ich das meist nicht einsehen. Ich war trotzdem noch ungeduldig. Heute bin ich älter und weiß, daß manches Zeit braucht. Mit den Jahren kommt eine gewisse Abklärung. Aber immer wieder merke ich an mir, wenn ich in Situationen komme, wo Geduld nötig wäre, daß ich mich seit meiner Kinderzeit an diesem Punkt wenig geändert habe. Ein geduldiger Mensch bin ich noch nicht geworden. Eher habe ich manche Hoffnungen aufgegeben; unterscheiden gelernt zwischen Illusionen und echten Zielen.
Die Gegenwart realistisch sehen und doch nicht zu resignieren, das wäre wichtig. Dazu ist Geduld nötig. An diesem Punkt steckt bei Jakobus wohl doch etwas mehr dahinter als eine »stroherne Epistel«.
Auf die verschiedenen Aspekte der Geduld möchte ich nun eingehen.
Zunächst möchte ich die Einstellung ansprechen, die sich und andere nur auf später vertröstet: »Wenn erst einmal ... erreicht ist, dann wird alles besser.« Hier hat die Gegenwart nur den Sinn, daß sie bald vorbeigehen soll.

Geduld im positiven Sinn ist nicht die »Geduld« des Lammes, das alles über sich ergehen läßt, sondern die des Bauern. Er ist existentiell auf Regen angewiesen, sein Hab und Gut ist dem Wetter ausgeliefert, aber er wartet den richtigen Zeitpunkt ab und handelt entsprechend.
Diese »bäuerliche Geduld« ist aktiv und klug. Sie ist notwendig, um ein gestecktes Ziel zu erreichen, sei es im persönlichen Leben, bei einer Berufsausbildung oder für eine Bürgerinitiative, die z.B. eine Giftmüllverbrennungsanlage verhindern will. Nicht zuletzt die Frauen brauchen diese Geduld, die zäh und beharrlich, wie die bittende Witwe in Luk 18,1–8, am Ende doch zum Ziel kommt. Lange hat es gedauert, aber nun haben auch die Frauen in Appenzell-Innerroden das Wahlrecht bekommen. Lange hat es gedauert, aber nun werden auch in der anglikanischen Kirche Frauen ordiniert. Und auch wenn sich in den Leitungsgremien der Kirchen nicht viel Erfreuliches tut in Sachen Ökumene, so geschieht doch vor Ort z.T. Beachtliches.
Nicht nur in bezug auf das Warten ist Geduld nötig, sondern auch im Umgang miteinander. Sie gibt die Kraft, in schwierigen Beziehungen auszuhalten, als Eheleute zusammenzubleiben, Kindern, Schülern und Jugendlichen gerecht zu werden, alte Menschen anzunehmen, auch wenn sie starrsinnig und vergeßlich werden. Weitere aktuelle Beispiele können hier angefügt werden.

Möglicher Schluß
Eins ist sicher: Das Leben besteht nicht nur aus geduldigem Warten, sondern immer wieder erfüllen sich Hoffnungen, immer wieder gelingt etwas Schönes. Eine Genesung von einer Krankheit, eine Rettung aus Todesgefahr ist für die Betroffenen wie eine Erlösung und zeigt, daß der Himmel unseren Wünschen und unserer Arbeit entgegenkommt. Manchmal ist Geduld schwer, manchmal lernt sie sich erst durch Erfahrungen.
Dabei sind wir angesprochen, nicht als Einzelwesen, sondern als Gemeinde. Christen warten nicht allein, sondern miteinander. So wie der Bauer kein einzelkämpferisches Individuum ist, sondern angewiesen auf Mitarbeiter, auf Knechte, Mägde, auf seine Frau und seine Kinder, so brauchen auch wir einander. »Stärkt einander die Herzen« – das haben wir bis heute nötig. Gemeinsam läßt sich Leid besser tragen, miteinander wartet es sich leichter. Das Wort, das dir hilft, kannst du dir nicht selber sagen. Daß wir, wenn wir Hilfe brauchen, einen Menschen finden, eine Schwester, einen Bruder, die uns das sagen können, was Herz und Rücken stärkt, was Mut macht, das wünsche ich uns allen. Und auch, daß wir merken, wo andere uns brauchen, und für sie das richtige Wort finden. So kann die große Hoffnung ihr Licht auf unsere Gegenwart werfen, und wir erkennen, daß Gott uns nahekommt, nicht erst in ferner Zukunft, sondern immer wieder neu.
Amen.

Kontexte

»Herr, gibt mir die Gelassenheit, Dinge hinzunehmen, die ich nicht ändern kann. / Gib mir die Kraft, Dinge zu ändern, die in meiner Macht stehen. / Und gib mir die Weisheit, das eine vom anderen zu unterscheiden.« Friedrich Oetinger zugeschrieben.

»Zukunft kommt nicht als blindes Geschick in einem naturalen Ablauf, sondern geschieht in der einsamen Entscheidung der Herzen. Letztlich muß man sich nicht nach einer vorauskalkulierten Zukunft richten, sondern sie schaffen, indem man sie ohne Rückversicherung hoffend schafft in der eigenen Entscheidung. Und somit sagt gerade ein Blick auf die Zukunft des Christentums und der Kirche nur das eine: glaube, entscheide Dich in Hoffnung gegen alle Hoffnung, wie der Apostel von Abraham sagt, und dann wird aus dieser Glaubensentscheidung ohne Rückversicherung von selbst die Zukunft, die Gott dem Glauben an Jesus Christus und seiner Kirche verheißen hat.« (Karl Rahner, Zur Theologie der Zukunft, München 1971, 243)

»... Sieh dir das Bild an: neun mal schwarz / Stehn Haare um ein Steingesicht / Vom Warten grau, im Wartesaal der Weltrevolution. Und nichts / Sehn diese Augen noch, sie starren / Verlorn in die Vergangenheit / Und eine sture Hoffnung hält / Die Köpfe hoch. Die sind bereit / Barfuß zu laufen bis zum Ziel / – den Weg nach Haus aus dem Exil ...« Ballade von den Spaniern im Dresdener Exil; Wolf Biermann, LP: Es gibt ein Leben vor dem Tod, CBS 81259

»O Buchenwald, ich kann dich nicht vergessen / Weil du mein Schicksal bist / Wer dich verließ, der kann es erst ermessen / Wie wundervoll die Freiheit ist / O Buchenwald, wir jammern nicht und klagen / Und was auch unsere Zukunft sei / Wir wollen trotzdem Ja zum Leben sagen / Denn einmal kommt der Tag / Dann sind wir frei.« Buchenwaldlied von Buda, alias Fritz Löhner.

»Die Weisheit hat mich allmählich im Laufe des Lebens gelehrt, daß die Vorbereitung der Zukunft nur im Begründen der Gegenwart besteht. Und daß sich alle in Utopien und Bestrebungen verzehren, die fernen Bildern nachjagen, den Früchten ihrer eigenen Erfindung. Die einzig wahrhafte Erfindung besteht in einer Entzifferung der Gegenwart, ihrer unzusammenhängenden Seiten und ihrer widerspruchsvollen Sprache. Die Zukunft bauen heißt die Gegenwart leben.« Antoine de Saint Exupéry (aus: Peter Müller: Fasten – dem Leben Richtung geben. Handreichung für Gruppenleiter, München 1990)

Alternative

Wo es technisch möglich ist, kann auch ein musikalisch gestalteter Gottesdienst gefeiert werden, der Teile aus dem 2. Satz »Ein deutsches Requiem« von Johannes Brahms verwendet. Wie ein Trauermarsch beginnt dieser Satz in düsterem des-Moll: »Denn alles Fleisch es ist wie Gras ...« (Jes 40,6b) und wechselt dann nach Ges-Dur bei den Worten: »So seid nun geduldig, lieben Brüder, bis auf die Zukunft des Herrn ...« (Jak 5,7). Eine musikalische Verarbeitung des Weges vom Ende des Kirchenjahrs mit seinem Gedenken an den Tod und die Vergänglichkeit zur Hoffnung und frohen Erwartung im Advent? Der 2. Advent ist atmosphärisch der dunkelste der Adventsonntage, hier könnte sich ein Anknüpfen an die Trauer des Totensonntags anbieten, die weiterführt zur adventlichen Vorfreude.

3. Sonntag im Advent

Predigttext: 1. Korinther (3,21–23)4,1–5

Joachim Funk

Theologisch-homiletische Skizze

Die Korinther hängen an Autoritäten. Unsicher, wie sie als frische Christen und einfache Leute sind, suchen sie Führer, die sie anleiten. Wo es mehrere Autoritäten gibt, entsteht Konkurrenz. Einer wird gegen den anderen ausgespielt. Paulus spielt dabei nicht mit. Er ruft auf, mündige Christen zu sein: »Alles ist euer!« Er lenkt den Blick vom Apostel auf den, der ihn gesandt hat. Das Urteil der Menschen, auch das eigene, verliert sein Gewicht vor dem Urteil des Auftraggebers Christus.

Nicht nur Christen des ersten Jahrhunderts, auch die unserer Zeit haben ihre »Apostel«, ihre Helfer und Führer zum Glauben, aber auch zur Skepsis. Eine Frau: »Mich hat Pfarrer B. stark beeindruckt. Er war ein wahrer Seelsorger. Gewiß habe ich auch manches, was er gesagt hat, nicht verstanden oder konnte es nicht für mich übernehmen. Aber dann habe ich gedacht: Wenn er es sagt, wird es schon richtig sein.«

Ein junger Mann: »Meine Mutter war eine fromme Frau. Heute noch habe ich Respekt davor, auch wenn es eine Zeit gab, wo ich heftig mit ihr gestritten habe um Glauben und Kirche. Selber aber kann ich nicht so naiv glauben wie sie. Im übrigen, wenn ich sehe, was der Pfarrer Z. alles anstellt (und wie der Papst die Pille verbietet ...), dann gehe ich lieber zur Kirche auf Abstand.«

Eine Mutter: »Soviel Mühe habe ich mir gegeben, meinen Glauben an die Kinder weiterzugeben. Jetzt gehen sie ihre eigenen Wege. Hätte ich strenger sein oder besser mehr Freiheit lassen sollen? Was habe ich nur falsch gemacht?«

Eine evangelikale Gruppe sammelt sich um einen beeindruckenden Führer. Er prägt sie, bis in einzelne Lebensentscheidungen hinein. Lösen können sich Mitglieder nur unter schweren Kämpfen. Tiefe Wunden bleiben. Gibt es eigentlich evangelikale Gruppen ohne eine solche Gestalt?

In der Predigt möchte ich auf die Helfer und Führer zum Glauben hinweisen, die wir hatten und haben. Ich möchte ermutigen, sie als Diener Christi zu verstehen, die mir zu mündigem und selbständigem Glauben verhelfen, aber sich nicht auf sie zu fixieren, weder in Anlehnung noch in Abwehr. Wo andererseits wir solche Helfer zum Glauben sind, da entlastet es von überhöhten Ansprüchen an sich selbst und von Allmachtsgedanken, wenn sich jemand wie Paulus als bloßer Diener und Haushalter versteht. Um das Thema deutlicher hervortreten zu lassen, nehme ich die Verse 3,21–23 zum vorgeschlagenen Predigttext hinzu.

Die Adventszeit zeigt doppeltes Gepräge. Ein Teil unserer Lieder, Kerzen, Kranz und Festvorbereitungen blicken voraus auf Weihnachten. Andere Lieder, viele Gebete und Lesungen reden wie 1. Korinther 4,1–5 von der Parusie Christi und seinem Gericht. Ich halte die Spannung für fruchtbar: Der mich richtet, ist der, der für mich Mensch geworden ist.

Vorschläge zur Liturgie

Lesungen

Auch der Täufer Johannes sieht sich als Vorläufer, Haushalter dessen, der nach ihm kommt. Deutlicher als im vorgeschlagenen Evangelium Matthäus 11,2–10 wird dies z.B. in Johannes 1,19–28. Auf die alttestamentliche Lesung Jesaja 40,1–8 wird hier angespielt.

Lieder

»Mit Ernst, o Menschenkinder« (EKG 9) nimmt Jesaja 40 auf; das vorgeschlagene Confiteor zitiert die zweite Strophe. »Tröstet, tröstet, spricht der Herr« (EKG 13) ist Jesaja 40 nachgedichtet. Ferner: »Hosianna, Davids Sohne« (EKG Bayern 404).

Confiteor

Unsere Hilfe steht im Namen des Herrn ...
Wir haben uns zum Adventsgottesdienst versammelt; wir sehen dem Kommen unseres Herrn, Jesus Christus, entgegen. Wir denken dabei nicht nur an seine Geburt, sondern auch daran, daß unsere Welt und unser Leben ihm entgegeneilt. »Bereitet doch fein tüchtig den Weg dem großen Gast«, haben wir gesungen, »macht seine Steige richtig, laßt alles, was er haßt.« Wir bekennen darum, daß wir gesündigt haben mit Gedanken, Worten und Werken und sprechen: Gott sei mir Sünder gnädig.
Alle: Der allmächtige Gott erbarme sich unser ...
Der allmächtige, barmherzige Gott hat sich über uns erbarmt. Um unsertwillen ist er Mensch geworden im Kind Jesus. Gott kommt zu uns, damit wir zu ihm kommen, damit wir Frieden haben mit ihm und untereinander.

Fürbitten als Ektenie

Als Gebetsruf der Gemeinde kann das von der Lutherischen Agende für die Adventszeit vorgesehene Kyrie dienen.
Liturg: Jesus Christus ist zu uns gekommen als ein Menschenkind. Vor ihm brauchen wir uns nicht zu fürchten. Ihm können wir voller Freude entgegensehen. An ihn wenden wir uns mit unserem Gebet.
Lektor: Wir bitten für alle Menschen, die Helfer und Führer zum Glauben für andere sind: daß Gott ihnen seinen Geist gebe und ihr Tun segne, daß sie andere anstecken mit ihrem Vertrauen und ihrer Freude, daß sie sich selbst nicht überfordern,
laßt uns den Herrn anrufen ...
Lektor: Wir bitten für alle, die jetzt voller Erwartung dem Fest entgegensehen: daß Gott ihnen offene Augen schenke füreinander, daß sie entdecken, was anderen wirklich Freude macht und daß so auch die Freude weiterströmt, die Gott uns bereitet,
laßt uns den Herrn anrufen ...

Lektor: Wir bitten für alles, was Menschen Gutes tun, in Haus und Familie, im Beruf, in der Gemeinde, für die Welt: daß Gott ihr Werk segne, daß Frucht trägt, was sie tun, daß es Bestand hat vor Gottes Urteil und daß sie auch Anerkennung bei den Menschen finden,
laßt uns den Herrn anrufen ...
Lektor: Wir bitten für diejenigen, die sich in diesen Tagen besonders sehnen nach einem Wort der Wertschätzung, nach einer Geste der Zuneigung oder einfach nach einem Menschen, der ihnen fehlt, daß das Licht von der Krippe bis zu ihnen scheint und ihnen das Herz wärmt, daß Gottes barmherzige Liebe sie berührt, trotz allem, was sie vermissen,
laßt uns den Herrn anrufen ...
Liturg: Herr Jesus Christus! Du hast uns Helfer und Führer zum Glauben gegeben; wir selbst sind es für andere. Hilf uns, Hoffnung und Zuversicht zu entzünden und so treue Haushalter deiner Geheimnisse zu sein.

Vorschläge zur Predigt

Möglicher Predigtanfang
Wie ist es eigentlich gekommen, daß Sie an Jesus Christus glauben? Ein Mann sagt: Ich denke, das liegt an meiner Mutter. Ich weiß noch, wie sie mit uns Kindern vor dem Einschlafen gebetet hat. Ich erinnere mich, wie wir um den Adventskranz saßen. Mutter hat Geschichten vorgelesen – was, weiß ich nicht mehr, aber es war schön. Meine Mutter war eine fromme Frau. Das habe ich irgendwie mitbekommen.
Eine Frau meint: Nein, meine Eltern haben mir nichts mitgegeben. Aber da war ein Lehrer, der mich stark beeindruckt hat. Ich fing an, über den Glauben nachzudenken, ich habe mit ihm diskutiert, manchmal auch gestritten. Dann las ich selber, kam auch mit anderen ins Gespräch. So ist allmählich meine Überzeugung gereift. Vieles sehe ich inzwischen gewiß anders als damals. Trotzdem: diesem Lehrer bin ich heute noch dankbar.
Ein dritter erzählt: Bei mir war es die Jugendgruppe. Wir hatten eine Leiterin, die war nur zwei Jahre älter als wir. Sie hat mich fasziniert. Wir sind auf Freizeiten gefahren und zum Kirchentag. Wir haben Aktionen durchgeführt. Es gab auch viele Gespräche untereinander; aber das meiste verdanke ich dieser Jugendleiterin. Dabei war sie selbst erst sechzehn, siebzehn.
Wie ist es eigentlich gekommen, daß Sie an Jesus Christus glauben? Sicher könnten Sie Ihre Geschichte erzählen. Ich bin sicher, bei fast jedem spielt ein bestimmter Mensch eine entscheidende Rolle: die Mutter, ein Lehrer, eine Jugendleiterin wie eben, oder andere: ein Freund, die Ehefrau, bisweilen sogar ein Pfarrer. Menschen haben uns beeindruckt, geprägt, zum Glauben geholfen. Ich weiß nicht, ob es überhaupt ohne solche Zeugen Glauben gibt.

Zum weiteren Verlauf
Genauso beeindrucken und prägen wir andere, stiften zum Glauben an und auch zum Nichtglauben. Väter und Mütter prägen die Kinder, ob sie wollen oder nicht. Jugendliche beeindrucken die Konfirmanden. Ihr Konfirmanden schaut voneinander ab: die Art zu reden und zu lachen und auch das, wovon einer etwas hält oder wovon er nichts hält.
So hat Paulus die Christen in Korinth beeindruckt. Nach ihm kommen andere. Auch sie beeindrucken: Apollos, Kephas/Petrus. Die Korinther sind noch ganz unerfahrene Christen, oft einfache Leute. So vieles begreifen sie nicht. Aber wenn Paulus es sagt, wird es schon stimmen. Schließlich hat er ihnen das Evangelium als erster gebracht. Kephas war selbst mit Jesus zusammen. Wer zu ihm gehört, wird auch vor Christus bestehen. Die Korinther sind unsicher, klammern sich an Autoritäten. Unversehens sind die Autoritäten wichtiger als Christus selbst.

Paulus schreibt dazu: 1. Korinther 3,21–4,5 lesen.

Mich beeindruckt, wie Paulus sich selbst zurücknimmt: Alles ist euer. Paulus, Apollos, Kephas sind Diener Christi für euch, seine Haushalter, die nur treu weiterzugeben haben, was er für euch getan hat.
Du selbst stehst vor Christus. Kein fremdes Vertrauen trägt dich, sondern deins. Du glaubst und hoffst und schöpfst Kraft fürs Leben; keine Mutter kann dir das abnehmen, kein Freund, kein Lehrer. Sie sind Christi Haushalter. Sie haben seine Geheimnisse weitergegeben an dich und haben Glauben entzündet; das gilt, selbst wenn du manchmal zweifelst. Sie haben dich hoffen gelehrt; das gilt, selbst wenn du manchmal mutlos bist. Sie waren Christi Diener für dich; darum danke Gott für sie. Und schau auf den, der ihr Herr ist und deiner: Jesus Christus.
Ebenso seid ihr Christi Haushalter. Wie ihr empfangen habt, so gebt ihr weiter: Väter, Jugendliche, Großmütter, Freunde. Ihr seid Apostel Christi wie Paulus, Apollos, Kephas. Andere lernen von euch, auf Christus zu vertrauen.
Beispiele: Adventfeier in der Familie, Mitarbeiterin im Kindergottesdienst, Sänger im Chor stiften an, Gott zu vertrauen, Hilfe fürs Leben zu schöpfen. Wer heute zum Gottesdienst kam, bezeugt: Glaube ist Teil seines Lebens. Ihr seid Haushalter über Gottes Geheimnisse. Das ist eure Würde.
Die Versuchung ansprechen, sich zu überfordern. Das ist eine Art des Hochmuts. Da grämt sich jemand, weil er es nicht vermocht hat, andere mit seinem Glauben anzustecken. Als läge es in seiner Hand, andere nach seinem Willen zu formen! Wir sind Haushalter über Gottes Geheimnisse; doch das Geheimnis, welchen Weg er mit einem Menschen geht, das hat Gott sich vorbehalten. Der Herr, Christus selbst ist es, der richtet: dich und den anderen, deinen Glauben und den des anderen. Was du urteilst über dich und andere, ist unwichtig.

Möglicher Schluß
Der Herr ist es, der uns richtet. Das ist kein Grund zur Furcht, sondern zur Freude. Von ihm wird jeder sein Lob empfangen, sagt Paulus. Christus urteilt, aber er verurteilt nicht.
Der Richter, vor den wir treten, ist derselbe, der ein Menschenkind geworden ist für uns, der uns so sehr liebt, daß er Fleisch und Blut angenommen hat, um uns nahe zu sein. Vor diesen Richter treten wir: Paulus, Apollos und Petrus; vor ihn treten die, die uns Helfer waren zum Glauben; vor ihm stehen die, an die wir als Haushalter Christi seine Geheimnisse weitergegeben haben; vor ihm steht ihr und stehe ich. Und er wird einem jeden sein Lob zuteil werden lassen.

Kontexte
Matthias Grünewald, Isenheimer Altar, Kreuzigung, stellt uns Johannes den Täufer vor Augen als den, der unübersehbar von sich wegweist auf Christus, nichts ist als Diener, Haushalter, Vorläufer: »Illum oportet crescere me autem minui« (Joh 3,30).

Ein Märchen nach den Brüdern Grimm: Der goldene Vogel
Der jüngste Königssohn zieht aus, den goldenen Vogel zu suchen. Ein Fuchs wird sein Helfer und Ratgeber: »Schieß mich nicht; ich will dir dafür einen guten Rat geben.« Der Jüngling hört auf den Fuchs, mißachtet aber auch immer wieder dessen Rat. So steht er vor immer neuen, größeren Aufgaben. Doch mit Hilfe des Fuchses gelingt es ihm, den goldenen Vogel, das goldene Pferd und die Jungfrau vom goldenen Schloß zu gewinnen.
»Als der Anschlag geglückt war und der Königssohn mit seinen Schätzen heimreiten wollte, so sagte der Fuchs: ›Nun sollst du mich für meinen Beistand belohnen.‹ ›Was verlangst du dafür?‹ fragte der Jüngling. ›Wenn wir dort in den Wald kommen, so schieß mich tot und hau mir Kopf und Pfoten ab.‹ ›Das wäre eine schöne Dankbarkeit‹, sagte der Königssohn, ›das kann ich dir unmöglich gewähren.‹ Sprach der Fuchs: ›Wenn du es nicht tun willst, so muß ich dich verlassen; ehe ich aber fortgehe, will ich dir noch einen guten Rat geben. Vor zwei Stücken hüte dich, kauf kein Galgenfleisch und setze dich an keinen Brunnenrand.‹ Damit lief er in den Wald.
Natürlich befolgt der Königssohn den Rat wieder nicht, im Märchen ist es wie im Leben. Er kauft seine Brüder vom Galgen los, die stoßen ihn in einen Brunnen. Wieder hilft der Fuchs. Endlich wird der Königssohn mit der schönen Jungfrau vermählt und zum Erben des Königs bestimmt.
»Aber wie ist es dem armen Fuchs ergangen? Lange danach ging der Königssohn einmal wieder in den Wald, da begegnete ihm der Fuchs und sagte: ›Du hast nun alles, was du dir wünschen kannst, aber mit meinem Unglück will es kein Ende nehmen, und es steht doch in deiner Macht, mich zu erlösen‹, und bat abermals flehentlich, er möchte ihn totschießen und ihm Kopf und Pfoten abhauen. Also tat er's, und kaum war es geschehen, so verwandelte sich der Fuchs in einen Menschen und war niemand anders als der Bruder der schönen Königstochter, der endlich von dem Zauber, der auf ihm lag, erlöst war. Und nun fehlte nichts mehr zu ihrem Glück, solange sie lebten.«
Kinder- und Hausmärchen, gesammelt durch die Brüder Grimm, Stuttgart o.J., S. 321 bis 328. Das Märchen schildert, wie Menschen angewiesen sind auf Helfer (»schieß mich nicht«), dann die spannungsreiche Beziehung zwischen Raten, eigene Wege gehen und gehen lassen, schließlich die Notwendigkeit, daß Helfer dann auch »sterben« müssen, ihre Aufgabe erfüllt haben. Was hier für das ganze Leben gilt, läßt sich auch auf den Bereich des Glaubens anwenden.

4. Sonntag im Advent

Predigttext: Philipper 4,4–7

Susanne Wahl

Theologisch-homiletische Skizze

Advent und Weihnachten bedeutet für manche Menschen: Angst und Einsamkeit, Streit und Auseinandersetzung, das Erleben von Scheitern und Versagen; die Erfahrung, daß das Weihnachtsfest der Kinderzeit und die damit verbundenen Erlebnisse unwiederbringlich verloren scheinen. Andere, und nicht nur die Kinder, freuen sich wirklich auf das Fest, auf die freien Tage und die gemeinsamen Stunden in der Familie; darauf, daß sich manche ihrer Wünsche erfüllen und daß andere Menschen an sie denken.
Das Thema, das ich der gegebenen Perikope entnehme, ist: Freude. Wie kann der Apostel, der im Gefängnis sitzt, an einem Ort des Leidens und der Angst, und der das Martyrium vor Augen hat, von Freude reden? Wie kann er Menschen ermutigen, sich nicht zu sorgen, obwohl er die Belastungen und Anfeindungen, denen die Menschen in Philippi ausgesetzt waren, gekannt hat? Redet da ein weltfremder Idealist, dem die Fragen und Ängste der Menschen gleichgültig sind? Oder haben seine Äußerungen einen tieferen Grund? Etwas, das auch uns heute an dieser Freude Anteil haben läßt? Paulus geht es nicht um die subjektive Freude einzelner Christen, auch nicht um die Vorfreude auf ein Ereignis wie Weihnachten. Ihm geht es um die Freude in allen Situationen, darum, nach dem Grund der Freude zu fragen. Dieser Grund ist für ihn die Naherwartung.

Zur Liturgie

Liedvorschläge
EKG 7; 14; 11; 288; 293

Kanon zu 3 Stimmen

2. All unsre Not zum End er bringt, / derhalben jauchzt, mit Freuden singt: / Gelobet sei mein Gott!

3. Dein heiliger Geist uns führ und leit' / den Weg zur ewgen Seligkeit. / Gelobet sei mein Gott!

Text: Georg Weissel 1642, Kanon zu 3 Stimmen: Paul Ernst Ruppel.

Schriftlesung
1. Sam 2,1–10 oder Luk 1,68–79; Psalm 118 oder 126

Psalm 97 (aus: Psalmen der Hoffnung, Texte für jeden Tag. Von Uwe Seidel, Diethard Zils, Gladbeck 1973, S. 135):
Alle Völker der Erde sollen sich freuen / Der Höchste über die ganze Erde,
Der Herr ist König!
Alle Völker der Erde sollen sich freuen.
Es gibt keinen besseren Gedanken unter den Menschen.
Obwohl verborgen vor den Mächtigen dieser Welt,
spüren die Armen seine Kraft.
Obwohl umgeben von rätselhaften Worten,
verstehen die Sprachlosen seine Rede.
Da wo Recht geschieht, erweist sich Gottes Gegenwart.
Da wo Gerechtigkeit regiert, wird sein Wille getan.
Wie ein Blitz trifft, so schlagen die Gedanken des Friedens bei den Menschen ein.
Wie vom Feuer verzehrt, so werden die Ergebnisse des Unfriedens vernichtet.
Die Christen verkünden die Gerechtigkeit Gottes.
Der Herr ist König!
Alle Völker der Erde sollen sich freuen.
Zuschanden werden sollen alle,
die in Schubladen und Aktenzeichen denken,
die die Menschen wie Klischees und Nummern behandeln,
die die Schöpfung Gottes zerstören.
Sie alle werden in ihre Schranken verwiesen.
Sie werden die Macht Gottes und die Freiheit seiner Menschen kennen lernen.
Sie werden das Böse hassen,
weil sie Gott lieb gewonnen haben.
Sie werden als die Gerechten ein Zeichen für die Welt sein,
und ihre Freude wird auf alle ausstrahlen wie eine ansteckende Gesundheit.
Der Herr ist König!
Alle Völker der Erde sollen sich freuen.
Es gibt keine bessere Nachricht unter den Menschen.

Eingangsgebet (oder Sündenbekenntnis)
Leiter/in: Freue dich, Volk Gottes! In Christus ist Hoffnung und Frieden.
Gemeinde (oder: Lektor/in): Aber wie können wir uns freuen? Die Welt ist voller Hunger, Todeskampf und Schmerz.
Leiter/in: Freue dich, Volk Gottes! In Christus ist der Sieg.
Gemeinde: Aber wie? Unsere Schwestern und Brüder schreien nach Gerechtigkeit, nach Liebe, nach Nahrung.
Leiter/in: Freue dich, Volk Gottes! Denn in Gott ist Gerechtigkeit und Liebe. Er ist die Quelle von allem.

Gemeinde: Aber wie? Es gibt große Probleme und überwältigende Ungerechtigkeit.

Leiter/in: Freue dich, Volk Gottes! Denn Gott lebt in dir, und alle Dinge sind möglich.

Alle: Freut euch! Wir sind Gottes Werkzeuge der Gerechtigkeit und Liebe. Durch ihn können wir für den Frieden arbeiten und erhalten dabei unsere Nahrung von ihm.

(Aus: Von allen Seiten umgibst du mich – Gebete aus der Ökumene. Herausgegeben vom Evang. Missionswerk im Bereich der Bundesrepublik Deutschland und Berlin West e.V. Hamburg, 2. überarbeitete Auflage 1987, S. 74)

Zuspruch
Lukas 2,10

Fürbittengebet
Gott unser Vater, wir bitten dich für alle Menschen.
Für die, die traurig und bedrückt sind; für alle, die Leid und Elend getroffen hat; für die, die keine Freude mehr empfinden können. Du bist auf dem Weg zu uns und willst uns an die Freude erinnern. Wir bitten dich für alle, die in diesen Tagen vor Weihnachten mehr als sonst beansprucht sind; daß sie trotzdem Zeit finden, um zu sich selbst zu kommen, so daß deine Freude in ihren Herzen einziehen kann. Es gibt so viel vergängliche Freude unter uns. Hilf uns, daß wir uns nicht daran verlieren und damit begnügen.
Schenke uns Menschen, die Freude mit uns teilen können. Ehrlich und unvoreingenommen; so daß wir der tödlichen Traurigkeit, die uns die Freude vertreiben will, gemeinsam widerstehen können. Befreie uns von falscher Sorge und mache uns zu Menschen, die deine Freude weiterschenken.

Zur Predigt

Möglicher Predigtanfang
Freuet euch! – Diese Aufforderung ruft wohl bei manchen unter uns Widerspruch hervor: Freude kann man sich doch nicht vorschreiben oder befehlen lassen! Andere wehren sich vielleicht dagegen, weil Weihnachten für sie keineswegs ein Fest der Freude und des Friedens ist und weil sie diese Aufforderung angesichts der Not und des Elends in der Welt als eine Zumutung empfinden.
Freuet euch! – Wieder andere, und nicht nur die Kinder, freuen sich schon lange auf die Feiertage und die Ferien, darauf, daß die Warterei ein Ende hat und sie die Geschenke endlich auspacken können. Da freuen sich die einen darauf, daß die ganze Familie wieder einmal zusammen ist und daß sich eine fröhliche und gemütliche Stimmung einstellt, während andere

angestrengt darüber nachdenken, wie sie genau dies umgehen könnten. Des einen Freud, des anderen Leid, sagen wir und meinen damit, daß sich jeder Mensch über andere Dinge freut. Daß der Anlaß zu Freude für jeden ganz unterschiedlich aussehen kann. Eine Begegnung mit Freunden, die wir schon lange nicht mehr gesehen haben, die Freude auf einen neuen Arbeitsplatz oder auf den Urlaub, den wir für den nächsten Sommer geplant haben. Das alles kann unser Denken und Handeln, oft schon lange, bevor es eintritt, bestimmen und uns in eine gehobene Stimmung versetzen. Wir stellen uns dann innerlich darauf ein und freuen uns darauf. Manchmal können wir es dann kaum noch erwarten, bis es endlich soweit ist. Aber sich auf Befehl freuen, das kann wohl niemand.

Zum weiteren Verlauf
Als Paulus diesen Brief an die Christinnen und Christen in Philippi schrieb, befand er sich selbst im Gefängnis, mit der Aussicht, als Märtyrer zu sterben. (Hier könnte die Situation geschildert werden, in der sich die Gemeindeglieder in Philippi befanden, und welchen Problemen sie sich ausgesetzt sahen.) Paulus will die Gemeinde ermutigen und trösten, aber er will sie nicht vertrösten, so daß sie vor der Realität die Augen verschließen. Er versucht dies, indem er sie auf verschiedene Dinge hinweist.
– »Freuet euch, denn der Herr ist nahe.« Paulus lebt ganz in der Erwartung der nahen Wiederkunft Christi. Daß die Leute von Philippi zu seiner Gemeinde gehören, das ist für ihn bereits ein Grund zur Freude. Sie wissen um die Not und das Elend in der Welt. Und sie brauchen einen Menschen, der sie darauf hinweist, daß das nur ein Teil der Wirklichkeit ist. Da kommt einer und ruft ihnen zu: Jetzt freue dich! Laß das, was dich belastet, los und hinter dir! Das ist jetzt wirklich vorbei. Sieh nach vorne, nach den neuen Möglichkeiten! Dieses ›Freuet euch‹ ist aber auch eine Erinnerung an das, was die ersten Christen mit Jesus erlebt und erfahren haben. Und diese Erinnerung soll jetzt das Leben gestalten, ohne daß die Angst das letzte Wort haben muß.
– »Eure Güte laßt kund sein allen Menschen.« Wir stehen als Menschen nicht allein da, sondern in der Gemeinschaft mit anderen. Die Freude und der Grund, aus dem heraus wir leben, kann auch für andere ein Grund zur Freude werden.
Es gibt vieles, worüber wir uns freuen können. Und das nicht nur, wenn unsere Wünsche und Erwartungen erfüllt werden. Gerade, wenn Unerwartetes geschieht! Wenn uns ein Wort aus unserer Lethargie herausholt. Wenn wir auf einen Menschen treffen, der uns zuhört, der uns vielleicht besser versteht als wir selbst, uns nicht auf uns festlegt, sondern uns etwas zutraut.
– »Sorgt euch um nichts, sondern laßt eure Bitten vor Gott kundwerden.« Es geht nicht darum, die Hände in den Schoß zu legen und alles abzuwarten oder einfach hinzunehmen. Sondern tatkräftig da etwas zu verändern zu

versuchen, wo es nötig ist. Gleichzeitig müssen wir nicht alle Probleme selbst lösen, sondern können Gott etwas zutrauen und mit seiner Hilfe rechnen. Wenn wir nicht mehr nur unsere eigenen Sorgen und Nöte im Blick haben, werden wir offen für die größeren Zusammenhänge und damit auch freier, etwas gegen die unnötigen Sorgen zu unternehmen.

Möglicher Schluß
Die Adventstage sind Meilensteine, die uns Zeit geben, um uns auf das Ereignis der Menschwerdung Gottes einzustellen und uns darauf zu freuen. Gleichzeitig führen sie uns zu dem Grund der Freude hin, von dem sich Paulus in seinem Leben bestimmen ließ. Dahin, wo wir den Grund für eine Freude finden können, die mehr ist als nur ein schöner Moment. Jedes Jahr bereiten wir uns auf dasselbe Ereignis vor. Manche vermissen das, was sie aus ihrer Kinderzeit damit verbinden. Doch indem wir uns darauf einstellen und vorbereiten, indem wir dieses Fest feiern, wird es so zur Gegenwart, daß wir uns immer wieder daran freuen können. Daß uns die Erinnerung daran etwas von der Freude vermitteln kann. So daß wir wissen können, daß das Leid und das Elend in der Welt und in unserem privaten Leben nicht alles ist, sondern daß es daneben auch die Hoffnung und die Freude gibt. Die Freude, etwas neu zu beginnen, etwas in seinem Leben zu verändern und sich von anderen auch Freude bereiten, sich von ihrer Freude anstecken zu lassen. »Und der Friede Gottes, der höher ist als alle Vernunft, bewahre eure Herzen und Sinne in Christus Jesus.«

Kontexte

»Wann habt ihr euch gefreut, wie fühlte sich der Körper an, wie habt ihr eure Freude ausgedrückt, welche Menschen waren dabei, wie haben sie eure Freude geteilt und verstärkt, wie gedämpft? Und wie war das, als ihr älter wart, zwanzig oder dreißig, was gab es da für Momente der Freude? Das Experiment gelang, die Teilnehmer, fast alle etwas bedrückte Vorausposten ihrer selbst im Jetzt, erlebten vergangene Augenblicke der Freude noch einmal, und ihr Glück kam in der Gegenwart an. Ihre Augen strahlten, die Wangen glühten, die Bewegungen wurden lebhafter. Ihre Freudenbiographie wurde Gegenwart. Überraschend war dabei die Einsicht, daß der vorherrschende Anlaß zur Freude ganz anders ist, als die meisten vermuten: Es sind nicht die Momente des Beschenktwerdens oder des Geliebtseins, sondern an erster Stelle kommt Freude auf, wo jemand sich selbst als stark, als kreativ und erfolgreich erlebt. An zweiter Stelle steht die Freude daran, anderen Freude zu machen, und erst an späterer Stelle die Freude an dem, was man von anderen bekommt. Die Freudenbiographie lehrt darum ein neues Menschenbild: Er ist gar nicht der Egoismus, als der er oft geschildert wird, einer, der immer nur haben will. Seine tiefste Freude wurzelt im eigenen Sein und dann im Freude-Wirken für andere. Wichtig für jede Freudenerfahrung ist die Resonanz, die sie bei anderen findet.«
Hildegunde Wöller, in: Public Forum Nr. 21, 19. Jahrgang. 19. Oktober 1990

»Ich freue mich auf eine Welt, in der wir uns in unserem Alltag durch Gottes Licht wie die Hirten erleuchten lassen, in der wir unsere Furcht voreinander, vor uns selbst

vertreiben lassen. Ich freue mich auf eine Welt, in der Ost und West aufeinander zugehen und die Schuld am Süden wieder gutzumachen versuchen. Ich freue mich auf eine Welt, in der Gewalt nicht mit Unterwerfung oder Gegengewalt beantwortet wird, sondern mit gewaltlosem unbeugsamen Widerstand. Ich freue mich, in dieser Welt Zeichen der Gegenwart Gottes zu sehen.«
Reiner Bohley, in: Walter Jens (Hg.), Frieden, S. 170f.

Worauf warten wir.
Jahr um Jahr.
Tag für Tag.
Heute. Jetzt.
Oder warten
wir auf nichts.
Kennen wir den
der kommen wird
oder den
der wiederkommt
oder den
der immer da war.
Oder wartet er auf uns?
Arnim Juhre
(Aus: Ders.: Weihnachtsnachrichten, Quell Verlag, Stuttgart 1988)

Wußten Sie schon

wußen sie schon
daß die nähe eines menschen
gesund machen
krank machen
tot und lebendig machen kann

wußten sie schon
daß die nähe eines menschen
gut machen
böse machen
traurig und froh machen kann

wußten sie schon
daß das wegbleiben eines menschen
sterben lassen kann
daß das kommen eines menschen
wieder leben läßt

wußten sie schon
daß die stimme eines menschen
einen anderen menschen wieder aufhorchen läßt
der für alles taub war

wußten sie schon
daß das wort oder das tun eines menschen
wieder sehend machen kann
einen der für alles blind war

der nichts mehr sah
der keinen sinn mehr sah in dieser welt
und in seinem leben

wußten sie schon
daß das zeithaben für einen menschen
mehr ist als geld
mehr als medikamente
unter umständen mehr als eine geniale operation

wußten sie schon
daß das anhören eines menschen
wunder wirkt
daß das wohlwollen zinsen trägt
daß ein vorschuß an vertrauen
hundertfach auf uns zurückkommt
wußten sie schon
daß tun mehr ist als reden

wußten sie das alles schon

Wilhelm Willms

Kanon zur Weihnachtszeit

Hermann Rauhe

Aus: Hermann Rauhe, Singt und lobt (BE 2400), Gustav Bosse Verlag, Regensburg 1990

Heiligabend

Titus 2,11–14

Helmut Gröpler

Theologisch-homiletische Skizze

In fast allen mir zugänglichen Predigthilfen findet sich die Feststellung, daß dieser Text eine Zumutung für Prediger und Zuhörer ist. Und doch möchte ich diesem Text nicht aus dem Wege gehen und ihn durch einen »leichteren« (gibt es so etwas?) ersetzen. Das nicht nur, weil es nun einmal »dran« ist. Die Gnade Gottes, heißt es, ist *allen Menschen* erschienen. Ich fühle mich herausgefordert, unter Anleitung dieses anspruchsvollen Textes, Gottes großes Angebot für *alle* Menschen der Heiligabendgemeinde (sic!) weiterzusagen. Ich möchte versuchen, die gute Nachricht von Weihnachten so umzusprechen, daß Christus bei möglichst vielen ankommt. Die große Freude gilt *allem* Volk. Hüten möchte ich mich vor allen Dingen davor, Weihnachten zum »Hauptnörgelfest« zu machen (G. Krause, Weihnachtspredigten, Tübingen 1973, 169). Ich möchte mich bemühen, allen, die am Heiligen Abend in die Kirche kommen, mit warmer emotionaler Zuwendung zu begegnen. Ich halte es für eine schöne, verantwortungsvolle Aufgabe, die Christvesper so in Szene zu setzen, daß die Teilnehmer durch die ganze Atmosphäre, die ihnen begegnet, durch das, was sie zu hören bekommen, aber auch durch das, was sie zu singen und mitzusprechen eingeladen sind, ein wenig von dem verstehen, worum es den Christen geht, wenn sie Weihnachten im Jahre 1991 nach Christi Geburt feiern.
Michael Wolter hat diesen Text exegetisch erschlossen (s. Band 4). Er hat besonders die Struktur des Textes und sein Argumentationsgefälle herausgearbeitet und den hellenistischen background aufgezeigt. Von seiner Textinterpretation bekommt meine Ansprache wichtige Impulse. Wortexegetisch werde ich jedoch auch andere Hilfsmittel einsehen müssen. Wichtig ist mit der Tenor: »Die rettende Wirklichkeit der *epiphaneia* der Gnade Gottes besteht darin, daß sie bei den Glaubenden zu einer radikalen Wende in ihrer Existenzorientierung führt ... Die ›Epiphanie‹ von Gottes rettender Gnade im Christusgeschehen wird als heilstiftende Wirklichkeit dadurch erfahren, daß sie den Menschen verändert und ihn zu einer Neuorientierung seines Lebens führt.« (Wolter)
Darüber hinaus finde ich die These von Gottfried Holtz interesssant (Theologischer Handkommentar zum NT, Berlin 1965 z.St.), daß Titus 2 von der Eucharistiefeier der urchristlichen Gemeinde her zu verstehen ist. Epiphanie heißt auch: sakramentales Gegenwärtigsein. Das bringt mich auf die Idee, diesen Text auch innerhalb des Mitternachtsabendmahls, wie wir es seit Jahren (mit steigenden Besucherzahlen!) in unserer Kirche feiern, einzusetzen. Wir feiern das Abendmahl bei Kerzenschein um die leere Krippe.

Vorschläge zur Liturgie

Eine persönliche *Begrüßung* sollte, sorgfältig vorbereitet, am Anfang stehen. (Vorschläge: Hans-Dieter Stolze: Weihnachten, Göttingen 1989, 90)

Eingangsspruch
Darin ist erschienen die Liebe Gottes unter uns, daß Gott seinen eingeborenen Sohn gesandt hat in die Welt, damit wir durch ihn leben sollen. (Joh 4,9)

Kollekte
Herr, du bist Mensch geworden;
du wurdest uns in allem gleich,
damit wir wieder Hoffnung haben;
damit wir aufleben, wenn wir niedergedrückt sind;
damit wir reich werden in dir, wenn uns die Leere unseres Lebens überfällt;
damit wir es wieder aushalten, bei allem, was uns das Leben schwer macht.
Herr, du hast viel für uns getan, dafür danken wir dir.
(Agende der Evangelischen Landeskirche in Baden)

Schlußgebet
(Liturg und zwei Sprecher. Am Altar stehen ein siebenarmiger Leuchter oder sieben Jugendliche mit großen Kerzen in den Händen. Bei dem Satz: »Christus ist geboren. Laßt uns ein Licht anzünden!« wird jeweils eine Kerze entzündet. Dieses Gebet ist in der ehemaligen DDR in vielen Weihnachtsgottesdiensten gebetet worden.)
Liturg: Jedes Jahr zu Weihnachten brennen wir viele Lichter an. Das Kommen Jesu empfinden wir wie ein Licht in der Dunkelheit. Dieses Licht laßt uns weitertragen. Laßt uns als Zeichen dafür Lichter entzünden, damit es in der Welt hell wird. Laßt uns für andere hier Wünsche und Hoffnungen vor Gott aussprechen.
1. Sprecher: Christus ist geboren. Laßt uns ein Licht anzünden für die Kinder in der ganzen Welt, daß ihre kleinen und großen Hoffnungen nicht enttäuscht werden, daß sie in eine freundliche Welt hineinwachsen, wo Wärme und Geborgenheit zu finden ist, von der gesagt werden kann: Friede auf Erden.
2. Sprecher: Christus ist geboren. Laßt uns ein Licht anzünden für die Ehepartner und die Familien, daß sie Geborgenheit und Wärme ausstrahlen, daß sie die Konflikte in Ehe und Familie bewältigen lernen mit Verstehen und Liebe, daß zerstrittene Ehepartner miteinander Wege finden und Enttäuschungen überwinden lernen.
1. Sprecher: Christus ist geboren. Laßt uns ein Licht anzünden für alle, die um ihres Glaubens, der Wahrheit und Gerechtigkeit willen verfolgt werden und leiden müssen, daß sie ihre Hoffnung auf eine Welt, in der es gerecht zugeht, nicht verlieren.
2. Sprecher: Christus ist geboren. Laßt uns ein Licht anzünden für die Schuldigen und die Unschuldigen in den Gefängnissen der Erde, daß sie nicht verzeifeln, daß sie sich nicht aufgegeben fühlen, daß sie Menschen haben, die zu ihnen stehen und sie aufrichten.

1. Sprecher: Christus ist geboren. Laßt uns ein Licht anzünden für die Einsamen, daß ihre Einsamkeit durchbrochen wird, daß sie Menschen finden, die auf sie zugehen und die Mauern des Alleinseins überwinden.
2. Sprecher: Christus ist geboren. Laßt uns ein Licht anzünden für Kranke und Ältere und für die, die heute sterben, daß Krankheit und Schmerzen sie nicht überwältigen, daß das Älterwerden mit seinen Gebrechen und Vorzügen angenommen wird, daß Sterbende nicht allein gelassen werden, sondern daß alle menschliche Wärme und Nähe spüren und daß sie die Hoffnung (auf Gott) nicht begraben.
1. Sprecher: Christus ist geboren. Laßt uns ein Licht anzünden für alle, die eine Veränderung zum Guten in der Welt erhoffen und bewirken, für die, die eine gute Politik machen, für die, die darum kämpfen, unterliegen und von neuem beginnen, damit Frieden auf Erden wird und den Menschen ein Wohlgefallen und Gott so geehrt wird.
Liturg: Herr, in deinem Kommen sehen wir ein Licht für alle Menschen. Ein paar Wünsche und Hoffnungen an diesem Heiligen Abend haben wir dir gesagt. Laß uns selbst für andere Licht sein mit unserem Tun. Herr Jesus Christus, du gibst uns Hoffnung, du bist für uns das Wichtigste. Dich loben wir.

Lieder
»Weil Gott in tiefster Nacht erschienen« von Dieter Trautwein, das Anklänge an unseren Text enthält.
Auch das Lied von Dieter Frettlöh eignet sich, das nach der Melodie EKG 16 zu singen ist.

1. Gott liebt die Welt mit ihrer Schuld,
   Gott liebt die Welt und hat Geduld.
   Weil sich die Welt von Gott gewandt,
   hat Gott der Welt den Sohn gesandt.

2. Gott wird ein Mensch wie du und ich.
   Gott wird ein Mensch, erniedrigt sich.
   Weil sich der Mensch nicht menschlich gibt,
   wird Gott ein Mensch, der alle liebt.

3. Gott kommt im Wort, das Leben birgt.
   Gott kommt im Wort, das Frieden wirkt.
   Im Menschenwort ist Gott verhüllt,
   Gott kommt im Wort, das sich erfüllt.

Ferner: EKG 25; 33; 35 (unter Verwendung von Titus 2)
Der Kirchenchor könnte die Schütz-Motette singen: »Also hat Gott die Welt geliebt« (»Alle, alle, alle ...«!).

Zur Predigt

Möglicher Anfang
Liebe Mitmenschen am Heiligen Abend! In manchen Zeitschriften und Büchern für den Haushalt gibt es die Rubrik »Wußten Sie schon?« Da kann man zum Beispiel lesen: Wußten Sie schon, daß eine weiße Weihnacht in unseren Breiten gar nicht so oft vorkommt, höchstens alle sechs Jahre? Und diesmal hat es geschneit, und ich finde es herrlich, gerade an diesem Abend in den frischen Schnee hinauszugehen, in die unberührte Landschaft. Für ein paar Tage ist der Schnee noch weiß. Weiß wie das Brautkleid, weiß wie ein unbeschriebenes Blatt, weiß wie eine Windel. Weiß ist die Farbe des Neuanfangs. Deshalb paßt das Weiß so gut zu Weihnachten: Gott fängt neu mit uns an, er wird das Kind, in Windeln gewickelt, er schlägt eine neue Seite auf in der Geschichte mit seiner Menschheit.
Wußten Sie schon, daß Christen seit 1700 Jahren das Weihnachtsfest feiern, daß aber heutzutage viele nicht mehr wissen, warum sie eigentlich feiern, was dieses Fest bedeutet und sagen will? Wer möchte, kann Weihnachten eine wichtige Nachricht vernehmen: Gott fängt in dieser gnadenlosen Welt neu an bei den Menschen, mit den Menschen. Er wird Mensch. Er drückt sich aus in Menschengestalt. Er handelt menschlich. Wußten Sie schon, daß Gott es mehr mit den Menschen als mit den Engeln zu tun hat, mehr mit der Erde als mit dem Himmel? Wir haben wieder den Bericht des Lukas von der Geburt Jesu durch Maria in Bethlehem gehört. Dort wird die ganze Menschlichkeit Gottes zur Sprache gebracht. Gott kehrt mit seiner Liebe bei den Menschen ein. Er kommt ihnen ganz nahe und möchte bei ihnen bleiben. Wußten Sie schon, daß das, was in Bethlehem begonnen hat, eine Fortsetzung braucht? Wußten Sie schon, daß wir diese Fortsetzung sein könnten? Wir alle haben heute Abend Wünsche in diese Kirche mitgebracht, Wünsche, die wir auch sonst in unseren Herzen tragen, Wünsche nach Verständnis, nach Liebe, nach Zärtlichkeit. Ob sich unsere Wünsche diesmal erfüllen? Ob die Fortsetzung jenes Weihnachten, das Gott für seine Menschheit veranstaltet hat, gelingt? Mensch-Werdung soll geschehen, bei uns, in uns. Es hat einmal jemand sehr schön gesagt: »Das Allerursprünglichste, was Menschen je erleben können, das ist die Mitte der Heiligen Nacht. Das Kind. Als ob die Weltgeschichte ausgelöscht wäre, so steht die Menschheit in der Heiligen Nacht an ihrem Anfang.« – Wir sind heute ein Anfang, wir können neu anfangen, menschlich zu denken und uns menschlich zu verhalten. Wir können füreinander dasein und brauchen uns nicht gegeneinander zu stellen. Wir sind ein Anfang, ein Anfang von Wärme, von Nähe, von Aufmerksamkeit, von Großzügigkeit. Wir – ein Anfang, wie dieses Kind Jesus.

Zum weiteren Verlauf
(Ich würde diesen Gedanken noch ein wenig weiterführen wollen, damit deutlich wird, daß Weihnachten keine Insel ist inmitten einer heillosen und gnadenlosen Zeit. Etwa so:)

Weihnachten möchte der Anfang von mehr Menschlichkeit und mehr Wärme sein. Wußten Sie schon, daß das wichtig, lebenswichtig ist für unser Miteinander in unseren Familien, in der Nachbarschaft, im Kollegenkreis, für unser ganzes Land?
Einfügen würde sich als Konkretion gut folgender Text:
»Wußten Sie schon, daß die Nähe eines Menschen gesund machen kann? Wußten Sie schon, daß die Nähe eines Menschen gut machen, böse machen, traurig und froh machen kann? Wußten Sie schon, daß Wegbleiben eines Menschen sterben lassen kann, daß das Kommen eines Menschen wieder leben läßt? – Wußten Sie schon, daß die Stimme eines Menschen einen wieder aufhorchen läßt, der für alles taub war? Wußten Sie schon, daß das Wort oder das Tun eines Menschen wieder sehend machen kann einen, der für alles blind war, der nicht mehr sah, der keinen Sinn mehr sah in dieser Welt und in seinem Leben? – Wußten Sie, daß das Zeithaben für einen Menschen mehr ist als Geld, mehr als Medikamente, unter Umständen mehr als eine geniale Operation? – Wußten Sie schon, daß das Anhören eines Menschen Wunder wirkt und das Wohlwollen Zinsen trägt, daß ein Vorschuß an Vertrauen hundertfach auf uns zurückkommt?« (Wilhelm Willms, in: Weil wir von Hilfe leben, Hg. Arnim Juhre, Wuppertal 1974, S. 158f.) Wußten Sie das alles schon?
Wir können es ausprobieren, damit diese Welt menschlicher wird. (Dann würde ich im Rückblick auf das Jahr an weltpolitische Ereignisse erinnern. Was hat das Jahr gebracht? Litauen! Golf! Hungertote! Rüstungsausgaben! Noch gibt es zuviel Unmenschlichkeit und Dunkelheit in dieser Welt. Welche positiven Entwicklungen hat das Jahr gebracht? Etwa so:)
»Wußten Sie schon, daß ... ein Symbol der Hoffnung ist, daß hinter den Kulissen der Weltgeschichte viel in Gang gekommen ist, daß ich ganz fest glaube, daß mit dieser Erde doch noch alles gut wird. Daß die weihnachtliche Botschaft vom Frieden auf Erden keine Illusion ist.«

Möglicher Schluß
Ich schließe mit einer alten Geschichte:
Ein Rabbi fragte einst seine Schüler, wie man die Stunde bestimmt, in der die Nacht endet und der Tag beginnt. Ist es, wenn man von weitem einen Hund von einem Schaf unterscheiden kann? fragte einer der Schüler. Nein, sagte der Rabbi. Ist es, wenn man von weitem einen Dattel- von einem Feigenbaum unterscheiden kann? fragte ein anderer. Nein, sagte der Rabbi. Aber wann ist es dann, fragten die Schüler. Es ist dann, antwortete der Rabbi, wenn du in das Gesicht irgendeines Menschen blicken kannst und deine Schwester oder deinen Bruder siehst. Bis dahin ist die Nacht noch bei uns.
Es ist Weihnachten geworden über dieser Welt. Und wir können es ausprobieren und erfahren, wie es ist, wenn die Nacht vergeht und der Tag beginnt. Weihnachten sucht Menschen, die fortsetzen, was in Bethlehem begonnen hat. Wußten Sie das alles schon?

Kontexte

»Wir leben in einer Zeit, da der Glaube an Christus am meisten gefährdet wird durch die, die ihn besorgt bewahren wollen. Sie haben Angst vor Veränderungen eingerichteter Denk- und Lebensgewohnheiten, sie halten Reformen für Zerstörungen und würden Christus am liebsten in einem goldenen Schrein verbergen – unantastbar und darum niemanden verändernd, ewig gültig und darum möglichst weit entfernt von unserer Wirklichkeit. Aber Gott ist nicht Mensch geworden, um, bildlich gesprochen, in seinem Himmel zu bleiben, und die Veränderungen des Glaubens gehören in die Geschichte der Inkarnation Gottes hinein. Inkarnation bedeutet gerade, daß der Glaube eine Geschichte hat, eine abgeschlossene, unsere Möglichkeiten freisetzende Geschichte mit einem offenen Horizont« (D. Sölle, Phantasie und Gehorsam, 7).

»Vergleiche ihn ruhig mit anderen größen
sokrates
rosa luxemburg
gandhi
er hält das aus
besser ist allerdings
du vergleichst ihn
mit dir«
(D. Sölle, Meditationen und Gebrauchstexte, Schritte sechzehn)

»Gnade ist ein ewiges Gerücht« (Max Frisch, Andorra)

»Gnade hat kein Warum« (Sprichwort)

Heiligabend

Gott im Stroh

Hans Werner Dannowski

Liebe Gemeinde! Zu Weihnachten gibt es viel zu sehen und zu hören und wenig zu sagen. Deshalb fällt es dem Prediger schwer, der Musik noch etwas hinzuzufügen. Was könnte man denn auch noch sagen nach jenem: »Alleluja! Gelobt sei Gott! Singen wir all aus unseres Herzens Grunde! Denn Gott hat heut gemacht solch Freud. Die wir vergessen solln zu keiner Stunde!« Was bleibt einem da noch zu sagen übrig.
Aber eines will ich noch tun: ich will ein klein wenig Anschauung, ich will ein klein wenig das Sehen nachliefern. Ich möchte Ihnen erzählen von meinem Weihnachtsbild in diesem Jahr. Es ist keins der großen Bilder aus der Geschichte der Kunst. Nicht die ›Weihnacht‹ von Meister Francke, nicht die ›Geburt Christi‹ von Martin Schongauer oder Hans Baldung Grien. Es ist ein kleines Bild, und Antoni Tàpies, ein in Paris lebender spanischer Künstler, hat es geschaffen. Es hängt in einer Galerie hier in Hannover, ich habe es erst vor Tagen kennengelernt, ich hatte eine Besinnung zum Advent dort zu gestalten. Da ist ein Bild im Rahmen, die Fläche der Leinwand ist dunkel und rauh bemalt. Und da sind auf dieser Fläche Strohhalme aufgeklebt. Ja, Sie haben richtig gehört, einfach Stroh ist da aufgeklebt, kreuz und quer, große Halme und kleine Halme. Sogar eine Menge Stroh ist das, ein richtiges Strohbild also. Ich stehe davor und staune: Nicht die großen Themen hat er gemalt, nicht Leben oder Tod. Nicht die großen Gestalten hat er in Szene gesetzt: nicht Augustus oder Napoleon, nicht Goethe oder den Papst. Nein, ein Stückchen Stroh. Und ich stehe davor, und Sätze kommen mir in den Sinn, die ich vorher bei Antoni Tàpies gelesen habe: »Wir glauben nicht mehr an die Götter und an die Herren. Wir sind nicht mehr bereit, wir Künstler, uns an den großen Feierlichkeiten zu beteiligen. Zur Abwechslung verlieben wir uns in das Stroh. Nichts ist gering.« Ich stehe davor und weiß auf einmal: Dies ist mein Weihnachtsbild für dieses Jahr, und dies ist mein Weihnachtsthema: Nichts ist gering.
Es wäre gewiß gewagt, zu behaupten, liebe Freunde, daß Gott sich zur Weihnacht zur Abwechslung in das Stroh verliebt habe. Aber die Dauerverehrung der Weihnachtsszene hat uns den Blick für die subversiven Elemente dieser Geschichte getrübt, und all die Maler haben von vornherein unrecht, die ihren Glauben allzu dick in diese Geschichte hineingetragen haben. Die Geburt des Kindes im Stall von Bethlehem ist keine Geburt in einem Königspalast. Da standen keine Diener, da waren keine Wachen. Nein, Stroh war da, und wenn nicht Stroh da war, dann waren Ochs und Esel da, und wenn nicht Ochs und Esel da waren, dann waren Höhle und

Krippe da, eine Krippe aus Felsen oder auch aus Lehm. Maria und Joseph sind unterwegs, so wie wir einst auf der Flucht namenlos und irgendwo in den Ecken auf ein wenig Stroh geschlafen haben. So wie noch heute Unzählige in den Baracken, Internierungs- und Flüchtlingslagern, namenlos und irgendwo, auf Pritschen schlafen. Nichts Besonderes war das damals, ich will aus Maria und Joseph nun auch nicht Verfolgte und Ausgestoßene machen, obwohl sie dann bald auf der Flucht sind, auf der Flucht in das Ägyptenland. Eine ganz normale Geschichte ist das, so wie noch heute unter den Beduinen der Wüste Palästinas die Geburt eines Kindes den Verwandten mit den Worten angekündigt wird: »Siehe, ich verkündige euch große Freude.« Alles ganz normal. Aber eine Ungeheuerlichkeit, daß man in einer Welt, in der nur das Hohe zählt, nicht aufhört, diese Geschichte der kleinen Leute aus einem Winkel Palästinas zu erzählen. Schlimmer noch, daß man diese Geburtsgeschichte aus dem Stall als eine Gottesgeschichte deklariert. Subversiv am Ende geradezu, wie man diese Stallgeschichte einklinkt in die große Welthistorie: »Es begab sich aber zu der Zeit ...«.
Nichts ist gering, und alles ist konkret. Das muß ich auch noch nachliefern. Ich stelle mir vor, Maria hat geschrien vor Schmerzen bei der Geburt. Blut ist geflossen. Da war die Angst bei den beiden da, ob es gut gehen würde ohne Hilfe, und die Freude, als es gut gegangen war. Nicht der laute Jubel, denke ich, der nicht um die nächste Ecke blickt. Maria hat wohl früh das Schicksal ihres Sohnes geahnt. Müde ist sie gewesen, aber glücklich. Und das Kreuz hat ihr weh getan vom Sitzen, als die drei Weisen bei ihrer Huldigung kein Ende fanden, und Joseph sind beim Stehen die Beine eingeschlafen. Ich stelle mir vor, die Hirten hatten gerade Knoblauch gegessen, und es stank zum Umfallen, als sie die Münder nicht wieder zubekamen. *Leibhaftige* Offenbarung, liebe Freunde, leibhaftige Offenbarung. Nichts ist gering, und alles ist konkret. Und gerade darin diese Botschaft: »Euch ist heute der Heiland geboren, welcher ist Christus, der Herr, in der Stadt Davids.«
Liebe Gemeinde, ich habe den Eindruck, wir wollen Jesus ständig zu einem Supermenschen machen. Aus der Konkretheit des Menschlichen gehen wir heraus und machen ihn zu einer allgemeinen Idee. Gott liebt mich, sagen wir dann, das kann man an Jesus Christus sehen. Eine sentimentale Verlogenheit ist das, hätte der Philosoph Hegel gesagt, eine sentimentale Verlogenheit, die aus dem abstrakten Denken kommt. Dann kann es dazu kommen, daß die Wachmannschaften in den KZs unter dem Tannenbaum »Stille Nacht, heilige Nacht« singen, von dem »holden Knaben im lockigen Haar« schwärmen, während nebenan die Juden und die Polen sterben. Dann kann es dazu kommen, daß wir zu Weihnachten unsere familiäre Geborgenheit feiern, ohne ein Gefühl für die Verzweiflung und Verlassenheit so vieler Menschen. Daß Gott mich liebt, ist ein abstrakter Gedanke, den ich mir so zurechtbiegen kann, wie es mir paßt. Nein, zu Weihnachten geht es um weit mehr. Zu Weihnachten geht es darum: Gott ist Mensch gewor-

den. An einem unscheinbaren Ort ist er auf einmal – da. Richtig ein Bruder ist er uns geworden. Ein Bruder der Geschröpften, der Müden und derer, die am Ende sind. Ein Bruder derer, denen man ihre Menschenwürde und Freiheit nicht anerkennen will. Ein *Mensch* ist Gott geworden, und schau dich um, damit du siehst, was das bedeutet. Ich wollte, wir könnten alle aufbrechen und wir wären heute abend alle da bei der Geburt in Bethlehem, um das zu sehen.

Ich denke, wenn man die Geschichte in Bethlehem gesehen hat, geht man mit einem anderen Blick aus Weihnachten heraus. Es ist ein Blick für das Geringe und für das Konkrete. Der christliche Glaube ist nicht ein hoher Gedanke, eine mächtige Idee. Er lebt in der Konkretheit von Erfahrungen, lebt in Umarmungen und im Lächeln, er lebt auf Tuchfühlung und im Widerstand. Und er lebt aus einer Geschichte, in der das Stroh und das Holz des Galgens wichtiger sind als das Parkett, auf dem die hohen Herren tanzen. Gottes unnachahmliche Barmherzigkeit ist es, daß er uns als das annimmt, was wir wirklich sind: als Mensch. Das ist dann auch der Grund der Freude, der uns singen und danken läßt: »Gelobet seist du, Jesus Christ, daß du Mensch geworden bist.«

Heiligabend

Ochs und Esel

Christian Zippert

1.
Wie sind sie da eigentlich hingekommen, der Ochse und der Esel? Die Weihnachtsgeschichte weiß ja nichts von ihnen. Man möchte vermuten, sie verdanken ihr Dasein der Phantasie, die eine anschauliche Geschichte noch ein wenig anschaulicher machen möchte. Mag sein, daß es so ist. Dann wollen wir aber nicht übersehen, was diese Tiere bedeuteten in der Zeit, als man begann, sie an die Krippe zu stellen. Sie sind Zeichen des grauen Alltags: Furchen ziehen, Säcke schleppen, Ausmisten – das sind die Gedanken, die sie wecken sollen, nicht die Rührung des Städters, wenn er Ferien auf dem Bauernhof macht und sich an den Kühen auf der Weide erbaut oder auf einer Reise in den Orient einen Esel und sein Geschrei bestaunt. Heute müßten wir die Geburt des Kindes vielleicht in einem Schuppen auf einem Fabrikgelände zwischen abgestellten Maschinen darstellen, um erkennbar zu machen, was Ochs und Esel den Menschen sagten, als sie noch zum Alltag gehörten: Gott ist Mensch geworden. Er ist nicht nur hoch über uns, im Himmel. Er ist auch mitten unter uns, da, wo wir unseren Alltag verbringen, da wo die Welt ganz und gar Arbeitswelt ist, im Dunstkreis der Nutztiere oder im Dunstkreis der Industrie. Auf der Erde, der noch immer schönen, aber schrecklich gefährdeten Erde.
Um es mit dem großen Christuslied aus dem Philipperbrief zu sagen: »Er entäußerte sich selbst und nahm Knechtsgestalt an, ward den Menschen gleich und der Erscheinung nach als Mensch erkannt. Er erniedrigte sich selbst und ward gehorsam bis zum Tode, ja zum Tode am Kreuz«. Und das gleich noch einmal in einer modernen Übertragung, mit etwas aktueller Würze: »Er hielt es nicht für sein Privateigentum, bei Gott zu sein. Er verließ seine Heimat, verschenkte seine Vorrechte, wurde Sklave und machte keine Unterschiede zwischen sich und anderen. Er übernahm freiwillig die Selbstentfremdung, freiwillig das Zunichtewerden, den Tod am Kreuz.«
Daran erinnern Ochs und Esel an der Krippe, wenn wir sie richtig wahrnehmen und nachdenken, wie die Menschen nachgedacht haben, deren Phantasie sie an die Krippe Jesu gestellt hat.

2.
Es ist aber nicht nur, wohl nicht einmal zuerst die Phantasie gewesen, der sie ihr Dasein verdanken, sondern – so merkwürdig das klingt – die Schriftgelehrsamkeit, die Theologie. Es gibt nämlich – heute den meisten unbekannt – ein Wort des Propheten Jesaja, auf das sich schon sehr frühe christ-

liche Schriften berufen: »Hört, ihr Himmel, merke auf, Erde; denn der Herr spricht: Kinder habe ich großgezogen und hochgebracht, aber sie sind von mir abgefallen. Ein Ochse kennt seinen Besitzer, ein Esel die Krippe seines Herrn, aber Israel zeigt keine Einsicht, mein Volk keinen Verstand.« Gott klagt über sein Volk – eine alte Klage, die doch nicht veraltet ist. Himmel und Erde ruft er zu Zeugen dafür, was er an seinem Volk und jedem einzelnen im Volk getan hat. »Kinder habe ich großgezogen und hochgebracht, aber sie sind von mir abgefallen!«
Elternschicksal: Undank ist der Welt Lohn – bei Eltern aus unserem Holz (das ist nicht eben wertvolles Holz) noch begreiflich, manchmal nur allzu begreiflich. Aber bei diesem Vater, dem wir alles verdanken, alles, was wir sind und haben! »Leib und Seele, Augen, Ohren und alle Glieder, Vernunft und alle Sinne, dazu Kleider und Schuh, Essen und Trinken, Haus und Hof, Acker, Vieh und alle Güter«, also: Wohnung, Arbeit, Besitz und gutes Auskommen und was man da noch aufzählen könnte. Denken wir einen Augenblick zurück in das ablaufende Jahr, was wir da nennen müßten, voller Dankbarkeit. Wir werden beschämt durch das liebe Vieh: Der tierische Instinkt funktioniert oft besser als der menschliche Verstand. – Ich habe einmal eine Frau von ihrem Schäferhund sagen hören: »Das ist das einzige Wesen, das mich wirklich liebt.« Mich hat es gefroren, nicht nur, weil ihr Mann dabeistand ... Aber das gibt es ganz zweifellos, daß wir mit unserer ganzen Menschenwürde von den Tieren beschämt werden – je mehr wir über sie wissen, umso gründlicher.
Unser Undank und unser Unverstand schreien zum Himmel: Auch daran erinnern uns Ochs und Esel an der Krippe, von ihrem alttestamentlichen Ursprung her gesehen. Freilich müssen wir vom Neuen Testament her fortfahren: Sie schreien zum Himmel, aber unbegreiflicherweise hat der Himmel nicht mit einem schrecklichen Gericht, mit einer Katastrophe geantwortet, sondern mit dem Kind in der Krippe: Gott hat sich in Jesus den Menschen ausgeliefert, die oft schlimmer sind als das liebe Vieh; er hat sich der Gedankenlosigkeit, der Hartherzigkeit, der Untreue, dem Verrat, dem Haß ausgesetzt. Er hat sich am Ende viehisch quälen lassen, um noch als Sterbender den Menschen zu helfen, Menschen zu werden – Menschen, das heißt: Gottes Kinder.

3.

Man kann die Schriftgelehrsamkeit noch ein bißchen weitertreiben und ein drittes Wort der Bibel mit Ochs und Esel an der Krippe in Verbindung setzen. Ich denke an die merkwürdigen Sätze des Apostels Paulus vom »Seufzen der Kreatur« im 8. Kapitel des Römerbriefs: »Das ängstliche Harren der Kreatur wartet darauf, daß die Kinder Gottes offenbar werden. Die Schöpfung ist ja unterworfen der Vergänglichkeit ..., doch auf Hoffnung; denn auch die Schöpfung wird frei werden von der Knechtschaft der Vergänglichkeit zur herrlichen Freiheit der Kinder Gottes.« So angeschaut

werden Ochs und Esel an der Krippe zu Vertretern aller Tiere und alles Lebens, zu Zeichen der Hoffnung für die ganze Schöpfung.
Die Liebe Gottes, die uns nahegekommen ist durch das Kind in der Krippe, durch Jesus Christus, den Gekreuzigten und Auferstandenen – so zeigen Ochs und Esel zusammen mit den Hirten und Weisen – ist grenzenlos, uferlos, maßlos. Sie begnügt sich nicht mit dem Herzen des Menschen, sie will ihn mit Leib und Gliedern, mit Haut und Haaren erfassen und verwandeln. Sie begnügt sich nicht mit einzelnen Menschen, sie will durch einzelne Menschen die Gesellschaft, das Zusammenleben der Gruppen und Völker und Rassen bestimmen und verwandeln. Sie begnügt sich auch nicht mit der Menschheit, sie will alles Leben, die Welt der Pflanzen und Tiere, der Dinge und Kräfte durchformen und verwandeln. Es ist in unserer Zeit eine lebenswichtige Überzeugung geworden, daß es nicht nur die alles umfassende Solidarität der Schuld, des Leidens und Sterbens gibt, sondern eine ebenso umfassende Gemeinschaft des neuen Lebens, der neuen Schöpfung. »Siehe, ich mache alles (alles!) neu«, hört Johannes im letzten Buch der Bibel Gott sagen.

Es ist eine ganz schlichte, aber sehr tief- und weitausgreifende Predigt, die Ochs und Esel uns halten. Sie zeigen uns das Wunder der Menschwerdung Gottes: Gott ist mitten unter uns, mitten in der Welt so, wie sie ist, auch durch unsere Schuld. Sie zeigen uns unseren Undank und unseren Unverstand und damit zugleich das Wunder der Barmherzigkeit Gottes, der den Sünder gerecht macht – durch Jesus Christus. Und schließlich: Sie zeigen uns die Maßlosigkeit der Liebe Gottes, das Wunder der neuen Schöpfung, das schon begonnen hat und auf unsere Beteiligung wartet.

Heiligabend

Das Kind hochhalten!

Dorothea Margenfeld

Manchmal ist Weihnachten plötzlich mitten im Jahr, im Frühling oder im Sommer, irgendwann. Es steht nicht im Kalender, es kommt einfach so.
Ich möchte Ihnen erzählen, wie *mir* in diesem Jahr Weihnachten plötzlich ganz nahe kam. Das war im April. Ich flog nach Ostafrika, nach Uganda. In einem von diesen großen Flugzeugen, die die Kontinente ganz nah zusammenrücken und so hoch und schnell fliegen, daß man immer wieder staunt über dies Wunder der Technik und wie weit wir Menschen es gebracht haben, jedenfalls was das Fliegen angeht.
Ich kam gut an in Nairobi und dann in Entebbe und fuhr über die vom Krieg noch zerstörten Straßen in die Hauptstadt Kampala. Unterwegs immer wieder Straßensperren und Kontrollen. Ganz junge Soldaten, die meisten ohne rechte Uniform, traten ans Auto heran, und drin im Auto wurde es dann immer plötzlich still, Unsicherheit und Angst breitete sich aus. Dabei schienen diese jungen Soldaten selber so unsicher, als wüßten sie nicht, was sie da eigentlich an der Straße sollten und wer denn nun wirklich der Feind war, den sie im eigenen Land bekämpfen sollten.
Ich kam gut zum Haus der ugandischen Familie, die mich für zehn Tage beherbergte. Ich war fremd und kannte niemanden, als ich ankam. Und dann hatte ich plötzlich, noch kaum recht in der Stube, ein Kind auf dem Arm, eine kleine Rebekka, und die Mutter sagte: »Let us pray«! – »Wir wollen beten!« Und dann dankte sie für meine gesunde Ankunft in Uganda und bat um eine gute Zeit miteinander und pries die Freundlichkeit Gottes, der uns über so viele Grenzen hinweg zusammengeführt hatte.
Noch heute, wenn ich an diesen ersten Abend in dem fremden Haus und an dieses Gebet denke, wird mir richtig hell und froh zumute. Das war wie eine Oase des Friedens, wie ein kleiner warmer Stall mitten in einem Land voller Bürgerkrieg, Angst und Haß.
»Ehre sei Gott in der Höhe und Friede auf Erden und den Menschen ein Wohlgefallen« – das war ganz handgreiflich und nah, wie Weihnachten.
Als ich dann wieder in Ludwigsburg war, las ich in der Zeitung von einem schweren bewaffneten Überfall auf ein kirchliches Zentrum in Uganda. Es gab viele Tote und Verletzte, stand in der Zeitung. Da war dann plötzlich auch Herodes ganz nah, der mächtige König mit seiner gefährlichen Angst. Herodes, der rüsten und töten muß, weil er überall nur Feinde sieht.
Ich dachte an die kleine Rebekka, die ich auf dem Arm gehabt hatte an jenem Abend, der so voller Frieden gewesen war. Und ich dachte an das alte Gebet: »Dies Kind soll unverletzet sein ...«

Später hörte ich dann, daß der Familie nichts geschehen war. Aber andere Mütter weinten um ihre Kinder, so wie damals in Bethlehem.
Liebe Freunde, wir sagen manchmal, Weihnachten sei das Fest der Kinder. Wir sagen das beinah so ein bißchen abwehrend und verlegen. Aber ich glaube, da ist etwas Wahres und Wichtiges dran. Ich verstehe das so, daß wir an Weihnachten die Kinder hochhalten und zu Gott und zu allen Menschen sagen: »Dies Kind soll unverletzt sein! Dies Kind soll sich nicht fürchten müssen; es soll sich freuen und in dem versprochenen Frieden auf Erden leben.«
Und wenn ich so weiter darüber nachdenke, fallen mir viele Menschen und viele Geschichten ein. Ich denke an Mütter und Väter, die schon durch Jahre hindurch ihr Kind hochhalten und unsagbar viel Kraft dafür brauchen. Sie halten ihr Kind hoch, weil es allein keinen Mut zum Leben hat oder weil es sich kaputt zu machen droht oder weil es Wege gibt, die niemand mehr begreifen kann. Aber die Eltern halten ihr Kind hoch.
Und es gibt andere, die halten ihr Kind hoch, indem sie ihm ganz viel Zeit und Liebe schenken und ihr Kind beschützen und begleiten, und irgendwann kam doch der Augenblick, wo sie es nicht beschützen konnten, und das Unglück geschieht – oder Gott sei Dank: es geschieht nicht.
Ich denke an Eltern, die ihr Kind hochhalten, obwohl es fast nur zu versagen scheint – die Schule nicht schafft und die Lehrstelle nicht bekommt und den mühsam gefundenen Job auch wieder verliert – aber die Eltern halten ihr Kind hoch.
Und ich denke an Menschen, junge und alte, die das Kind in sich selber hochhalten, die nicht aufhören wollen zu träumen und zu spinnen und Vertrauen zu haben; die nicht hart und erfolgreich sein wollen um jeden Preis und nicht groß auf Kosten anderer; die den Mut haben, klein zu sein und dumme Fragen zu stellen; die sich ihre Hoffnungen, ihre Utopien nicht ausreden lassen – so halten sie das Kind in sich hoch.
Und ich denke an die Kinder, die ihre Eltern hochhalten, sie lieben und ehren und trotzdem sagen: Ich muß aber meinen eigenen Weg gehen, ich kann mein Leben nicht an eures hängen, so wie ihr euer Leben nicht an meines hängen könnt.
Und ich denke an meinen kleinen Neffen Georg, der mit der krakseligen Schrift eines Siebenjährigen auf ein Stück Papier gemalt und geschrieben hat: »Ich wil nicht mehr das krigen, ich wil einfach in den friden fliegen« und der mit diesem kleinen Satz auch meine Hoffnung hochhält.
Wenn aber Weihnachten in diesem Sinn das Fest der Kinder ist, liebe Gemeinde, dann können wir selber nicht mehr einfach wie sorglose Kinder sein oder gar wie Gottes wohlbehütete, wohlgenährte Säuglinge. Dann müssen wir in Gottes Namen erwachsen werden, denn Gott braucht in dieser Welt erwachsene Söhne und Töchter, nicht große Säuglinge, die alles ihm überlassen.

Ich denke, Gott hat uns nicht dazu ein Kind in die Krippe gelegt, daß wir dabei wieder wie kleine Kinder werden, sondern damit wir begreifen: Wir sollen die Freunde dieses Kindes sein, ihm helfen und zur Seite stehen, seinen Weg begleiten – und so am Ende teilhaben an der Sorge Gottes um seine Menschenkinder, an Gottes Trauer und Gottes Zorn und Gottes Hoffnung und Gottes Liebe. Weihnachten bedeutet, daß Gott nicht allein sein, sondern Kinder haben will.
So schenkt er der Welt ein schutzloses, verletzliches kleines Kind, seinen wahren Sohn. Und er weiß von Anfang an: Dies Kind des Friedens, dieser Mann des Friedens, der wird mit seiner Liebe im Leben nur zu verletzlich sein. Trotzdem stellt Gott keinen Engel mit dem Schwert, keinen Cherub, vor das Kind (Weihnachtsengel singen und tragen Spruchbänder und Instrumente!), und es kommt Jesus auch keine Legion Engel zu Hilfe, als er stirbt. Er bleibt ein schutzloses Kind, ein wehrloser Mann – so hat es Gott gewollt.
»Fürchtet euch nicht!« sangen die Engel, fürchtet euch auch dann nicht, wenn das Kind stirbt. Denn die Hoffnung steht auf und bleibt. Dies Kind soll unverletzet sein!
Was sagen wir nun zu dem Kind? Und was nehmen wir mit von der Krippe und vom Stall? Welche Hoffnung und welche Kraft?
Für mich ist die Hoffnung und auch die Kraft in diesem Jahr zusammengefaßt in einem Gebet, von dem ich nicht weiß, wer es so aufgeschrieben hat, aber ich möchte es Ihnen weitergeben, und mehr vermag ich an diesem Abend nicht zu sagen.

Kind in der Krippe
dich halten wir hoch
gegen Raketen und Haß
gegen Knüppel und Krebs
gegen Lügen und Unrecht
gegen alle Verteufelung des andern

Kind du wirst leben
trotz Schwertern und Galgen
dir gehören die kommenden Tage
dein Friede ist das letzte Wort
du bist stärker
als alle Stärke des Bösen
du bist gewaltiger
als alle Macht der Reichen
dein Vertrauen heilt Angst

dich halten wir hoch
und fürchten uns nicht mehr
nicht vor Krisen und düsteren Aussichten
nicht vor eigener und fremder Bosheit
nicht vor der Übermacht der andern
und bleiben wehrlos
wie Kinder
wie deine Kinder
denen das Morgen gehört.

1. Weihnachtstag

Predigttext: Titus 3,4–7

Andreas Eitz

Theologisch-homiletische Skizze

1. Die (beinahe) letzten Zeilen des Exegeten (Michael Wolter; Bd. 4) sollen meine ersten sein: »Weihnachten ist nicht etwas, das vor langer Zeit geschah und an das man sich einmal im Jahr erinnert, sondern es gewinnt seine Bedeutung als Herstellung einer auch in der Gegenwart erfahrbaren Heilswirklichkeit allererst dadurch, daß es den Glaubenden bleibend erneuert ... Ohne diese Erneuerung bliebe das Heilsgeschehen der Weihnacht realitätsleer.«
Recht hat er. Und der Text natürlich auch. Ein schöneres Bild als das des reichlich ausgegossenen Bades hätte der Verfasser für mein Empfinden gar nicht finden können. Eine der besten Erfahrungen im Leben: das reinigende, wohltuende, erfrischende oder erwärmende Bad!
Kein Wunder, daß diese Erfahrung sakramentale Bedeutung tragen und interpretieren kann! Als einen Genuß, nach dem es mich immer wieder verlangt!
2. Wie schön das zur Situation des 1. Weihnachtsfeiertags in meiner dörflich geprägten (und dennoch nahe bei »Mainhatten« liegenden) Gemeinde paßt! Eine ausgeschlafene, gut gebadete, sich wohlfühlende Gemeinde ist versammelt – bereit, den Vormittag in Ruhe zu begehen, sich Entspannung zu gönnen, sich auf Erinnerung ansprechen zu lassen und ein paar orientierende Sätze mitzunehmen, vor der Kirchentüre noch etwas zu plaudern, unter gegenseitigen guten Wünschen nach Hause zu gehen, mit der ganzen Familie festlich zu essen, kurz: sich etwas Gutes zu gönnen – ohne Hetze, ohne sorgenden Blick auf die sonst allgegenwärtige Uhr. Besinnlichkeit – im guten Sinn des Wortes – liegt in der Luft. Und die kann durchaus mit den Gedanken in der Badewanne zu tun haben.
3. Von der Taufe war schon die Rede – auch ohne den Begriff selbst. Nun ist noch vom Abendmahl zu sprechen, das in diesem Gottesdienst (zumindest bei uns) seinen festen Platz hat. Der Text gibt das eine Sakrament vor, der Brauch das andere. Ich möchte mich und die Gemeinde dazu anregen lassen, das Mahl der Erinnerung und das Gedächtnis der Taufe zusammenzubringen, um die »Menschenfreundlichkeit Gottes« deutlich als handfesten Zuspruch spüren (auch das ein Anliegen des Exegeten: epiphainein meint nicht nur wahrnehmen, sondern erfahren) zu können. Wer kein Abendmahl hat, kann den Zusammenhang Weihnachten–Taufe noch weiter ausarbeiten.
4. Ich werde meinen Gottesdienstvorschlag am 25.12.1990 ausprobieren und dabei an Rolf Christiansen denken. Er hat – angesichts des soeben geöffneten Brandenburger Tores und der ersten Bilder vom Umsturz in Rumänien – am 23.12.1989 seine Gedanken für den Gottesdienst am 1. Weihnachtsfeiertag 1990 zu Papier gebracht. Dabei hat er von der Unmöglichkeit geschrieben, angemessen mit diesem großen zeitlichen Vorlauf umzugehen. Und nun steht hinter seinem Namen im Mitarbeiterverzeichnis ein Kreuz anstelle des Wohnorts!
Es gilt also: So der Herr will und wir leben, wollen wir Weihnachten feiern!

Ich mache meine Notizen, während im Radio die Berichte über den Sicherheitsratsbeschluß laufen, der ein Ultimatum an Saddam Hussein stellt ... Wird es bis Weihnachten 1991 einen neuen Golfkrieg gegeben haben? Wird sich die wirtschaftliche, soziale, psychische Lage in den fünf neuen Bundesländern so stabilisiert haben, daß die Menschen dort auch Weihnachten als Fest der Erinnerung an die »Menschenfreundlichkeit Gottes« begehen können? Wird die Sowjetunion, wird Gorbatschow überlebt haben? Was wird mit Indien sein, mit Afrika?
Ich mag gar nicht an alles denken, das mir – und erst recht meinen Kindern, die ja besonders die »Erben gemäß der Hoffnung auf das ewige Leben« sein sollen – so bedrohlich nahe gerückt ist. Ist das wirklich »Heilszeit«, »Heilswirklichkeit« und nicht vielmehr Unheilszeit, zumindest Zeit der Sorge ums Überleben der Menschheit und vielleicht auch der Welt?
Andererseits: Zu Weihnachten hat schon einmal eine neue Geschichte angefangen. Kann nicht die Rückbesinnung darauf den Hoffnungsfaden ins Gewebe der Wirklichkeit flechten? Wer, wenn nicht die Christinnen und Christen, kann denn dafür sorgen, daß »Güte und Menschenfreundlichkeit Gottes« erfahrbare Wirklichkeit werden?
Wie also geschieht Weihnachten, daß es »allem Volk widerfährt«?
Vermutlich so, daß wir uns ernsthaft auf das in Taufe und Abendmahl zugesagte Heil besinnen, es neu ergreifen und davon abgeben!

Vorschläge zur Liturgie

Introitus

Paraphrase zu Jes 9,5 und Ps 96,1–3

Uns ist ein Kind geboren, ein Sohn ist uns gegeben, und die Herrschaft ist auf seiner Schulter. Und er heißt Wunder-Rat, Gott-Held, Ewig-Vater, Friede-Fürst.

Macht auf! Macht auf euren Mund!
Laßt schallen die Lieder,
die altvertrauten Weisen,
die neuen auch mit ihrem and'ren Ton.
Singt mit neuer Hingabe, aufs neue bereit,
dem Kind im Stall zu begegnen, das Gottes Liebe ist.

Macht auf! Macht auf eure Herzen!
Öffnet die Tür eurer Seele, die lange verschloss'ne,
laßt neu herein die große Freude,
die widerfährt dem Volk in aller Finsternis.
Überwindet die Angst vor den Bildern der Armut,
vor Gottes Ohnmacht in Bethlehems Stall.

Macht auf! Macht auf eure Hände!
Löst die Fäuste, die halten möchten,
was doch in Wahrheit zu halten nicht lohnt.
Laßt euch die neuen Maßstäbe geben

für lohnend und sinnlos, für richtig und falsch.
Der kleine Gott will sie euch schenken,
der kleine, der so groß, der selbst das Leben ist.

Denn uns ist ein Kind geboren, ein Sohn ist uns gegeben, und die Herrschaft ist auf seiner Schulter. Und er heißt Wunder-Rat, Gott-Held, Ewig-Vater, Friede-Fürst.
(ziemlich frei nach: Nitschke, Zum Gottesbeginn, Gütersloh 1981, S. 19)

Sündenbekenntnis
Ja, es ist viel verschlossen, Gott, das wir gern öffnen und lösen möchten.
Hilf uns dazu, daß wir es können.
Öffne du selbst unsere Augen, daß sie dein Licht sehen,
unsere Ohren, daß sie dein Wort hören,
unsere Hände, daß sie das Geschenk des Lebens annehmen können.
Weil du selbst als Mensch zu Menschen kommst, trauen wir dir zu, daß du das kannst und willst. Darum legen wir unsere Belastungen und Sorgen vor deiner Krippe nieder. Keine königlichen Gaben gewiß, aber sie bringen unser Zutrauen, daß du sie aufhebst und uns neuen Mut machst, damit wir uns fröhlich um deinen Tisch versammeln können.
Herr, erbarme dich!

Gnadenzusage
Siehe, ich verkündige euch große Freude, die allem Volk widerfahren wird, denn euch ist heute der Heiland geboren, welcher ist Christus, der Herr, in der Stadt Davids. In dieser Freude dürft ihr leben und Gott loben und danken.

Präfation (in Anlehnung an Agende I EKKW, S. 32)
Laßt uns dankbar sein unserem Gott.
Wahrhaftig und würdig ist es, wenn wir ihm danken
für seinen Sohn, Jesus Christus, unsern Meister und Freund.
In ihm bist du, Gott, Mensch geworden
und hast besucht und erlöst dein Volk.
Darum freuen sich seiner die Himmel und die Erde,
die ganze Schöpfung ist glücklich.
In ihre Freude stimmen wir ein mit unserem Lied.

Dankgebet
Unser Leben, Gott, hat sein Ziel in dir. Du meinst es gut mit uns, darum bist du in deine Welt gekommen und hast die Versöhnung gesucht bis zur letzten Konsequenz. Nun laß uns unseren Anteil an diesem Werk tun, gestärkt durch dein Wort und dein Sakrament. Mit unseren Taten wollen wir dir danken und dich loben, heute und unser Leben lang. Amen.

Lieder
EKG 14,1–5; 456,1–3; 21,1–6; 48,1.2.4

Predigtvorschlag

Möglicher Anfang
Liebe Festgemeinde!
Jawohl, Festgemeinde! Denn wir haben etwas zu feiern. Etwas, das größer ist als Feuerwehrjubiläum oder Gründung des Gesangvereins. Wenn auch nicht so leicht zu beschreiben. Bei den Turnerinnen oder den Taubenfreunden, bei den Fußballern oder dem Spielmannszug, da weiß man, was man hat am Fest!
Was aber hat man von Weihnachten? Ist das nur eine überlieferte Sache, der man sich ebensowenig entziehen kann wie dem Einstand am neuen Arbeitsplatz oder dem allseits gemurmelten »Mahlzeit« zum Mittagessen? Rolf Rolfs, der Frankfurter Kabarettist und Ex-Chef der »Schmiere«, hat mal gesagt: »Zivilisation ist, wenn man eine Badewanne hat – Kultur ist, wenn man sie benutzt.« Hand aufs Herz, liebe Leute, steht Weihnachten herum wie eine ererbte, aber unbenutzte Badewanne? Gibt es eine Weihnachtskultur? Ist Weihnachten schön wie ein Bad, erfrischend wie eine Lavendelseife, belebend wie ein Abfrottieren oder nur unvermeidlich wie eine Ruhestandsurkunde?
Also, was macht uns hier zur Festversammlung?
Antwort: Daß wir eine gemeinsame Geschichte haben!
Und daß wir uns dieser Geschichte erinnern.
Was ist das für eine Geschichte?
Zunächst einmal eine erzählte. Eine, die wir jedes Jahr wieder hören, die uns bekannt ist bis ins feinste Detail (»es begab sich aber ... da machte sich auf auch Josef ... und es waren Hirten in derselben Gegend ... Maria aber behielt alle diese Worte und bewegte sie in ihrem Herzen«), eine Geschichte, die uns ein Leben lang begleitet, die vertraut und doch immer wieder überraschend ist. Eine Geschichte, die uns kostbare Wörter schenkt, zart und kraftvoll zugleich.
Zum anderen eine erlebte: Wir haben eine gemeinsame Geschichte darin, daß wir miteinander als Gemeinde leben. Daß wir die gleichen Lieder singen, zum selben Gott beten, daß wir auf seinen Namen getauft sind und darum eine Identität als Christen haben. Wir haben eine gemeinsame Geschichte darin, daß wir im christlichen Festkalender leben, daß wir zum Gottesdienst gehen, zum Frauenchor, zur Jungschar, zum Bazar ... Daß wir uns einladen lassen an Gottes großen Tisch, daß wir Brot und Wein mit ihm und miteinander teilen.
Lange vor uns hat sie angefangen, diese Geschichte. Unser heutiger Text im Titusbrief erinnert an diesen Anfang.

Text lesen (Vorsicht beim Luthertext, vor dem Wolter zu Vers 3 ausdrücklich warnt, weil er aus dem aktiv zupackenden »sozein« = »retten« den Zustand des Seligseins macht. Dagegen mogelt Zürich bei Vers 5 und verwandelt den unpaulinischen Realis »Werke der Gerechtigkeit, die wir getan haben« in einen Irrealis). Also vom Leben ist zu reden. Vom ewigen Leben. Was ist das?

Alternativ

Textverlesung (Luther, mit der oben notierten Warnung)

Nichts gegen Duschen, liebe Gemeinde! Duschen ist schnell und sparsam, Duschen macht munter und sauber. Aber was ist eine Dusche gegen den Genuß eines Bades, vielleicht mit ein bißchen Rosmarin-Extrakt oder ein paar Wacholder-Beeren aus dem Vorgarten! Ein Bad, das macht nicht nur sauber, das putzt den ganzen Menschen durch. Das geht durch alle Poren, das wäscht die Schlacken und Reste des Alltags weg.

Wer gut gebadet hat, steigt als neuer Mensch aus der Wanne. Finge sein Leben jetzt erst an, es könnte wohl ohne dunkle Flecken und dreckige Hände abgehen. In jedem Bad steckt ein kleines Bad der Wiedergeburt.

Bad der Wiedergeburt – ja, so müßte das sein mit unseren Taufen, daß wir so richtig den alten Adam abschrubben, neu und strahlend aus dem Taufbecken, das freilich schon ein Tauchbecken sein müßte, herauskommen.

Was aber hindert uns eigentlich daran, daß wir uns beim Baden erinnern an die Taufe und an die vielen angenehmen Erlebnisse des Reinwerdens? Wir können doch die Badewanne nutzen als Ort des Gedenkens. Theologie im Badezimmer? Gewiß kein schlechter Platz, das Leben zu bedenken und die Zusage von Gottes Freundlichkeit aus den Tagen der frühesten Kindheit mit hineinzunehmen in die Gegenwart.

Zurückdenken an die Taufe: Eine schöne Erinnerung – und eine gefährliche dazu. Gefährlich für die Resignation, die alles im Leben zu kennen meint und eigentlich nur noch den Tod vor sich hat. Gefährlich für alle Zufriedenheit, die sich im Vorläufigen auf ewig einrichten und alles beim alten lassen will. Gefährlich für die Herren des Lebens, die Pharaos, die Herodesse in mancherlei Gestalt. Denn die Taufe erinnert an den, der sich nicht beeindrucken ließ von der Mechanik der Machtsysteme. Der nicht mit den Wölfen heulte, der nicht dem Stasi zuarbeitete, der die Kollegen nicht hängenließ mit ihren Problemen, der nicht den bequemen Weg der Anpassung ging, sondern den richtigen. Der folgerichtig mit dem Tod endete. Und in dessen Tod wir alle getauft sind.

Nach Weihnachten kommt Karfreitag: Das Krippenkind, das wir heute feiern, findet einen schrecklichen Tod. Aber nach Karfreitag kommt Ostern: Der Tote von Golgatha ist das Lebendigste, was es gibt – er ist das Leben selbst.

Und von diesem Leben, vom ewigen Leben, ist heute zu reden.

Mögliche Fortsetzung

Das muß mehr sein als der alltägliche Kampf und Krampf. Mehr auch als das glänzende Kinderauge im Kerzenlicht, mehr als der Braten oder was auch immer an guten Dingen auf den Tisch kommt. Mehr als die Behaglichkeit eines Cognac danach oder eines Port davor. Mehr als ... (nach eigener Erfahrung des »Außerordentlichen« im Durchschnittlichen ergänzen).

Du möchtest mehr, lieber Mitmensch? Recht hast du. Eine tiefe Sehnsucht wohnt in dir, die nach mehr verlangt: Ich möchte gern mit mir im reinen sein! Da mag die Badewanne oder Dusche dazu helfen. »Aber Wasser allein tuts freilich nicht.« Das gilt von der Taufe wie jeder wirklichen Reinigung. Da muß ein Mensch her, der dir's möglich macht, indem er dir's zutraut. Oder noch besser: Gott selbst, der dich als den anschaut, der du sein könntest!

Und genau das soll geschehen.

Genau das feiern wir zu Weihnachten, nämlich daß Gott so wird wie du und ich. So klein und so verletzbar. So enttäuschbar. Ja, das geht. Weil Gott uns zutraut, daß wir aus freien Stücken seine Freundinnen und Freunde werden wollen, kannst du ihn enttäuschen, indem du seinen Vertrauensvorschuß lächerlich machst, ausbeutest, mißbrauchst. Langfristig zum eigenen Nachteil, versteht sich.

Denn dann mußt du dir das eigentlich gemeinte Leben durch Ersatz abkaufen lassen: durch Geld, Karriere, Schönheit, Erfolg. Die sollen dann Identität (= Selbstgewißheit) geben. Wie oft das schiefgeht, kannst du Sonntag abends im »Tatort« ansehen oder samstags im Sportstudio, wenn wieder einmal ein Doping-Skandal dran ist.

Und dennoch geschieht es hundertmal, tausendmal, immer wieder. Wer kann schon leben ohne Anerkennung, ohne Rechtfertigung? (hier können aktuelle Beispiele – und die gibt's leider immer – genannt werden)

Was für ein Jahrmarkt der Eitelkeiten! Was für ein Gedrängel im spotlight!

Was für ein Lärm auf allen Kanälen!

Und was für ein Glück, daß es ein paar stille Tage gibt, an denen es nicht so hektisch zugehen muß. Vielleicht ist gerade Weihnachten eine Chance, auf die leisen Stimmen zu hören. »Fürchte dich nicht, denn ich erlöse dich, ich habe dich bei deinem Namen gerufen, du gehörst zu mir.« Hörst du, du aufgeregter Mensch?

Du bist getauft, du hast einen Namen bekommen. Du bist schon wer. Du mußt dir deine Anerkennung nicht erst erkämpfen. Du hast Menschen gehabt, die dich zur Taufe gebracht haben. Du hast gehört von der spannenden Geschichte zwischen Gott und den Menschen. Du hast in der Bibel gelesen, du hast Religionsunterricht gehabt und Konfirmandenunterricht.

Du hast schon einen Anfang hinter dir, an den du anknüpfen kannst. Und du hast eine Verheißung vor dir, die deinen Weg beleuchtet. Du hast eine Zielvorstellung mitbekommen. Nicht im Labyrinth sollst du herumtasten, sondern heimkehren zum Anfang und Ziel aller Geschichte. Wohl selten

nur auf geraden Wegen. Aber das macht nichts: Auch wenn du Gott schon enttäuscht hast – er freut sich, wenn du dich erinnerst. Er interessiert sich auch für die, die es ihm nicht leicht machen. Vielleicht sogar mehr als für die ganz Korrekten.
(Denn die tun sich oft sehr schwer, wenn es um die Feier des Lebens geht, wie wir aus der Geschichte vom verlorenen Sohn wissen. Der hat ja einen älteren Bruder, dem bei der Rückkehr des Ausreißers nur Vorwürfe über die Lippen kommen. Das Aufregende: Dieser Bruder hat das Leben, aber er weiß es nicht. Und darum kann er es nicht genießen.)
Ach, lieber Bruder Sauertopf, hast du wirklich gemeint, mit dem Christenleben fange eine Zeit der Traurigkeit, der verordneten Besinnlichkeit, des gesenkten Kopfes an! Das Gegenteil ist der Fall, mein Lieber. Wo Freude ist und aufrechter Gang, wo du dich selber auf die Schippe nehmen kannst (und mich dazu), weil du nicht der Allergrößte sein mußt, da fängt das ewige Leben schon an. Da ist er schon da, der heilige Geist, von dem Gott reichlich ausgießt – nicht knapp und knauserig, sondern reichlich.
Du mußt jetzt nicht noch etwas besonders Heiliges und Schweres suchen. Der Alltag genügt. Da kannst du einlösen, was das Fest verspricht. Als Autofahrer im Gewühl, als Verkäuferin im vollen Laden, als Kollege, der Rußlanddeutsche oder Türken oder Pakistani genauso ernst nimmt wie sich selbst, als ... (nach Situation einsetzen).

Möglicher Schluß
Es kann schon sein, daß du Ärger kriegst. Und wenn du ins Zweifeln kommst, dann frag' dich, was das Flüchtlingskind in der Krippe von dir will. Dann gewinnst du eine Sicherheit, die freimacht von der Anerkennung der ewigen Rechthaber. Du hast ja viel mehr!
Die Taufe sagt dir: Du bist schon wer, du bist Gottes Freundin oder Freund. Und das Abendmahl setzt ein Amen drauf: Das bleibt auch so, ich bestätige es dir wieder und wieder!
Und darum: Komm, setz dich her zu den anderen! Höre mit ihnen die Zusage, daß dein Leben einen Sinn hat. Iß ein Stück vom Brot des Lebens und trinke einen Schluck vom Wein der Erinnerung. Genieße diese Einladung wie ein erfrischendes Bad. Es ist ja Gott selbst, der dich einlädt. Was willst du mehr zum Weihnachtsfest?

Kontext

Weihnachten muß das gesellschaftliche Leben verändern:
»Schön, daß die Weihnachtserzählung unser Gemüt berührt; verständlich, daß sie wie kein anderer evangelischer Bericht die Phantasie des Volks bewegt hat; sehr hilfreich, wenn in der Art, wie wir das Fest begehen, neben den sattsam bekannten Entartungen auch in der säkularisierten Welt ein originär christlicher Impuls auflebt. Aber für den Ernst des christlichen Lebens, für die Umkehr des christlichen Herzens, für die systemverändernden Impulse sind die Worte Jesu, sein Beispiel, sein alles besiegelnder Tod, sein neues Leben als Christus von ganz anderer Relevanz.

Und hier ergibt sich eine Weihnachtsgefahr: daß das Fest ein grandioses Alibi wird, drei Tage Pause, die für drei Tage Christlichkeit ausgegeben werden. Das Fest der Liebe bedeutet wenig, wenn 362 Tage lang der individuelle, der soziale und der kollektive Status quo unverändert bleiben.!«
(aus: Walter Dirks, Theologische Überlegungen wider den Strich, in: Weihnachtskonsequenzen, München 1975, S. 68)

Beobachtungen – Gedankensplitter
Nach den Mühen der Berge die Mühen der Ebene! Nach Paulus die Deuteropaulinen! Nach den Hundertmarkscheinen die kleine Münze – unsere Alltagswährung! Auch im Fest ist der Alltag präsent.

Selig – beseligt – ewige Seligkeit – Reigen seliger Geister; da klingt das »retten« schon anders: Da wird nicht geschwebt und »... luja« gesäuselt, sondern zugepackt und rausgeholt. Retten – das klingt nach der DLRG oder nach der Gesellschaft zur Rettung Schiffbrüchiger, deren Spendenboxen in Bootsform auch im Frankfurter Raum auf den Tresen stehen. Das klingt nach dem Samaritaner, der nicht fragt, sondern handelt.

Warum fehlt der Vers 8a im vorgegebenen Text? Ein kräftiges Amen tut gut.

»Bad der Erneuerung« erinnert ein bißchen an gründliche Hausrenovierung. Da gehts ja meist um Sanitärobjekte.

Weihnachten – schon wieder da. Und schon wieder bald vorbei. Es kommt so schnell – es bleibt so wenig. Und der Glanz des Festes wird immer blasser.
Kann man hierzulande Weihnachten ohne Kindheitserinnerungen feiern?
Siebzehntausend Väter aus der Ex-DDR haben ihre Familien im Stich gelassen und sind im goldenen Westen verschwunden. Wie feiern ihre Frauen und Kinder – meist am Rande der Armutsgrenze – Weihnachten? Und die Männer selbst?

2. Weihnachtstag

Predigttext: Hebräer 1,1–3(4–6)

Klaus Nagorni

Theologisch-homiletische Skizze

Weihnachten ist fast vorbei. Wer sich am Morgen des zweiten Weihnachtstages noch in der Kirche versammelt, dem ist es wirklich ernst mit diesem Fest.
Eigentlich schade, daß es – mit so viel Aufwand vorbereitet – dann beinahe spurlos im Alltag verlöscht. Bei aller Theologenschelte am unsachgemäßen Gebrauch dieses Festes: kein anderes vermag so leichtfüßig Kirchenmauern zu überspringen und die ganze Gesellschaft für eine Weile mit seinem Glanz zu überziehen. Es hat darum mehr verdient als einen sang- und klanglosen Abschied.
Wie schön wäre es zum Beispiel, wir hätten eine Zeremonie, mit der wir unseren Festtagen einen würdigen Abschied gäben! Der Bedeutung des Weihnachtsfestes entspräche es doch, wenn man es nicht nur »anfeiert«, wie das in den vier Adventswochen zuvor geschieht, sondern es auch »verabschiedet«.
Mir fällt die Zeremonie der havdala ein, der Trennung und Scheidung, mit der die Juden an jedem Samstagabend den Schabbat beenden und die kommende Woche begrüßen. In ihr erscheinen noch einmal alle Elemente und Eigenschaften dieses Festtages in gedrängter Form, wobei deutlich wird, daß dieser Tag etwas von der Erlösung Gottes am Ende aller Tage zum Vorschein bringt. (Vgl. Willem Zuidema, Gottes Partner. Begegnung mit dem Judentum, Neukirchen 1983, S. 83.)
Leider fehlt uns etwas Vergleichbares für das Fest aller Feste. Ausreichend Glanz hat es ja gegeben während der Feiertage – weit über den christlichen Anlaß hinaus und nicht selten an ihm vorbei. Aber fällt auch genügend Abglanz auf die Zeit danach?
Darin sehe ich den »Kasus« dieses zweiten Weihnachtstages: Verabschiedung von Weihnachten, Glanz und Abglanz eines Festes. Und damit klingt auch das Thema unserer Perikope an: Glanz und Abglanz der Herrlichkeit Gottes in seinem Sohn. Der Predigt sollten die Verse 1,1–4 zu Grund gelegt werden, was einen sinnvollen Zusammenhang ergibt. (Vgl. H. Paulsen in seiner Exegese, Band 4.)
Wenn Gott schön ist, wie die Mystiker aller Zeiten zu sagen wissen, wie steht es dann um seine Ausstrahlungskraft bei uns? Davon möchte ich reden: vom Glanz Gottes, seiner Schönheit, und vom Abglanz Gottes, seiner Ausstrahlungskraft.
Gibt der Text das her? Ja, er ist viel sinnlicher, weil unsere Sinne ansprechend, als er auf den ersten Blick in seinem spröden dogmatischen Gewand wirkt.
Gott hat geredet »vielfach und auf verschiedene Weise«: also gibt es etwas zu hören!
Der Sohn ist »Abglanz seiner Herrlichkeit« und »Ebenbild seines Wesens«: also gibt es etwas zu sehen!
Es geht um »Reinigung von den Sünden« (die zum Himmel stinken): also gibt es – nach vollbrachter Reinigung – etwas Angenehmes zu riechen.
Der Sohn »trägt das Weltall«: also geht es um Kontakt und Berührung!
Nicht appellativ möchte ich predigen (»nun sollten wir etwas von der Weihnachtsfreude hinausnehmen in den Alltag«), sondern so, daß aus der Fülle des Festes der Mangel des Alltags spürbar gefüllt wird. Beherzigenswert F. Steffensky: »Jeder Reichtum und jede dargestellte Schönheit hat Folgen. Die Handlungsfähigkeit des

Menschen entsteht nicht zuerst aus moralischen Appellen, sondern aus dargestellter Fülle.« (Aus: Wo der Glaube wohnen kann, Stuttgart 1989, S. 133).
Wie das geschehen kann, soll die Predigt nicht fordern, sondern vormachen.
Daß die Schönheit Gottes meist im Verborgenen blüht, macht der Anfang des Hebräerbriefes deutlich. »Vielfach und auf verschiedene Weise« erreicht uns die Rede Gottes. Nicht nur an den herausragenden Daten des Kirchenjahres, sondern auch im grauen Alltag. Auch der Sohn als das letzte und entscheidende Wort Gottes kommt nicht anders zu uns als in der Verborgenheit und Verwechselbarkeit des alltäglichen Geschehens.
Für ihn, den in unserem Leben ankommenden Sinn, gilt es die Sinne zu schulen. Dafür mag die Predigt das Sensorium schaffen.

Vorschläge zur Liturgie

Kollektengebet
Es ist uns ein Licht aufgegangen, Gott,
ein Licht, das all die Lichter in den Schatten stellt,
mit denen wir versuchen, die Welt zu erleuchten.
Wir bitten dich, Gott:
daß sein Schein uns erleuchte,
Abglanz deiner Herrlichkeit,
damit auch wir Grund haben zum Strahlen. Amen.

Lieder
Vor der Predigt EKG 15,1–3. Nach der Predigt EKG 15,4–7

Gebet
gott
du wohnst in der dunkelheit
du wohnst im unzugänglichen licht
du wohnst da
wo unser verstand nicht hinreicht
du bist so
daß unsere sprache versagt
gott du bist unsagbar
aber dennoch
sprechen wir von dir
dennoch betreten wir das schweigen
das dich umgeben müßte
dein wort
ist nicht unser wort
aber dein wort
ist fleisch geworden
in jesus von nazaret
er hat uns sprechen gelehrt

und so bitten wir dich gott

gib uns das wort das er sprach
das wort das aufhorchen ließ
gib uns dieses wort
in den mund
das froh macht
und die menschen erlöst ...

gib uns das wort
das andere menschen sehend macht
ganz neu sehend
für den nachbarn für den kollegen
für den mann für die frau
für den sohn für die tochter
gib uns das wort
das andere von blindheit heilt

gib uns das wort
das bei gott ist
das wort das andere menschen
auferstehen läßt
das ihnen mut macht zu leben
weiterzuleben ...

gib uns das wort
das wichtige wort
das schuldige freispricht
das wort das klar stellt
das wort das atmosphäre
entgiftet ...

gott
gib uns das wort
das bei dir ist
das licht bringt und hoffnung und trost
das freispricht
und andere vom tod auferweckt
und laß dieses wort
fleisch und blut und hand und fuß
bekommen
unter uns   amen!
(Wilhelm Willms: roter faden glück, kevelaer 1979, 9.11)

Predigt

Liebe Gemeinde, kein anderes Fest wird bei uns in ähnlich glanzvoller Weise gefeiert wie das Weihnachtsfest. Ein Fest mit einer Ausstrahlungskraft, das seinen Glanz schon lange vor dem eigentlichen Ereignis vorauswirft – auf Straßen und Plätze, in Schaufenster und Geschäfte. Kein anderes Fest wird mit soviel Einsatz und Aufwand vorbereitet. Am Ende sind alle erschöpft, hoffentlich auch ein wenig erleichtert, wenn die Vorbereitungen nicht umsonst waren und das Fest gelungen ist.
Es ist wie ein Sog, der einen in den Wochen vor Weihnachten erfaßt. Besorgungen sind zu machen, Briefe zu schreiben, Geschenke zu basteln oder zu kaufen. Man weiß gar nicht so recht, was es eigentlich alles ist. Nur eben, daß die Tage kürzer sind als sonst und die Zeit nur so dahineilt.
Kinder erleben die Wochen vor Weihnachten gewiß anders: Die Zeit dehnt sich wie Kaugummi – und man zählt die Tage bis zum Heiligen Abend in ungeduldiger Erwartung. Aber auch hier: erlöste Entspannung, wenn sich dann die Tür zum geschmückten Wohnzimmer auftut und der Tannenbaum mit seinen vielen Lichtern den ganzen Raum verzaubert.
Schnell aber hat die Fieberkurve der Erwartung ihren Höhepunkt erreicht, und schon bald knickt sie ab nach unten. Die Kerzen sind abgebrannt, die Geschenke ausgepackt. Manches wird man nach den Feiertagen wieder umtauschen müssen. Der Festtagsschmaus ist verzehrt, es bleiben die Knochen.
Und langsam stellt sich ein banges Gefühl ein: War's das mal wieder? Weihnachten, ein verlöschender Stern, und anschließend das schwarze Loch?
Als mein Bruder noch klein war, hatte er seine eigene Verabschiedungszeremonie für das Weihnachtsfest entwickelt. Am Tag nach Weihnachten umkreiste er den großen Küchentisch in zahllosen Runden, indem er in endlosen Wiederholungen vor sich hinsang: Weihnachten ist schon vorbei. Weihnachten ist schon vorbei. Er wollte und konnte es kaum glauben, daß dieses schöne Fest zusammen mit all dem bunten Christbaumschmuck für ein langes Jahr in der Versenkung verschwinden sollte. Um es sich aber doch irgendwie begreiflich zu machen, sang er sein kleines Liedchen, mit dem er sich von dem heißersehnten Fest verabschieden wollte.
Mir wird dabei klar, daß wir für das Weihnachtsfest wohl einen Fahrplan sich steigender Begrüßungszeremonien haben: von den Adventskerzen, von denen jeden Sonntag eine mehr leuchtet, bis zum Glöckchen am Tannenbaum, das die Bescherung einläutet.
Aber etwas Entsprechendes, mit dem wir uns anständig von diesem Fest verabschieden könnten, gibt es nicht. Was von ihm nach zwei Tagen noch übrig ist, lassen wir in aller Regel ziemlich unaufmerksam in den Alltag hinabrutschen – so wie den Tannenbaum auf die Straße. Schon heute geht der Blick voraus auf das, was morgen zu erledigen ist. Waren die Feiertage

wirklich mehr als nur eine Unterbrechung des Alltags? Wird der Stern, der auch unsere Nacht zum Leuchten brachte, nicht schon bald verglüht sein? Wird die Aufbruchsstimmung der Hirten nicht schon bald erlahmen?

So ähnlich muß es gewesen sein, als der Verfasser des Hebräerbriefes seinen Brief schrieb. Über ihn wissen wir kaum etwas, über seine Gemeinde ebenfalls wenig.
Nur eben: über die Situation, aus der heraus dieser Brief entstand. Denn sie ähnelt der unseren.
Es ist eine nachweihnachtliche Situation. Die Geburt Jesu ist schon geschehen. Die Geschenke sind ausgepackt. Es ist Zeit vergangen, viel zu viel Zeit, in der sich viel zu wenig geändert hat.
Kap. 2,1 läßt darauf schließen, daß mancher dabei ist, die Orientierung zu verlieren. Zweifel melden sich: War Christus nicht einer unter vielen? Strahlen nicht auch andere Sterne am Weltanschauungshimmel?
In dieser Situation faßt der Schreiber des H. noch einmal konzentriert zusammen, was Sinn und Aufgabe der Sendung Jesu war. Und weitet das einmalige Ereignis von Christi Geburt in kosmische Dimensionen aus: Das Wort, das Fleisch wurde im Stall zu Bethlehem, ist kein anderes als das, was vor allen Zeiten die Welt erschuf. Das Krippenkind ist Erbe des Weltalls. In der Singularität dieses konkreten Lebens werden wir des universalen Sinnes der Weltgeschichte ansichtig.
Er tut das in einer Sprache, die fremd klingt, so fremd, wie der eigentliche Anlaß von Weihnachten unter all der bunten Folklore verborgen ist, die sich um dieses Fest gelegt hat.
Fremde Sprache, fremde Bilder:
Erbe des Weltalls, Abglanz seiner Herrlichkeit, Ebenbild seines Wesens, Träger des Weltalls etc.

Wir spitzen die Ohren. So fremd klingt das alles, daß es schon wieder spannend wird. Spannend, wie wenn man ein fremdartiges und doch faszinierendes Muster entdeckt in einem alten orientalischen Teppich. Spannend, wie wenn man den roten Faden in einer Geschichte aufspürt, der uns plötzlich ihren Sinn und Zusammenhang erschließt:
Denn dieses Muster, dieser rote Faden läuft direkt auf uns zu: Gott hat geredet »in früheren Zeiten vielfach und auf verschiedene Weise«, aber »jetzt am Ende dieser Tage zu uns«!
Wir, die wir immer ein wenig zerstreut in den alten Geschichten herumgeblättert haben – es waren ja nicht unsere Geschichten, sondern die unserer Vorfahren –, wir sind plötzlich angesprochen. Zu uns redet Gott, uns gibt er sein letztes Wort.
Da wird uns der rote Faden der Geschichte zugespielt, so wie man ein Wollknäuel zugeworfen bekommt, das man auffängt und das einen dann verbindet mit den anderen, die im Spiel sind. Der rote Faden der Geschichte Gottes mit den Menschen, der sich fortspinnt durch die Zeiten bis hin zu uns.

Und da geschieht es, daß auch in unserem Leben etwas aufglänzt, was wir vorher kaum wahrgenommen haben. So wie ein Sonnenstrahl eine stumpfe Glasscherbe plötzlich zum Glitzern bringt, so hat der Glanz des Weihnachtsfestes auch in uns etwas zum Leuchten gebracht, was vorher unsichtbar oder unscheinbar unter der Decke des Alltags verborgen lag.

Hier ist Gelegenheit zur Konkretion, um vom »Hirtenfeld« eigener Weihnachtserfahrung zu berichten, von der »Erleuchtung« durch den »Stern der Gotteshuld«, von dem J. Klepper in Aufnahme der Glanz/Abglanz-Metaphorik dichtet: »Beglänzt von seinem Lichte, hält euch kein Dunkel mehr. Von Gottes Angesichte kam euch die Rettung her« (EKG 14,4). Was sind die Festtagserlebnisse und -begegnungen, von denen wir uns Ausstrahlungskraft wünschen auf die nachweihnachtliche Situation?

Weihnachten ist das Fest der Ausstrahlung Gottes. Da erfahren wir, daß das tiefste Geheimnis des Lebens nicht anonym und unpersönlich ist, sondern ein menschliches Gesicht trägt. Was die Welt von ihrem Anfang bis zu ihrem Ende umfaßt, ist kein zufälliges und chaotisches Geschehen, sondern Christus, der »das Weltall trägt durch sein machtvolles Wort«. In ihm bekommt das Geheimnis unseres Lebens einen Namen und ein menschliches Antlitz. Wen es anstrahlt, der kommt zum Leuchten. Vielleicht meinen wir das, wenn wir sagen, Weihnachten sei ein schönes Fest! Fest einer folgenreichen Schönheit, die nicht an sich selbst genug hat, sondern ihren Glanz um sich verbreitet, auch dann noch, wenn wir keine Weihnachtslieder mehr singen und der Alltag uns wieder hat.
Es gibt ein schönes Gedicht von Matthias Claudius, das er überschrieben hat mit dem Titel »Täglich zu singen«. Ein Lied also für jeden Tag, wenn es auch durchtränkt ist von der Erfahrung des Weihnachtsfestes. Ich lese Ihnen zum Schluß die ersten drei Stophen vor.

Ich danke Gott und freue mich
Wie's Kind zur Weihnachtsgabe,
Daß ich bin, bin! Und daß ich dich,
Schön menschlich Antlitz habe,

Daß ich die Sonne, Berg und Meer
und Laub und Gras kann sehen
Und abends unterm Sternenheer
Und lieben Monde gehen,

Und daß mir denn zu Mute ist,
Als wenn wir Kinder kamen
Und sahen, was der heil'ge Christ
Bescheret hatte, Amen!

Da dankt einer für das Allernormalste: für sein schönes menschliches Antlitz. Es ist keine Schönheit, die dieses Gesicht aus sich selbst heraus hätte.

Es ist eine Schönheit, die Abglanz ist einer von weit her kommenden Herrlichkeit. Abglanz eines Glanzes, wie er uns Weihnachten im Kind in der Krippe ganz nahe gekommen ist. Wenn die Weihnachtslieder demnächst verklungen sein werden: hier haben wir etwas, was »täglich zu singen« ist. Das Lied davon, daß Gott auch auf unser Leben sein Licht fallen läßt, so daß es liebenswürdig, menschlich und schön wird.

Kontexte

1. »Feiert mehr Feste – und die Welt wird erträglicher.« (Ursula von Kardorff: Vom Glanz rauschender Feste, Zürich)

2. Ein freudiger Ungläubiger, sagte Rabbi Naftali von Ropschütz, hat im Himmel mehr Ansehen als ein trauriger Chassid. Siehst du einen frommen Mann, der keine Freude hat, dann wisse, daß seine Gottesfurcht nicht aus reinem Quell fließt.
   (Aus: So soll man Geschichten erzählen. Weisheit der Chassiden. Wien, Freiburg, Basel, S. 34)

3. Eine Glückwunschkarte, die mich zu Weihnachten erreicht, schreibt das Wort Finsternis so: FinSTERNis.

4. Auch wir müssen wie die Hirten wieder umkehren, zurück in die alten Verhältnisse mit all ihrem Druck, der uns wund macht.
   Aber – wenn uns nur die Weihnachtsfeier der Hirten geschenkt wird, wenn wir nur so zu hören und zu glauben vermögen. Der Retter ist da! Gottes Hand ruht wieder auf der Welt und läßt die Welt nicht mehr los!
   Das Heil ist im Schwange! Die Nacht ist vorgerückt, der Tag aber nahe herbeigekommen! Die Herrschaft der Welt ist dem Fürsten dieser Welt schon abgesprochen und ist schon auf die Schultern dieses Kindes gelegt!
   Dann darf es auch von uns heißen wie von jenen Hirten: nicht nur »sie kehrten wieder um« in all die alte bittere Not hinein, sondern auch »sie priesen und lobten Gott um alles, was sie gehört und gesehen hatten, wie denn zu ihnen gesagt war«, mitten in allen persönlichen Nöten; mitten in der Nacht der Welt, mitten im Krieg …
   (Aus: Dietrich Bonhoeffer: Mit den Hirten umkehren; Chr. Kaiser Verlag, München)

1. Sonntag nach Weihnachten

Predigttext: 1. Johannes 1,1–4

Bernhard von Issendorff

Theologisch-homiletische Skizze

»Das Leben ist erschienen.« Doch es erschien an einem fremden, überraschenden Ort. Man suchte es im Königspalast und fand es im Stall, man erwartete es von den Mächtigen, und es kam unter den Machtlosen, nicht in Rom, nicht einmal in Jerusalem, sondern in Bethlehem. Es ist ein Wesenszug des Lebens und damit der Verkündigung Jesu: Er wird zum Heiland der Heillosen, ans Fluchholz bringt er die Gottesliebe, bis das Leben aus dem Grab und dem Tod kommt. Unsern Christvespern und Weihnachtsfeiern fehlt gerade der überraschende Ort. Weihnachten ist zum Fest der vertrauten Konvention geworden. Gemütlichkeit vor Überraschung. Da, wo Weihnachten mit den Einsamen und den Wohnungslosen am Hirtenfeuer in einer Großstadt gefeiert wird, gewinnt das Fest wieder diesen christuswürdigen Wesenszug.
Unser Sonntag, der erste nach dem Christfest: eingebettet in dem, was in Hessen »zwischen den Jahren« heißt, fast schon nicht mehr Weihnachten, dessen Seligkeit mancher schon überdrüssig ist, aber noch nicht Silvester und Neujahr. An den Werktagen wird in vielen Dienststellen und Fabriken nicht gearbeitet, Überstunden werden abgefeiert. Der Gottesdienst unterbricht anders als sonst im Jahr nicht den Alltag, er durchbricht (kann er es schaffen?) die freie Zeit, drängt sich in die Kette der häuslichen und familiären Feiern.
Da ist liturgische Verfremdung angesagt, und in vielen Gemeinden werden Singegottesdienste gefeiert, und wer erzählen kann, der steige einmal nicht auf die Kanzel, sondern stelle sich einen Stuhl in den Altarraum und erzähle im Sitzen Geschichten, die belegen, daß das Leben erschienen ist.
Ob ich erzähle oder predige, ich muß entscheiden: Wer ist mit dem »wir« des Textes gemeint? Ist dies nur der Presbyter Johannes, der vielleicht zu den Augenzeugen des Erdenlebens Jesu gehörte? Dann fragt sich, wie wir, Zeitgenossen an der Wende zum dritten Jahrtausend, Gemeinschaft mit ihm haben können. Die Zeugenschaft ist mit diesem Zeugen vergangen, es sei denn seine und unsere Geschichte kommen zusammen. Wie können wir an der alten Geschichte teilhaben, zu der Gemeinschaft kommen, zu der uns der alte Johannes einlädt? In den Weihnachtsliedern, die uns auffordern, zur Krippe zu kommen, wird die Einladung ausgesprochen, zu Zeitgenossen der Hirten der lukanischen Geschichte und der Weisen der Erzählung des Matthäus zu werden. Die gottesdienstliche Feier, das Lesen und Hören der Geschichte, der Gesang der Lieder schafft eine Gemeinschaft, die Jahrtausende übergreift. Es macht das Sedermahl der jüdischen Gemeinschaft jeden Teilnehmer zum Zeit- und Lebensgenossen jener Generation ihrer Vorväter, die aus der Sklaverei in Ägypten befreit wurden; so macht die Weihnachtsfeier und ihre Geschichte uns zu Zeugen des erschienenen Lebens. Damit ist auch uns sinnliche Erfahrung Jesu möglich. Gesehen, gehört, betrachtet, betastet, das ist nicht allein von den ersten Jüngern Jesu gesagt, das gilt auch uns, den vorerst letzten der Jünger.

Zur Liturgie

Psalm 71,14–18 (Wochenpsalm) verschränkt mit der Weihnachtsbotschaft der Engel:

Ich will immer harren und mehren all deinen Ruhm.

Fürchtet euch nicht! Siehe, ich verkündige euch große Freude, die allem Volk widerfahren wird.

Mein Mund soll verkündigen deine Gerechtigkeit, täglich deine Wohltaten, die ich nicht zählen kann,

denn euch ist heute der Heiland geboren, welcher ist Christus, der Herr in der Stadt Davids.

Ich gehe einher in der Kraft Gottes, des Herrn, ich preise deine Gerechtigkeit allein.

Und das habt zum Zeichen, ihr werdet finden das Kind in Windeln gewickelt und in einer Krippe liegen.

Gott, du hast mich von Jugend auf gelehrt, und noch jetzt verkündige ich deine Wunder.

Ehre sei Gott in der Höhe und Friede auf Erden bei den Menschen seines Wohlgefallens.

Auch im Alter, Gott, verlaß mich nicht, und wenn ich grau werde, bis ich deine Macht verkündige Kindeskindern und deine Kraft allen, die noch kommen sollen.

Kyrie

Herr des Friedens, dein Leben ist erschienen,
doch wie verzerrt zeigt Weihnachten dein Gesicht,
daß dein Licht nicht mehr strahlt im Geflimmer der Zeit.

Herr, erbarme dich …

Herr der Gnade, deine Gnade ist erschienen,
doch wie entstellt ist das Fest deiner Geburt,
daß deine Stimme nicht mehr hörbar ist in der Musik unserer Städte.

Herr, erbarme dich …

Herr des Friedens, dein Friede ist unter uns,
doch wie verfälscht ist das Wesen deiner Botschaft,
daß deine Liebe nicht mehr durchdringt die Gemütlichkeit unseres Hauses.

Herr, erbarme dich …

Gnadenwort

Du bist uns nah: wenn wir sehen lernen, bist du uns vor Augen.
Du bist bei uns: wenn wir hören lernen, öffnest du uns die Ohren.
Du bist spürbar: wenn wir glauben lernen, weitest du uns das Herz.

Schlußgebet
Wir beten für alle, die wir nicht sehen,
die wir übersehen,
die sich verstecken.
Wir beten für alle, die wir nicht hören,
die wir überhören,
die wir totschweigen und denen wir den Mund verbieten.
Wir beten für alle, die wir nicht spüren,
zu denen wir Berührungsängste haben,
für die wir uns nicht zuständig fühlen.
Herr, du bist uns erschienen,
du hast zu uns gesprochen und sprichst zu uns,
du bist zu spüren und stellst uns in die Verantwortung.

Zur Predigt

Möglicher Predigtanfang
Liebe Gemeinde zwischen den Jahren, was Weihnachten vor anderen christlichen Festen auszeichnet, ist die Menge der sinnlichen Eindrücke. Weihnachten kann man schmecken und riechen, da gibt es Lichter und Dämmerung zu sehen, da sind die Ohren voll Musik, und Leute, die das ganze Jahr nicht singen, singen Weihnachtslieder.
Diese starke Wirkung des Weihnachtsfestes ist es wohl, die immer mehr Menschen vor diesem Fest fliehen läßt. Unter Palmen stellt sich die Erinnerung an das Fest der Kindheit nicht so schnell ein.
Wahrscheinlich gehe ich nun auf das Argument der zusätzlichen Arbeit ein, weil es mir Gelegenheit gibt, für eine bescheidenere und familiär gemeinsam vorbereitete Festgestaltung zu plädieren.
Geflohen wird vor den Gefühlen, manche Gefühle sind für uns bedrohlich. Auch Weihnachten kann Gefühle wecken, die wie ein Gericht über die ganze Lebenspraxis hereinbrechen. ...

> *Ein alternativer Anfang*
> *Ich beschreibe die drei bekannten chinesischen Affen, die nicht sehen, nicht hören, nicht reden – und stelle eine positive Wertung – Bescheidenheit und Zurückhaltung – vor und eine negative Wertung – Nichtswahrnehmen und Angst vor den Gefühlen.*

Zum weiteren Verlauf
In den kirchlichen Schulen streiten seit dem Beginn christlicher Theologie diejenigen, die eine sinnliche Erfahrung auch der Gnade Gottes für möglich und sogar notwendig halten, wie der Thomas, der die Botschaft von Jesu Auferstehung erst glauben konnte, nachdem er die Narben der Kreu-

zigung gefühlt hatte, und jene, die für uns die Welt Gottes für verschlossen halten …

Ich kann nun den Streit um die Bilder in der Ostkirche schildern, daß Ikonen im letzten Jahr in mehreren Hauskreisen Thema waren, wir auch eine Ausstellung besucht haben, ist ein gutes Beispiel. Ich möchte auch von der scholastischen Theologie und ihrer Vorstellung vom natürlichen Licht der Vernunft und dem Widerspruch Luthers dagegen erzählen. Von der Abschaffung der farbigen Gewänder und der Prozessionen durch die Reformation kann die Rede sein, wie auch von Luthers Kampf gegen die Bilderstürmer.

> *Hier könnte ich wie im ersten Versuch weiter fortfahren, doch ich entscheide mich dafür, hier nicht aus der Gegenwart in die Geschichte zurückzublicken. Ich beschreibe mich in dem Spannungsfeld einer Reizüberflutung: Bilder, Klänge, Worte, Geschmack und Gerüche – und der Sehnsucht, durch Reduzierung der Reize wieder zu wesentlichen Erfahrungen fähig zu werden: Einsamkeit, Wandern in der Wüste, Meditation, Fasten, Schweigen.*

Die Fortsetzung der Predigt

Das Proömium des ersten Johannesbriefes, so nennen wir die ersten vier Verse dieses Briefes, die unser heutiger Predigttext sind, ist ein starkes Plädoyer für die sinnliche Erfahrung Gottes. Es ergreift also Partei für jene, die Gott spüren, hören, wahrnehmen, betasten möchten. Es widerspricht jenen, die es für unnötig oder unmöglich halten, Gott wahrzunehmen.

Nun wäre der Unterschied der Diskussionlage des zweiten Jahrhunderts und unserer Zeit zu verdeutlichen. Die Menschen damals waren gewohnt, so hatte es sie besonders die klassische Philosophie Platons mit dem Höhlengleichnis gelehrt, daß die Sinne nur Schatten, aber nicht Wirklichkeiten wahrnahmen. Wir sind dagegen gewohnt, alles, was unsere Sinne nicht wahrnehmen, ihnen nicht zugänglich ist, für unwirklich zu halten, obwohl die moderne Naturwissenschaft die sehr begrenzten Möglichkeiten unserer Wahrnehmung erfaßt hat.

Nun konfrontiere ich 1. Joh 1,1–4 mit Aussagen des Paulus, wie 2. Kor 5,16. Kann man Paulus für eine »erfahrungsfeindliche« Theologie in Anspruch nehmen? An dem Damaskuserlebnis des Paulus mache ich deutlich, daß dies ein Mißgriff wäre:

Der Eindruck der Erscheinung war zu groß, daß er für Tage erblindete, er hörte die Stimme, er sprach mit dem Auferstandenen. Die Erfahrung des Auferstandenen ist mit der Himmelfahrt Jesu nicht zu Ende.

Visionen und Inspirationen möchte ich nennen. Hier kann von Heiligenlegenden aus der Ökumene die Rede sein.

Nun möchte ich deutlich machen, daß dies nicht nur den außergewöhnlichen Menschen geschenkt wird:

Wenn wir nicht in einer Tradition der Skepsis gegen alles, was wir nicht mit unserem Verstand steuern können, ständen, wenn wir uns wie manche anderen Kulturen und christlichen Konfessionen um unsere Träume kümmerten, sie nicht zum Spielball der Psychoanalytiker verkommen ließen, wir würden Träume lesen können und darin vielleicht auch auf Gottes Handschrift stoßen ...
Zum Beleg könnte ich die Traumgeschichten der hebräischen, aber auch der griechischen Bibel ins Gedächtnis rufen, ich kann aber auch von der Beachtung der Träume unter den christlichen Zulu berichten.
Wenn wir es nicht für einen Ausdruck der erwarteten Frömmigkeit mißverstünden, im Gottesdienst ruhig zu sitzen, dann könnten wir wohl auch erleben, wie Gott uns im Tanz ihm zu Ehren befreit ...
Beispiele aus schwarzafrikanischen und asiatischen Kirchen müssen in meiner Gemeinde nur angetippt werden, weil wir durch unsere Partnerschaft zu solchen Kirchen solche Gottesdienste schon mitgefeiert haben.

> *Im alternativen Entwurf*
> *werde ich diesen biblischen und dann oekumenischen Teil sehr kurz halten oder ganz auslassen, doch den folgenden Abschnitt wird es in beiden Predigten geben können.*

Der Mittelteil der Predigt
In unsern Kirchen – wie in der Gesellschaft, in der unsere Kirche zu Hause ist – herrschen Berührungsängste: Umarmungen, gar Küsse gelten als unschicklich – und viele Menschen sind nicht einmal mehr fähig, einander die Hand zu geben ...
Vielleicht muß ich mich nun mit den Rationalisierungen auseinandersetzen, wie dem hygienischen Argument einer möglichen Ansteckung. Ich möchte recht bald auf die religiöse Dimension dieser Verweigerung kommen:
Wie sollen wir die Nägelmale des Auferstandenen spüren, wenn wir dem Nächsten nicht die Hand geben und seine Schwielen und Narben wahrnehmen?
Ich werde dann von meinen Erfahrungen mit dem Segen reden, von der Berührungsangst beim Segnenden und beim Gesegneten und von ihrer gemeinsamen Freude, wenn sie die Angst überwunden haben und sich Nähe schenken.
Die erste Berührung geschieht an der Haut. Liebe und Vergebung, sie werden uns dann auch unter die Haut gehen, dessen bin ich sicher.
Ich setze mich nun mit dem schwierigen, emotional geladenen Vorwurf auseinander, daß ein neuer Aberglaube entstünde, wenn es um menschliche Erfahrung geht. Das für mich überzeugendste Gegenbeispiel ist das Judentum, daß bei einer strengen Beachtung des Bilderverbotes und der theologischen Betonung der Fremdheit Gottes und der Unmöglichkeit des Menschen, sich Gott zu nähern, immer dafür gesorgt hat, daß der Glaube sichtbaren Ausdruck fand und daß alle Sinne am Glaubensleben beteiligt sind:

Feiernd und spielend können selbst kleine Kinder wesentliche Inhalte erfassen.

Der Schlußteil
Für das Proömium des ersten Johannesbriefs steht das Ziel der Kommunikation über Erfahrungen fest: Gemeinschaft soll ermöglicht werden. Ich denke also nach über gemeinsame Erfahrungen in Gottesdiensten, nenne Beispiele und werde sicherlich auf die verschiedensten Weisen, das Abendmahl miteinander zu feiern, zu reden kommen:
Unter uns ist endlich die Haeresie der Leibfeindlichkeit erkannt worden. Allein hätten wir es nicht geschaffft, aber die Anfrage der Welt: »Wie hältst du, Kirche, es eigentlich mit dem Leib, der doch ein Teil der guten Schöpfung Gottes ist?« hat uns wachgemacht. Das Vorbild unserer oekumenischen Geschwister: »Schaut, wie wir tanzen! Gott zur Freude und zur Ehre, wie wir den Leib des notleidenden Nächsten heilen, wie leibliche Befreiung und Evangelium zusammengehören!« weist uns den Weg. Sollten wir darin nicht auch eine Hilfe Gottes für uns sehen, der uns die Fragen der Welt stellt und uns die oekumenischen Geschwister zur Ermutigung gibt?

Kontexte

Als erste Geschichte möchte ich die Erzählung von Bertolt Brecht: »Das Paket des lieben Gottes« nennen (aus: Gesammelte Werke Bd. XI (Prosa I) werkausgabe edition suhrkamp, Frankfurt 1967).

Von der nahen Beziehung zwischen sinnlicher Erfahrung und Religion zeugt auch der Text des Baal Schem Tow: Ein Gleichnis vom Gebet.
Wie die Braut zur Hochzeit mit allerlei Gewändern bekleidet und geschmückt wird, wenn aber die Vermählung selber geschehen soll, werden die Gewänder von ihr genommen, damit die Leiber einander nahe kommen können, so heißt es auch: ›Aus meinem Fleisch heraus werde ich Gott schauen‹, denn das Gebet ist die Braut, die erst mit vielen Gewändeern geschmückt wird, dann aber, wenn ihr Freund sie umfängt, ist alles Gewand von ihr genommen.« (Martin Buber: Des Baal-Schem-Tow Unterweisung im Umgang mit Gott. Verlag Lambert Schneider, Heidelberg 1981 S. 54).
Damit verbunden sei der Hinweis, daß ich gern nach Hoffnungsgeschichten in dem reichen Schatz der Chassidischen Geschichten in den verschiedensten Sammlungen suche.
Den Kolleginnen sei der Mut gemacht, Hoffnungsgeschichten aus der Geschichte der Befreiung der Frau zu erzählen. Die Notwendigkeit, solche Geschichten zu sammeln und zu verbreiten, sei ausdrücklich angemeldet.

Paralipomena

Wo sind die ungewöhnlichen Orte geblieben, da das Leben erschienen ist? Wäre es möglich, in Form eines Reiseberichts – etwa durch das herbstliche Hessen mit seinen Dörfern, wo die Kirche noch im Mittelpunkt steht – an der nun aufgelassenen Grenze entlang, wo der Todesstreifen zuwächst – von der erschienenen Gnade zu reden? Sollte man es vielleicht an Ortsgeschichten aus Frankfurt, Treysa, Eisenach und Buchenwald durchbuchstabieren?

Das Leben ist erschienen (zeitlich)

Das Leben ist erschienen
irgendwann zwischen dem Augenblick, den wir ungeschickt Urknall nennen, und dem, da unsere Sonne zerbersten wird.
Das Leben ist erschienen
in der Zeit, da Gott Noah den Fortbestand von Saat und Ernte, Frost und Hitze, Sommer und Winter ansagte und da der Mensch die Saaten manipulierte und Ernten um der Erträge willen vernichtete, das Klima veränderte und die Atmosphäre aufheizte, daß sich Sommer und Winter nicht mehr unterschieden.
Das Leben ist erschienen
in der Zwischenzeit zwischen dem Aufleuchten des Sterns von Bethlehem und der Durchführung des Mordbefehls Herodes des Großen gegen die kleinen Kinder dieser Stadt.
Das Leben ist erschienen,
als der Himmel sich auftat,
als ein Gelähmter sein Krankenbett forttrug,
als ein Blinder den Sohn Davids erkannte,
als eine Diskussion über Ehescheidung um der Kinder willen unterbrochen wurde,
als einem Verurteilten das Paradies aufgetan wurde,
als die Jünger Jesu Grab leer fanden.
Das Leben ist erschienen,
wenn einer zu Dir sagt:
Du bist Gottes Kind,
Du bist mir Bruder und Schwester,
Deine Last tragen wir gemeinsam,
Deine Schuld steht nicht mehr zwischen uns.
Es ist das Leben erschienen.

Das Leben ist erschienen – in Frankfurt?

Das Leben ist erschienen.
Ist es die Rolltreppe heraufgekommen am Bahnhofsplatz,
wo es nach Erbrochenem riecht?
Ist es hier zwischen den kleinen Händlern mit dem schlechten Stoff,
wo der Polizist Mitleid empfindet?

Das Leben ist erschienen:
Da, wo nun die Bordelle schließen und die Peepshow verschwindet,
weil es dem städtischen Image schadet?
Lebt es im Schatten der schwarzglänzenden Fassaden von Banken und Zentralverwaltungen,
wo nachts der Penner den Windschatten sucht?

Das Leben ist erschienen
vielleicht in den ehrwürdigen Räumen des Domes, der Katharinenkirche,
wo die Türme wie eingezogene Finger wirken,

vielleicht im Römer, im Kaisersaal in der Erinnerung an alten Glanz,
in der Paulskirche, den Anfängen unserer Demokratie?

Das Leben ist erschienen
vielleicht in den kirchlichen Werken der Liebe und Diakonie,
in Kindergärten und Krankenhäusern,
in unseren Ausstellungen zur Geschichte und zur Kunst in unserm Land,
in Orgelkonzerten, in der Matthäuspassion?

Das Leben ist erschienen,
wo zwei oder drei in Christi Namen versammelt sind,
wo miteinander das Brot geteilt
und der Wein weitergeben wird an den Nächsten,
wo Fremde einander als Geschwister erkennen.
Da ist das Leben erschienen.

Altjahrsabend

Predigttext: Römer 8,31b–39

Berthild Boueke - v. Waldthausen

Theologisch-homiletische Skizze

In diesem Gottesdienst geht es mir darum, daß die Gemeinde in ihrer besonderen Situation am Jahresende und die Botschaft des Predigttextes in ein fruchtbares Gespräch miteinander kommen. Dabei möchte ich sowohl zur Sprache bringen, wo beide sich ergänzen und ineinandergreifen, als auch, wo sie sich reiben und gegenseitig hinterfragen.

Das Jahresende weckt, so vermute ich, ein Bewußtsein für Zeit und ein Gefühl für Vergänglichkeit. Menschen möchten Abschied nehmend das vergehende Jahr in seiner Einmaligkeit würdigen und Mut und Perspektiven für das neue gewinnen. Zusammen mit diesem Wunsch regen sich auch Widerstände gegen eine realitätsgerechte und weiterführende Besinnung. In dieser Ambivalenz erwarten Gottesdienstbesuchende Hilfe vom christlichen Glauben.

In Rö 8,31–39 bekennt sich Paulus begeistert zur Gewißheit der Liebe Gottes als widerstandsfähiger Grundüberzeugung seines Lebens. Was im Verlauf seines theologischen Ringens ausgespart bleibt, in seinem abschließenden Resümee bricht es voll durch: Es ist Liebe, die Gott gegenüber Menschen hegt und ihn zu seinem Heilshandeln bewegt. Diese Liebe gilt den Geliebten mit absoluter Zuverlässigkeit. Denn sie zeichnet sich dadurch aus, daß sie eine widerstandsfähige, opferbereite Liebe ist, die es mit jeder, auch der bedrängendsten Situation aufnimmt und sich am Widerstand bewährt.

Was bedeutet diese Botschaft für die Gemeinde am Jahresende? Beides berührt sich für mich darin, daß hier wie dort Bilanz gezogen wird, daß die gleichen Widerstände auftauchen (Angst vor Schuldigsein und Leid bzw. Leidensscheu) und daß Paulus nennt, was auch heute Widerstände überwinden und realitätsgerechte, weiterführende Besinnung auf Vergangenes ermöglichen kann – göttliche Liebe.

Aber Gemeindesituation und Textbotschaft sind nicht nur in dem spannungsfreien Muster von Wunsch und Ermöglichung aufeinander bezogen, sondern stellen sich auch gegenseitig in Frage. Der Text thematisiert eine Leidenssituation, die so auf uns nicht zutrifft. Darbende und Verfolgte verbindet er mit dem sich aus Liebe opfernden Christus. Es hieße, die Leiden der damaligen Gemeinde und unser vergleichsweises Wohlergehen nicht ernst nehmen, wenn wir diese Verbundenheit ohne weiteres auch für uns behaupteten. Wir kommen nicht um die Grundsatzfrage herum: Sind Lebensgenuß und paulinische Opfertheologie überhaupt miteinander vereinbar? Hier scheint mir in der Tat eine nicht auflösbare Spannung zu bestehen.

Auch wenn ich nicht masochistisch jede natürliche Lebensfreude vergällen möchte, möchte ich doch vom Text her einen Wohlstand hinterfragen, der mit Leiden und Zerstörung von Lebewesen erkauft ist. Auch wenn ich nicht naiv und selbstgerecht die Erlösungsbedürftigkeit unseres Lebens leugnen möchte, möchte ich mich doch vor einer lust- und lebensfeindlichen Opferideologie hüten, in der ein sadistischer Patriarch auf das Lebensopfer seines Sohnes und seiner Gläubigen angewiesen ist, um zu lieben.

Statt die Liebe vom Opfer her möchte ich umgekehrt das Opfer von der Liebe her definieren. Opfern heißt dann, das aufgeben, was der Gottes-, Selbst-, Nächsten- und Lebensliebe widerspricht: Vollkommenheitswahn und Schuldkomplex, Angstfixierungen und Glücksillusionen, All- und Ohnmachtsphantasien, Herrschaftsanspruch und Unterwerfungszwang. Ein so verstandenes Opfer verträgt sich durchaus mit Lebenslust und Genuß, so daß Gottes Liebe nicht nur mit den Leidenden, sondern auch mit den sich Freuenden verbunden ist. Dieser Lebensfreude möchte ich bei einer Besinnung am Jahresende ihren Raum lassen.

Zur Liturgie

Eigentlich bietet sich dieser Gottesdienst an einem weltlichen Feierabend geradezu an, ihn in einer Vorbereitungsgruppe freier zu gestalten, es sei denn, vor-weihnachtliche Veranstaltungen haben alle Zeit und Phantasie verbraucht. Sinn der Liturgie ist es, im Angesicht eines liebenden Gottes ehrliche Besinnung auf das vergangene Jahr anzuregen und ihm das Erlebte anzuvertrauen.

Einfälle:
I. Die Gemeinde wird begrüßt, Gott und Gemeinde werden vorgestellt.
Ein Jahr geht zu Ende. – Wir haben heute abend unsere Wohnungen und Häuser verlassen. Wir haben uns auf den Weg gemacht. Wir sind in dieser Kirche angekommen. Wir sind jetzt hier, um Abschied von dem vergehenden Jahr zu nehmen und miteinander Gottesdienst zu feiern. Wir feiern ihn:

> Im Namen Gottes, der die Quelle des Lebens ist und wie ein Vater und wie eine Mutter für uns sorgt;
> im Namen Jesu Christi, der die Liebe ist, die uns vom Tod ins Leben bringt;
> im Namen des Heiligen Geistes, der die Wahrheit ist, die uns in alle Wahrheit führt. Amen.

Wir bringen alle aus dem alten Jahr etwas in diesen Gottesdienst mit: Erinnerungen, Gedanken, Gefühle, Ängste und Hoffnungen. Einige legen auf den Altar, was sie mitgebracht haben.

> Kerstin: Ich bringe einen Stein mit für alle Aufgaben, die mir zu schwer waren und die ich nicht zu bewältigen wußte. (Legt ihn ab.)
> Thomas: Ich bringe einen Krug Wasser mit für die Stunden, in denen ich aufatmen und meine Seele baumeln lassen konnte.
> Tanja: Taschentuch für einen harten Abschied.
> Blumen für überraschende, anregende Begegnungen.
> Graues Stück Stoff für leere Zeiten und Routine.

Sie haben jetzt Zeit, um sich klar zu werden, was Sie in diesen Gottesdienst aus dem alten Jahr mitbringen.
– Stille –

II. Das im vergangenen Jahr Erlebte wird Gott anvertraut in Klage und Lob. (Gruppenmitglieder haben einen Klage- und einen Lobpsalm formuliert.)
Beispiel:
Gott, Dir möchte ich gern vertrauen; Dir möchte ich mich gerne anvertrauen mit meinen Schmerzen und mit meinen Fragen. Ich weiß nicht, wohin sonst mit all dem, was in mir arbeitet und nicht zur Ruhe kommen will.
Aber leicht fällt es mir nicht, zu Dir zu reden. Du bist mir fremd geworden. Deine Stimme habe ich lange nicht mehr gehört.
Wo warst Du, Allmächtiger und Gütiger, als das Unglück geschah? Wo warst Du mit Deiner Güte, als das Elend kam? Wo warst Du mit Deiner Allmacht, als die Krankheit mächtig wurde?
Einsam bin ich unter den Menschen, die mich umgeben. Feuchte und trokkene Tränen weine ich Tag und Nacht. Blind bin ich für das, was andern Freude macht. Schwierig bin ich geworden für die, die mit mir umgehen wollen. Aber ich will mich nicht aufgeben und Dich auch nicht. Ich will wieder leben können, frei von Zorn und beständiger Trauer, frei von trüben Gedanken und von dunklen Plänen, frei für die Menschen, die zu mir gehören und zu denen ich gehöre.
Ich möchte glauben lernen, aber der Weg ist so weit. Begleite mich auf diesem Weg. *Kyrie eleison.*

Lobpsalm abschließend mit »Ehre sei Gott auf der Erde«.

Neuere Lieder
Kanon »Ausgang und Eingang ...«; »Ich lobe meinen Gott, der aus der Tiefe mich holt«; »Ich werfe meine Fragen hinüber« (in: Liederheft für die Gemeinde Nr. 658, 622, 668); »Erleuchte und bewege uns«. Bitte nicht Bonhoeffers Lied aus dem Gefängnis »Von guten Mächten« durch jährliches Singen inflationieren.

Textlesung
1. Kor 13
Zu Anlaß und Predigttext paßt schön der altchristliche Segen:
Gottes Liebe sei vor Dir, um Dir den rechten Weg zu zeigen. Sie sei neben Dir, um Dich in die Arme zu schließen und Dich zu schützen. Gottes Liebe sei hinter Dir, um Dich zu bewahren vor der Heimtücke böser Menschen. Sie sei unter Dir, um Dich aufzufangen, wenn Du fällst, und Deinen Fuß aus der Schlinge zu ziehen. Gottes Liebe sei in Dir, um Dich zu trösten, wenn Du traurig bist. Sie sei um Dich herum, um Dich zu verteidigen, wenn andere über Dich herfallen. Gottes Liebe sei über Dir, um Dich zu segnen. So segne Dich der gütige Gott. Amen.

Predigtvorschlag

Möglicher Predigtanfang
Die Zeiten sind vorbei, in denen es eine selbstverständliche Sitte war, am Silvesterabend in die Kirche zu gehen. Wer sich heute aufgemacht hat und mit hochgeschlagenem Mantelkragen durch das unwirtliche Wetter hierhergekommen ist, wird das nicht ohne Grund getan haben. Ja, es ist schon etwas Besonderes um diesen Abend am Jahresende. Er macht nachdenklicher als andere Abende. Für eine kleine Weile möchte ich dem Alltag Einhalt gebieten, um das zu Ende gehende Jahr zu überdenken. Es muß sich ein wenig setzen dürfen, bevor das neue beginnt. Wie eine Kuh ihr Futter gemächlich wiederkäut, so möchte ich mich noch einmal in Ruhe darauf besinnen. Sonst liegt es mir unverdaut im Gemüt und das Erlebte bringt keine gute »Milch«, keine nahrhafte Einsicht. Ja, ich brauche sie, diese Stunde im Gottesdienst, um angesichts des vergangenen Jahres zu mir und zu Gott zu kommen.

Zum weiteren Verlauf
Vertiefung: Wehmut, daß die Zeit immer schneller verfliegt. Möchte das Jahr nicht unbemerkt verfliegen lassen, sondern seine Gaben, seine Botschaft in den Blick bekommen. Der Gefahr begegnen, mehr gelebt zu werden, als selbst zu leben. Mein Boot nicht blindlings im Strom der Zeit treiben lassen, sondern Klarheit gewinnen, wohin die Reise geht, und rechtzeitig das Ruder ausrichten.
Gesichtspunkte für Jahresbilanz: Spontan einfallende Höhe- und Tiefpunkte; Lebensgefühl am Jahresende (Enttäuschung oder Auftrieb, Unsicherheit, Besorgnis, Lustlosigkeit, Kummer oder Erleichterung, Freude, Hoffung); Unabgeschlossenes, das mich festhält; eine Einsicht, die ich nicht vergessen möchte.
Besinnung auf Wesentliches einfach, wenn es spontan einfällt. Häufiger schwierig: Alltag gibt mich nicht frei. Vielleicht auch in Wirklichkeit gar keine so große Lust, das Jahr allzu genau anzuschauen. Wer weiß, was da alles zum Vorschein kommen würde, was ich im Grunde ganz gern vergessen habe.
Das Resümee des Paulus im Gespräch mit der eigenen Besinnung: Textlesung.
Paulus hat es sich mit seiner Bilanz nicht einfach gemacht. Kehrt nicht Unangenehmes unter den Teppich. Was ihm am meisten Angst macht und zuwider ist, damit ringt er am hartnäckigsten. Bekommt das Köstlichste geschenkt, das er sich erträumen kann, eine überschwengliche Gewißheit der unerschütterlichen Liebe Gottes. Ob wir es wagen, uns das Jahr auf das hin anzuschauen, was uns Angst einjagt, womit wir nicht fertig werden? Vielleicht wartet dort auf uns der kostbarste Schatz.

Erster, gefährlichster Gegner des Paulus: das Wissen, zu Recht angeklagt, verurteilt, verdammt zu sein. Solche Augenblicke anklagender Schuldgefühle, furchtbar. Beispiele: erwachsen werdende Kinder schlagen verhängnisvolle Wege ein. Eltern erkennen, daß sie selbst zu dieser Entwicklung mit beigetragen haben, können es aber nicht mehr ändern. – Jüngere fürchten, den Lebensanforderungen nicht gewachsen zu sein. – Erwachsene beschleicht Angst, lebendig tot zu sein, wie ein gefühlloser Roboter zu funktionieren. – Ältere: Wir hätten Unheil ahnen können, haben Warnsignale übergangen und ihm ohnmächtig, tatenlos seinen Lauf gelassen.
Wir wenden Unmenge Energie auf, lassen uns viele Schleichwege einfallen, um nur ja nicht an solche Augenblicke zu rühren: Sind aus auf Bestätigung von innen und außen, stapeln hoch in Selbstgerechtigkeit und geben andern die Schuld oder quälen uns in Selbstverurteilung, bis das letzte Fünkchen Selbstwertgefühl und Lebenslust zerrieben ist. Unbefangene Offenheit wird unmöglich.
Paulus geht auf: Auch wenn ich diesem Gegner nicht gewachsen bin, bin ich nicht verloren. Gott ist ihm gewachsen, und wir sind ihm so lieb, daß er es mit ihm aufnimmt und für uns einspringt. Er stopft den verurteilenden Schuldgefühlen das Maul. In Jesus erträgt er und fängt am eigenen Leib auf, was nicht heilbar und durch Widerstand zum Guten veränderbar ist. Diese Liebe läßt Paulus und uns aufleben und aufatmen. Sie gibt eine unverschämte Freiheit angesichts des vergangenen Jahres. Wir können Selbstbetrug und Selbstverurteilung die Stirn bieten und es auch auf unsere ungeliebte Schattenseite hin anschauen, ohne uns aber auch jeden Schuh anzuziehen. Wir können im Schlimmen wie im Guten mit uns und andern offen und ehrlich sein.
Zweiter, zusetzender Gegner des Paulus: Die Not, an Menschen auf Gedeih und Verderb ausgeliefert zu sein, von ihnen mißachtet und verfolgt zu sein. Auch für uns gefürchtetste Situation, bei uns überlegenen Menschen in Ungnade zu fallen. Eine unserer Hauptbeschäftigungen: Strategien entwickeln, um uns nur ja keine Blöße zu geben. Z.B. Unterlegenheit. Schwäche, Liebebedürftigkeit überspielen; andere von uns abhängig machen; uns anpassen an Menschen und Strömungen, die uns zu stark sind; Selbstwert danach bemessen, wie überlegen und beliebt wir sind. Preis: durch Überspielen Einsamkeit; durch Beherrschen Verschieben des Elends, das wir selbst fürchten, auf andere; durch Anpassen Verlust eigener Überzeugungen und Persönlichkeit und Stabilisieren totalitärer Strukturen.
Paulus erkennt: Selbst entwürdigende Notsituation »ganz unten« hat Sinn, Wert, Liebe. In ihr bin ich verbunden mit dem Gott Jesu Christi, der sich in leidender Liebe mit mir verbunden hat. Das gibt Selbstachtung, Widerstands- und Überwindungskraft.
Mit dieser Liebe in Aussicht, können wir uns vielleicht an Situationen heranwagen, die wir selbst in unserer Phantasie angstvoll meiden: Habe ich

mich im alten Jahr überlegener gezeigt, als ich eigentlich bin, und was passierte, wenn ich meine Schwäche eingestünde? Wem grabe ich das Wasser ab, dem oder der mehr Spielraum zustünde? Wo sollte ich endlich Widerstand leisten, Grenzen setzen, mir Raum nehmen, mein Nein, meine Meinung sagen, weil ich nicht gutheißen kann, was da geschieht, oder es auf meine Kosten geht. Vielleicht gewinnen wir ja neue FreundInnen hinzu, wo wir nur fürchten, uns unbeliebt oder unmöglich zu machen. Wo wir verletzlich werden, heißt uns ein verletzlicher Jesus mit seiner Liebe willkommen, den wir in unserer Angst noch nie zu Gesicht bekommen haben. Wer ganz nach unten gerät oder im alten Jahr geraten ist, wird von Jesus nicht verraten und verkauft. Er sitzt mit ihm in einem Boot und hat dadurch eine Würde, die er allen gegenüber behaupten kann, die ihn einschüchtern und klein machen wollen.
Paulus erfuhr Gottes Liebe vor allem in der Auseinandersetzung und im Leiden. Auch für uns Gott da gegenwärtig. Aber zu klein von ihm und unserem Leben gedacht, wenn wir uns darauf beschränkten. Gottes Liebe ermöglicht es uns, den schlimmen Augenblicken im vergangenen Jahr nicht auszuweichen, sie läßt uns aber auch die beglückenden erinnern, genießen und wertschätzen. Sie sind seine Geschenke, Ausdruck seiner Liebe. Beispiele: Treue Freundschaft, partnerschaftliche Kooperation, heilendes Verständnis, Schönheit überraschend geschenkten Lebens, aus Betroffenheit erwachsende Stärke, ehrliche befreiende Auseinandersetzungen, Entspannung verhärteter Konflikte.

Möglicher Schluß

Liebe Gemeinde, im vergangenen Jahr habe ich viele Lebensbilanzen angehört. Alte Menschen, die auf den Tod zugehen, haben ein unstillbares Verlangen, ihr Leben zu erzählen. So, als könnten wir Menschen es erst loslassen, wenn wir es jemandem anvertraut haben und uns jemand angehört hat. Manches geht mir bis heute nach. Sterbende erlitten wieder und wieder ihre Kriegsängste, standen erschrocken und fassungslos vor ihrer Blindheit und Feigheit in der NS-Zeit, durchlebten noch einmal die Gefühlskälte oder das Glück ihrer Kindheit, erinnerten sich strahlend an ihre Liebe. Diese Erzählungen berührten mich in ihrer ehrlichen Betroffenheit. Ein Vertrauen, eine Zuneigung war unter uns wach geworden, die offen Schlimmes und Schönes ausbreiten ließ. Und manchmal malte sich dann ein befreites Lächeln auf das Gesicht eines Kranken, das einen Schimmer von Glück verbreitete auch angesichts des Abschieds.
Gott hat uns ein Ohr und ein Herz voller Liebe zugewandt, das es aufnimmt mit dem, was uns ängstigt und quält. Er war uns zugetan in allem Schönen und in allem Schweren des vergangenen Jahres. Er wird bei und für uns sein in allem, was das kommende Jahr bereithält an Schrecklichem und Glücklichem. Seine Liebe umfängt uns auch in dieser Nacht in allem, was uns quält und freut. Mit dieser Gewißheit läßt sich leben und gehen vom Alten zum Neuen.

Kontexte

Dein ist das Jahr, dein ist die Zeit / dein, Gott, ist alle Ewigkeit. / Dein ist die Welt, auch wir sind Dein / kann keins hier eines andern sein!
O Gott, im Werden und Vergehn / laß ohne Wandel uns bestehn / in Deiner Gnade, Lieb und Huld / mit Los und Leid, Angst, Sorg und Schuld!

Angenommen, Dir würde der Prozeß gemacht, weil Du ein Christ bist – würden sich genug Gründe finden lassen, um Dich zu überführen?

Erich Fried: Was ist es

Es ist Unsinn – sagt die Vernunft.
Es ist was es ist – sagt die Liebe.

Es ist Unglück – sagt die Berechnung.
Es ist nichts als Schmerz – sagt die Angst.
Es ist aussichtslos – sagt die Einsicht.
Es ist was es ist – sagt die Liebe.

Es ist lächerlich – sagt der Stolz.
Es ist leichtsinnig – sagt die Vorsicht.
Es ist unmöglich – sagt die Erfahrung.
Es ist was es ist – sagt die Liebe.

Neujahrstag

Predigttext: Jakobus 4,13–15

Hildegard Heimbrock-Stratmann

Theologisch-homiletische Skizze

Der Neujahrstag ist zwar kein christlicher, aber durchaus kein »weltlicher« Feiertag, wie dies in der Predigtliteratur oft behauptet wird. In fast allen Religionen gibt es diese Institution. Wie hoch diese emotional besetzt ist, zeigt sich in einer Vielfalt von Ritualen, die mit dem Neujahrsfest verbunden sind. Reinigungszeremonien, Austreiben von Dämonen durch Lärm, Aussenden eines Sündenbocks o.ä. zur Befreiung der Gemeinschaft von Schuld, Tragen von Masken etc. gehören dazu. So gilt zwar für unseren Bereich, daß das Neujahrsfest im Unterschied zu anderen Festen »ungetauft« geblieben ist – dennoch hat es eine tiefe religiöse Dimension. Gerade dies hat in der Predigtgeschichte manchem Prediger Mühe gemacht, der im Feiern des Jahreswechsels einen Abstieg in die Niederungen der natürlichen Theologie vermutete und befürchtete. Manche lösten das Problem, indem sie das Neujahrsfest schlicht ignorierten und statt dessen den Tag der Beschneidung Jesu feierten – und so sicherlich an den Erwartungen und Bedürfnissen ihrer HörerInnen ganz vorbeigingen.

Ich möchte versuchen, den Gottesdienst am Neujahrstag als einen seelsorgerlichen Gottesdienst zu verstehen und zu feiern. Ich gehe dabei von der Erfahrung aus, daß auch in unserer Gesellschaft kaum ein anderer Anlaß so durch Rituale geprägt ist wie der Jahreswechsel, daß eben kaum jemand sich den zahlreichen Gebräuchen wie Feuerwerk, Bleigießen, Anstoßen mit Sekt etc. zu entziehen vermag und die Silvesternacht verschläft. So kritisch diese Bräuche auch gesehen werden können, so sind sie doch ein deutliches Indiz für den hohen emotionalen Stellenwert des Jahreswechsels. Unweigerlich wird dem Menschen an diesem Tag seine Endlichkeit bewußt, und er bietet viele Kräfte auf, um das Wissen um seine Zeitlichkeit zu verdrängen. Der Ungewißheit der Zukunft versucht man durch einen Blick in sie hinein oder doch wenigstens durch gute Wünsche zu entgehen. All dies geschieht mehr oder minder unbewußt, ist rituelles, symbolhaftes Handeln. Die Kasualienlehre hat den Begriff der Übergangsriten (Gennep) aufgenommen, der aus der Kulturanthropologie stammt. An den Übergängen des Lebens wie Geburt, Adoleszenz, Hochzeit und Tod braucht der Mensch rituelle Begleitung. In diesem Sinne ist auch der Gottesdienst zum Neujahrstag ein Kasualgottesdienst – auch der Jahreswechsel ist ein kleiner Übergang innerhalb eines Menschenlebens. Da geht es um Abschied und Aufbruch, Loslassen und neu Empfangen, da liegen ein »kleiner Tod« und ein Neubeginn dicht beieinander. Da wird bilanziert und Versäumtes schmerzlich empfunden, da geschieht Konfrontation mit dem Älterwerden, da kommen Hoffnungen und Ängste, gute Vorsätze und Erwartungen zum Tragen. In dieser Situation brauchen Menschen seelsorgerliche Begleitung und Ermutigung. Was im symbolischen Handeln seinen unbewußten Ausdruck findet, sollte in liturgischen Texten und Predigt offengelegt und ausgesprochen werden. Dies zu versuchen ist mögliche Aufgabe des Gottesdienstes am Neujahrtstag.

Vorschläge zur Liturgie

Eingangslied
EKG 43,1–4

Eingangsvotum
Wir beginnen diesen Gottesdienst und mit ihm das Jahr 1992 im Namen des Vaters ... Unsere Hilfe und unser Anfang ... Gemeinsam mit dem Psalmisten bekennen wir zu Beginn des Neuen Jahres: Meine Zeit, unsere Zeit steht in deinen Händen, du guter Gott. In dir sind wir geborgen in Zeit und Ewigkeit.

Schuldbekenntnis
Gott, du hast uns viel Zeit geschenkt – unser Leben. Minuten und Stunden, Tage und Jahre. Zeit genug – zum Lachen und Weinen, zum Denken und Handeln, zum Wachen und Träumen, zum Reden und Schweigen. Zeit für dich, für uns selbst und für andere. Gott, du hast uns viel Zeit geschenkt – unser Leben. Heute – am Beginn eines neuen Jahres merken wir, daß wir mit deinem Geschenk oft nicht sorgsam genug umgegangen sind. Oft haben wir uns gehetzt und gemeint, wir könnten unserem eigenen Leben hinterherlaufen. Oft haben wir große Pläne gemacht und so getan, als seien wir die Herren unserer Zeit. Zeit war da die Fülle – und dann doch wieder keine Zeit für dich, für uns selbst und für andere. Ein Jahr ist vorbei – was haben wir damit gemacht? Ein neues beginnt – was wird sein? Gott, laß uns doch wieder begreifen, daß unsere Zeit in deinen Händen steht. Dann können wir getrost und gelassen sein.

Gnadenspruch
Gott hat uns Zeit geschenkt – unser Leben. So dürfen wir jeden neuen Tag beginnen und wissen: *Dies* ist der Tag, den der Herr macht, laßt uns freuen und fröhlich an ihm sein.

Kanon
Unsere Zeit in Gottes Händen (Kanon zu 4 Stimmen zur Losung des 23. Deutschen Ev. Kirchentags, s. u.)

Lesung
An den Übergängen ihres Lebens haben Menschen Gottes Beistand erfahren. So auch Josua, als er die Nachfolge des Mose antritt und das Volk Israel auf dem Weg über den Jordan führt. Davon erzählt uns die Bibel im 1. Kapitel des Josuabuchs, Vers 1–9.

Lied vor der Predigt
EKG 385,1.3.5 oder »Halte zu mir, guter Gott«.

Lied nach der Predigt
»Von guten Mächten« (in: Mein Liederbuch für heute und morgen, tvd-Verlag, B 76).

Fürbittengebet
Gott, ein neues Jahr hat begonnen. Wieder schenkst du uns Zeit – unser Leben. Dafür danken wir dir. Aber wenn wir hinübergehen in das Neue, dann bewegen uns auch manche Ängste, manche Hoffnungen. Darum wollen wir dich bitten:
für alle, die von Termin zu Termin hetzen und dabei doch ihr Leben verpassen
für alle, die um das Ende ihres Lebens wissen und noch so gerne leben würden, daß sie jeden Tag bewußt erleben können
und für die, die ihres Lebens müde sind.
Gott, wir bitten dich für die Mitarbeiterinnen und Mitarbeiter unserer Gemeinde. Immer stehen sie unter Druck, Zeit für andere aufbringen zu müssen – laß sie die Zeit für dich und für sich selbst nicht vergessen.
Wir bitten dich für alle, die in den Entscheidungsgremien unserer Kirche tätig sind. Lehre sie, verantwortungsvoll mit ihrer und anderer Zeit umzugehen und sie nicht in endlosen Sitzungen und überlangen Gesprächsbeiträgen zu vergeuden.
Wir bitten dich für uns alle. Laß uns nicht vergessen, daß wir mit all unserer Lebenszeit in deinen Händen ruhen.
In dir sind wir geborgen – mit unseren Ängsten und Hoffnungen heute, morgen und alle Zeit. Amen.

Schlußlied
»Komm, Herr, segne uns« (in: Mein Liederbuch für heute und morgen, tvd-Verlag, B 84), oder EKG 141,3, oder: »Ausgang und Eingang«, Kanon zu 4 Stimmen (in: Mein Kanonbuch, tvd-Verlag, 23).

Predigtvorschlag

Möglicher Anfang
Es ist schon einige Jahre her, da habe ich am Neujahrstag auch auf dieser Kanzel gestanden. An diesen Jahreswechsel erinnere ich mich noch sehr gut. Damals waren meine Eltern zu Besuch. Mit sehr gemischten Gefühlen hatten wir das alte Jahr verabschiedet und das neue begonnen. Wenige Tage zuvor war anläßlich einer Routineuntersuchung bei meinem Vater ein Gewächs in der Lunge entdeckt worden. Noch hatten die Ärzte nicht eindeutig feststellen können, worum es sich dabei handelte, noch hatte niemand das Wort ausgesprochen, das uns doch ständig im Kopf herumging und das Herz schwer machte: Krebs. Unsere Gespräche waren anders ver-

laufen an diesem Altjahrsabend im Familienkreis als sonst. Die Urlaubspläne für das kommende Jahr, die geschäftlichen Zukunftsperspektiven, die kleinen privaten Projekte in Haus und Garten, die sonst Gesprächsstoff boten – sie waren auf einmal so unwichtig geworden. Wichtig war eigentlich nur: Würden wir noch einmal in solcher Runde ein neues Jahr beginnen können – oder war dies vielleicht schon das letztemal, daß uns das gegönnt war? Wir alle hatten Angst und sprachen uns doch gegenseitig Mut zu – und dabei blieb es dann gar nicht aus, daß wir doch wieder die Zukunft, das neue Jahr in den Blick nahmen – aber sehr viel vorsichtiger, sehr viel behutsamer, als wir das sonst zu tun pflegten. »So der Herr will und wir leben« – auf einmal wurde dieser Satz aus unserem Predigttext, sonst eher als eine Floskel aus dem Vokabular unserer Großeltern gekannt und manchmal sogar ein wenig belächelt – auf einmal wurde dieser Satz für uns nachbuchstabierbar. So der Herr will und wir leben – so fühlten, so dachten, so sagten auch wir plötzlich, und wir wünschten uns so sehr, daß er uns das Leben zusammen noch ein wenig schenken möchte.

Zum weiteren Verlauf
Zunächst würde ich von dem persönlichen Beispiel aus meiner Biographie aus auf die allgemeine Erfahrung zu sprechen kommen: Ich bin sicher, jede und jeder unter uns könnte uns ähnliche Geschichten aus dem eigenen Leben erzählen – von Situationen, wo auf einmal der Boden, der uns so sicher zu tragen schien, brüchig wurde, wo, vielleicht sogar von einer Sekunde auf die andere, alles, was bisher war, alles, was nach unseren Vorstellungen noch sein sollte, zutiefst fraglich wurde.
(Während ich dies schreibe, gehen plötzlich die Feuerwehrsirenen in unserer kleinen Stadt; nur ein paar Häuser weiter brennt es ...)
Diese allgemein-menschliche Erfahrung, die wir im Alltag gerne zu verdrängen suchen, wird uns am Neujahrstag bewußt: Brüchig erscheint uns der Boden unter uns – das fühlen wir, wenn wir ein altes Jahr verabschieden und die Schwelle zu einem neuen überschreiten. Da schauen wir zurück und merken ... Und wir blicken nach vorne voller Hoffnungen, aber auch voller Ängste ... Plötzlich spüren wir unsere Verletzlichkeit, unsere Gefährdung, unsere Vergänglichkeit – am Ende des alten, am Beginn des neuen Jahres.
Im weiteren Verlauf komme ich mehr vom Kasus zum Text. In enger Anlehnung an den Text möchte ich ausführen, daß dieser sich nicht gegen jede menschliche Planung, gegen jede Zukunftsgestaltung richtet. Der Text kritisiert vielmehr eine gedankenlose und selbstsichere Haltung der von Gott geschenkten und ihm verantworteten Lebenszeit gegenüber – eine Haltung, die so tut, als gäbe es keine menschliche Begrenzung, als gäbe es kein Scheitern und Fehlschlagen, keinen Tod. Diese Einstellung finden wir heute weit verbreitet:

Unser Leben ist ein Schatten – so sangen und bekannten unsere Väter und Mütter. Unser Gesang dudelt aus dem Radio und ist das Bekenntnis der Werbetexter: Gut versichert durch's Leben – ein Bündnis mit dem Glück. Dagegen will der Verfasser des Jakobusbriefes all unser Planen und Erwarten, unser Gestalten und Hoffen mit einem großen Vorzeichen versehen: So der Herr will und wir leben.
Wer dieses Vorzeichen beachtet, der mag getrost planen und gelassen in die Zukunft sehen. Denn der Herr, um dessen Wollen es hier geht, ist derjenige, von dem Paulus schreibt, daß wir ihm gehören, ob wir leben oder sterben. So der Herr will und wir leben – das ist keine Schwarzmalerei und keine Frömmelei – das ist ein nüchternes Wissen um die Grenzen des Menschen und gleichzeitig ein getrostes Vertrauen darauf, daß der Mensch in seinen Grenzen und jenseits seiner Grenzen grenzenlos geliebt wird – geliebt von dem Gott, in dem das Leben geborgen ist für Zeit und Ewigkeit.

Möglicher Schluß
So der Herr will und wir leben – mit diesem Vorbehalt dürfen wir voll Vertrauen in das neue Jahr gehen. So der Herr will und wir leben – so haben wir damals, bei der Erkrankung meines Vaters, Neujahr gefeiert. Das Lied des Vertrauens, das wir damals zusammen sangen, das habe ich dann auch in den nachfolgenden dunklen Tagen oft gesungen und daraus Trost und Kraft geschöpft – den Trost und die Kraft, die ich uns allen heute wünsche, wenn wir singen: »Von guten Mächten wunderbar geborgen erwarten wir getrost, was kommen mag. Gott ist mit uns am Abend und am Morgen und ganz gewiß an jedem neuen Tag.«

Kontexte

Irischer Segenswunsch

Geh deinen Weg ruhig, mitten in Lärm und Hast –
und wisse, welchen Frieden die Stille dir schenken kann.

Laute und zänkische Menschen meide,
sie sind eine Plage für dein Gemüt.

Wenn du dich selbst mit anderen vergleichen willst,
wisse, daß Eitelkeit oder Bitterkeit auf dich warten;
denn es wird immer größere und geringere Leute geben als dich.

Freue dich an deinen Erfolgen und an deinen Plänen.
Strebe wohl danach, weiterzukommen, aber bleibe bescheiden.
Das ist ein guter Besitz im wechselnden Glück des Lebens.

Nimm den Ratschluß der Jahre mit Freundlichkeit an
und gib deine Jugend mit Anmut zurück, wenn sie endet.

Pflege die Kräfte deines Gemütes,
damit es dich schützen kann, wenn Unglück dich trifft.
Aber erschöpfe dich nicht durch dunkle Vorahnungen.
Viele Ängste entstehen aus Erschöpfung und Verlassenheit.

Erwarte eine heilsame Selbstbeherrschung von dir,
im übrigen aber sei freundlich und sanft zu dir selber.
Du bist ein Kind der Schöpfung,
nicht weniger, als die Bäume und Sterne es sind.
Du hast ein Recht darauf, hier zu sein.
Und ob du es merkst oder nicht,
ohne Zweifel entfaltet die Schöpfung sich so, wie sie es soll.

Lebe in Frieden mit Gott,
wie immer du ihn jetzt für dich begreifst;
und was auch immer deine Mühen und Träume sind,
in der verwirrenden Unruhe des Lebens,
halte Frieden mit deiner eigenen Seele.

Mit all ihrem Trug,
ihrer Plackerei und ihren zerronnenen Träumen –
die Welt ist immer noch schön!

Lebe sorgfältig!
Versuche, glücklich zu sein.

(In: Manfred Wester, Leben weitergeben, Burckhardthaus-Laetare Verlag, Offenbach/M., 1983)

Herr meiner Stunden und meiner Jahre,
du hast mir viel Zeit gegeben.
Sie liegt hinter mir und sie liegt vor mir.
Sie war mein und wird mein, und ich habe sie von dir.
Ich danke dir für jeden Schlag der Uhr
und für jeden Morgen, den ich sehe.

Ich bitte dich nicht, mir mehr Zeit zu geben.
Ich bitte dich aber um viel Gelassenheit,
sie zu füllen, jede Stunde, mit deinen Gedanken über mich.

Ich bitte dich, daß ich ein wenig dieser Zeit
freihalten darf von Befehl und Pflicht,
ein wenig für Stille, ein wenig für das Spiel,
ein wenig für die Menschen am Rande meines Lebens,
die einen Tröster brauchen.

Ich bitte dich um Sorgfalt,
daß ich meine Zeit nicht töte, nicht vertreibe, nicht verderbe.
Jede Stunde ist ein Streifen Land.
Ich möchte ihn aufreißen mit dem Pflug,
ich möchte Liebe hineinwerfen, Gedanken und Gespräche,
damit Frucht wächst. Segne du meinen Tag.

Jörg Zink

(Aus: Jörg Zink: Wie wir beten können, Kreuz Verlag, Stuttgart 1970)

Weitere Texte und Anregungen zum Jahreswechsel finden sich in: Reichtum und Jahresringe, hg. von G. und G. Zimmermann, 2. Aufl., Konstanz 1984.

Unsere Zeit in Gottes Händen

Text (Losung des 23. Deutschen Evangelischen Kirchentags):
Aus Psalm 31, 16
Kanon für 3 oder 4 Stimmen: Herbert Beuerle 1988

Halte zu mir, guter Gott

Text: Rolf Krenzer
Musik: Ludger Edelkötter

Aus: Halte zu mir heute

2. Sonntag nach Weihnachten

Predigttext: 1. Johannes 5,11–13

Friedhelm Borggrefe

Theologisch-homiletische Skizze

Hauptsache Leben! In dem Schlußkapitel des 1. Joh wird für alle, die glauben (Vers 5,1), komprimiert das Zeugnis von Jesus Christus verdichtet. In unserem – schwer abgrenzbaren – Abschnitt geht es um den Begriff »Leben«, der gleich fünfmal in drei Sätzen auf sieben Zeilen steht. Versucht man, sich den Lebensbegriff in der systematischen Literatur zu erarbeiten, stößt man – vor allem in der Ethik – auf viel Luft. Karl Heim fragt: Ist eine Bekehrung nötig? Und antwortet: »Die Wirklichkeitsethiken verlangen keine Bekehrung« (Ethik S. 111). Durch die Wiedergeburt kommt es zu einem neuen Leben, »der Schicksalsgemeinschaft mit Christus« (S. 120). Bonhoeffer differenziert: »Natürliches Leben ist gestaltetes Leben. Das Natürliche ist dem Leben selbst innewohnende und dienende Gestalt ... Das sich selbst absolut, als Selbstzweck setzende Leben vernichtet sich selbst. Vitalismus endet in Nihilismus« (Ethik S. 158f.). Thielicke macht in seiner Anthropologie auf das »Leben vor dem Tode« aufmerksam und nimmt gegen »Jenseitsfixierung und Diesseitsvergessenheit« Stellung, indem er darauf aufmerksam macht, daß Leben nur möglich ist in der Treue Gottes zu seinen Menschen (S. 392).

Bei der Gestaltung der Predigt suche ich auf dem Hintergrund solch abstrakter johanneischer und systematisch-ethischer Sätze nach Konkretionen und finde eine Rose. Die Rosenmeditation hilft mir Passagen meiner Predigt zu formulieren. Leben in Christus. Johannes und Paulus versöhnen sich in mir. Jüdische Liebe zum Leben wird meditiert: Der »Baum des Lebens« taucht auf, von dem wir nicht essen sollen. Leben als Geschenk. – Soll ich konkret werden im Blick auf Gentechnik, Leistungsdenken und Lebensqualität, die sich im Sozialprodukt 1991 bilanzieren läßt? Soll ich mich auseinandersetzen mit dem Thema: Hauptsache Leben – läßt sich rechnen?

Ich erwarte eine kleine, von den Weihnachtstagen gesättigte Jahresanfangsgemeinde, die Kinder werden noch in Ferien sein. Die großen Sätze sind gesprochen, Jahresrück- und -ausblick geschafft. Ich greife zu meiner Rose im Garten, ich werde sie mitbringen. Und wenn sie in diesem Winter nicht zu finden ist, ich gehe doch mit einer schönen Rose auf die Kanzel und frage nach dem Leben.

Als Einstieg versuche ich eine Zusammenfassung als Antwort und erzähle dann vom Geschenk des Lebens unter dem Symbol der Rose, des Wassers und des Brotes.

Vorschläge zur Liturgie

Psalm 116

Ich kann wieder aufatmen,
denn ich habe Gutes erfahren durch Gott.
Ich bin ins Schleudern gekommen

und habe mich wieder fangen können.
Mein Leben blieb vom Tod verschont;
ich muß nicht mehr weinen.
Im Vertrauen auf Gott werde ich leben.
Mein Leben ist hart und wird es bleiben,
aber ich glaube doch.
In meiner Verzweiflung meinte ich:
Die Menschen sind schlecht. –
Aber mir wurde geholfen.

Wie soll ich meinen Dank ausdrücken?
Es sollen nicht nur Worte bleiben;
mein Denken und mein Tun werden sich
nach den Einsichten richten, die ich gewann.
(F.K. Barth und P. Horst, Meditationen zu Psalmen)

Gebet
Du wartest auf uns,
bis wir geöffnet sind für dich;
wir warten auf dein Wort,
das uns aufschließt.
Stimm uns ab auf deine Stimme,
auf deine Stille,
deinen Sohn sprich uns zu:
Jesus, das Wort des Lebens.
(Nach Huub Oosterhuis: Ganz nah ist dein Wort, Verlag Herder, Wien 1968, S. 23)

Fürbitte
Gottes Sohn hat sich dafür hergegeben, daß es anders wird:
daß Liebe den Feind erreicht und Freude kommt für Traurige.
Herr, laß uns dein Leben begreifen.
Wir finden uns damit ab,
daß es den Begünstigten besser geht als den Erfolglosen,
daß Sattheit und Hunger nebeneinander sind,
daß reiche Völker arme Völker ausbeuten,
daß Krieg ist um des Friedens und der Gerechtigkeit willen.
Herr, laß uns dein Leben begreifen.

Wir trauen der Verständigung weniger zu als der Gewalt,
wenn Gruppen und Völker sich bekämpfen.
Wir sehen mit an, lassen gedankenlos zu,
daß Unverstand und Vorurteil blühen,
Herr, laß uns dein Leben begreifen.
Wir fürchten uns in deiner Welt,
weil Menschen Waffen herstellen, die ganze Völker auslöschen,

weil deine Schöpfung gequält und mißachtet wird,
Herr, laß uns dein Leben begreifen.

Liedvorschläge
337,1–6; 49,6; 53,1–4.8; 45,4 u. 5 und als Meditationslied während der Predigt 23,1–3 (gesungen oder zitiert)

Segen
liebe gemeinde
wir befehlen zu viel
wir gehorchen zu viel
wir leben zu wenig
(Kurt Marti)

Gott öffne uns Augen und Sinne,
damit wir erkennen, wer wir sind,
Gott öffne uns Augen und Seelen,
damit wir sehen, wo Menschen Not leiden,
Gott öffne uns Augen und Verstand,
damit wir unser Leben begreifen.
Der Segen Gottes sei mit uns, heut
und alle Tage. Amen.

Predigtvorschlag

Alle fragen nach dem Leben. Und in dem kurzen Wort heute ist dies die Hauptsache: Leben. Fünfmal wird uns das vermittelt:
Gott hat uns das Leben gegeben.
Dieses Leben ist in seinem Sohn.
Das Leben hat, wer den Sohn hat.
Das Leben hat nicht, wer den Sohn nicht hat.
Wer glaubt, hat das Leben.
Das sind die fünf Punkte, mit denen unsere Frage nach dem Leben beantwortet wird.
Gott liebt das Leben. Er schenkt es her, weil er nicht einsam bleiben will. Er will das Leben.
Leben ist nicht einfach ein biochemischer Prozeß. Es ist ebensowenig abhängig von unserer Gesundheit. Wir haben uns das zwar gerade zu Neujahr gewünscht: Hauptsache Gesundheit. Aber Leben, das Gott gibt, ist mehr und ist auch stärker als Gesundheit.
Gott gibt das Leben. Und es ist nicht eingegrenzt. Weit und offen liegt das Leben vor uns, das er schenkt. Und die Qualität des Lebens läßt sich nicht rechnen aus Leistung und Bruttosozialprodukt. Das Leben sperrt sich

gegen das Rechnen. Es ist mehr als die Nahrung, die wir zu uns nehmen, mehr als »Essen und Trinken«, sagt Jesus in der Bergpredigt und erzählt von den Vögeln unter dem Himmel und den Lilien auf dem Felde. Leben läßt sich nicht besorgen. Und mit unserer Sorge um die Zukunft schaffen wir das Leben nicht. Der Weg zum »Baum des Lebens« ist uns schon lange versperrt. Leben läßt sich nur begreifen und annehmen als Geschenk.

Zum weiteren Verlauf
Die Geschichte vom alten Gärtner, der etwas verlegen und unbeholfen seinem griechischen Nachbarn immer am 6. Januar eine Rose schenkte. – Ich zeige die Rose, die blüht mitten im Winter. Wer Rosenhände hat und ein Auge dafür, weiß: Gelegentlich blüht noch eine, hin- und hergeweht vom Winterwind, ein wenig verfroren schon, aber sie duftet und zeigt, wie schön sie ist. Die Rose als Symbol des Lebens in der rauhen Winterwirklichkeit, die uns frieren läßt. Die Alten haben sie gepflegt und geliebt. »Israel soll blühen wie eine Rose« (Hosea 14,6). Und im Weihnachtslied singen wir vom »Röslein, das ich meine«. Die Maler haben sie kunstvoll in ihre Bilder hineinkomponiert, wenn sie von der Menschwerdung Gottes erzählen wollten.
Jede Rose mit ihren vielen zarten Blütenblättern, ihrer Farbe und dem Duft erinnert an das Geschenk des Lebens.
Liedmeditation der Orgel über EKG 23

Die Wurzel des Lebens: Im Wormser Dom, an der Nordwand, liegt ein Mann. Er ist aus Stein gehauen. Langsam scheint er zu erwachen. Staunend betrachtet er einen großen Rosenstock, der aus seiner Hüfte herauswächst. Und in diesem Rosenbaum aus dem »Stamm Jesse«, da steckt die ganze Geschichte drin. Da wird deutlich: Das Leben, das uns geschenkt wurde, ist »in Christus«. Das ist das Geheimnis des Lebens. Mitten unter den Grabsteinen der großen Bischöfe und Äbte diese Geschichte vom Anfang der Geschichte Jesu. Da werden wir an die Wurzel geführt und müssen nachdenken, wie das alles zusammenhängt.
Leben in ihm. Der Apostel Paulus sagt es noch knapper: IN CHRISTUS. Das ist für ihn die Lebensformel.

Mögen die Naturwissenschaftler protestieren und von Genen und DNS und anderen Zusammenhängen sprechen, wenn sie dem Leben auf der Spur sind. Wir werden sie nicht verachten, im Gegenteil. Aber die Wurzel des Lebens steckt in ihm.
Johannes sagt: »In ihm war das Leben, und das Leben war das Licht der Menschen« (Joh 1,4), das ist seine Weihnachtsgeschichte. Und in vielen Bildern spricht er von diesem Leben: Wasser des Lebens, umsonst; Brot des Lebens, das satt macht; Weg, Wahrheit und das Leben. Zum Vater kommen, im Vaterhaus Heimat finden. Und immer wieder ist die Rede vom Licht.

Morgen werden viele Christen in der orthodoxen Kirche einfach ein Licht anzünden mitten in der Nacht und Weihnachten feiern. Millionen hungriger Hände tragen das Licht in die Finsternis und singen das Lied des Lebens.
Wasser des Lebens: Am Anfang dieses Jahrhunderts wurde der große indische Wanderprediger Sadu Sundar Singh einmal gefragt, welche Kirche er für Indien erwarte. Er dachte ein wenig nach und fing an, über das Wasser zu meditieren: Wie das Wasser sich hoch droben im Himalaja sammelt aus den Wolken und Gletschern, vom ewigen Eise sich befreit und sich durcharbeitet bis zu uns in die Ebene und uns das Leben gibt, so wird es sein. Jetzt bauen wir Gräben und Brunnen, damit wir das Land bewässern; das ist die Zeit der Kirche, wo wir Kanäle brauchen, um das Land fruchtbar zu machen. Aber wir müssen bedenken: Durch die Berge in die Ebene hinein schafft sich das Wasser ganz von selbst. Da können wir nichts dazu tun. Und es kommt der Tag, da wird auch die Ebene fruchtbares Land sein. Da brauchen wir keine Gräben und Brunnen, dann wird alles blühen und Frucht tragen. Auch die Kirche wird nicht nötig sein.
Ganz allein schafft sich das Wasser den Weg. Und Jesus sagt: Ich bin der Weg. Leben ist nicht Stoffwechsel, sondern Weg und Ziel. Wer die Bibel kennt, weiß das gut: Leben ist nicht einfach Natur. So sehr es mit dem Atmen zu tun hat. Wer lebt, hat eine lebendige Seele. Wir brauchen ein Haus für unsere Seele. Und einer sagt: Hier bist du daheim. Hier hast du alles, was du brauchst. Wasser des Lebens und Brot, das satt macht.
Brot des Lebens: Wenn der Evangelist das Leben mit dem Brot verbindet, dann sagt mir das viel. Brot hat mit Fleiß zu tun. Brot wird früh am Morgen gebacken. Das heißt: Bei Zeit aufstehen und sich regen. – Brot braucht Wärme, einen ganzen Backofen voll Wärme. – Brot kommt zusammen aus vielen, vielen Körnern, setzt die Vielfalt des Lebens voraus: Ein Brot – viele Ähren. Wer Brot will, braucht Menschen, die zusammenarbeiten: Bäcker, Bauer, Müller können nicht für sich sein; es braucht Gemeinschaft, bevor Brot kommt. Und wenn Jesus sagt: »Ich bin das Brot des Lebens«, dann meint er all das: wachsen und arbeiten, Fleiß und Ruhe, mahlen und backen, Frost und Hitze, Sonne und Regen. Und er meint: Jeden Tag neu anfangen. jeden Tag brauchst du Brot des Lebens. Und es gibt Geschichten genug in der Bibel, in denen von solchen Anfängen berichtet wird und Hungrige satt werden mit Brot. Solche Anfänge gelingen immer dann, wenn Vertrauen dabei ist. Wo Menschen Glauben haben, da glücken sie: »Das Mehl im Topf soll nicht alle werden.« Das ist eine uralte Zusage Gottes, die noch nicht aufgehoben ist (1. Könige 17,14).

Möglicher Schluß
Wer glaubt, hat das Leben. So einfach ist das gesagt. Aber es gerät unter den Alltagsfragen so schnell aus unserem Bewußtsein heraus. Deshalb ist es uns hier noch einmal aufgeschrieben mit den selben Worten, wie sie am

Ende des Johannesevangeliums stehen: »Das habe ich euch geschrieben, damit ihr wißt, daß ihr das ewige Leben habt, die ihr glaubt an den Namen des Sohnes Gottes.« So radikal versteht das Johannes: Ihr lebt nicht mit der Aussicht auf Leben, ihr lebt nicht mit der Einsicht in das Leben, sondern ihr habt das ewige Leben, jetzt; Leben ohne Grenzen, jetzt. Und das heißt für uns: nicht im Dunkel warten, sondern klar denken, sich bestimmen lassen von der Liebe und der Freude, die in Jesus Christus angekommen ist. Ihm vertrauen, ihm das Herz schenken, auf ihn bauen, sich von ihm erleuchten und sich von ihm satt machen lassen. So denkt der Evangelist. Das ist sein Zeugnis. Mit dieser Botschaft möchte er uns durch das Jahr kommen lassen, voll Zuversicht.
Wer den Sohn hat, der hat das Leben.
Wer den Sohn nicht hat, der hat das Leben nicht.
Es geht um ein eindeutiges Entweder-Oder, um Leben oder Tod.
Es geht um die Frage: Worauf können wir uns verlassen?
Und die Antwort heißt: auf das Leben, Gott schenkt uns seinen Sohn.

Kontexte

Unser Blick muß sich nach vier Richtungen wenden: Was ist oben? Was ist unten? Was liegt vor uns? Was liegt hinter uns?
Was ist oben? Wisse, Wer oben ist.
Was ist unten? Der Abgrund des Bösen.
Was liegt vor uns? Generationen, die fragen werden: Was haben jene gesagt, die Katastrophe und Befreiung erlebt haben? Wir wollen nicht vergessen: »Die Dinge, die ein Mensch in seiner Kindheit tut, kommen im Alter zurück und machen sein Gesicht schwarz«.
Und was liegt hinter uns? Der Heilige, Er sei gesegnet, nahm unter seinem Thron eine Münze hervor. Das Denken unserer Tage wird nur in einer Form erhalten bleiben: in einer Münze von Feuer.
(aus: A.J. Heschel: Die ungesicherte Freiheit, S. 152).

Das Leben des Menschenwesens besteht nicht im Umkreis der zielenden Zeitwörter allein. Es besteht nicht aus Tätigkeiten allein, die ein Etwas zum Gegenstand haben. Ich nehme etwas wahr. Ich empfinde etwas. Ich stelle etwas vor. Ich will etwas. Ich fühle etwas. Ich denke etwas. Aus alledem und seinesgleichen allein besteht das Leben des Menschenwesens nicht.
All dieses und seinesgleichen zusammen gründet das Reich des Es. Aber das Reich des Du hat anderen Grund.
(Martin Buber: Ich und Du, S. 10)

Glauben kommt vom deutschen Wort »geloben« und hat nicht in erster Linie die rationale Bedeutung von »annehmen, für-wahr-halten«, sondern eine existentielle Dimension von »Sich-einlassen-auf«, Sich-jemandem-versprechen ... Der Ursprung ist zugleich das Ziel; da wir aus Gott kommen, gehen wir auch in Gott hinein; jeden Tag tun wir Schritte auf diese Wirklichkeit Gottes hin. Wir holen die Parteinahme für das Leben aus der Trivialität des Alltags und der Trivialisierung unserer Lebensziele und Wünsche zurück.
Dorothee Sölle: Mandelblüten und aufrechter Gang, aus: Karlheinz Deschner (Hg.): Woran ich glaube, S. 274.
(Vergleiche auch: Rudolf Bultmann: Die Gegenwärtigkeit des Lebens nach Johannes Th W II, S. 871–874.)

Epiphanias

Bildbetrachtung zu zwei Kapitellen von Autun und zu Matthäus 2

Sigrid Lunde

»Ich bin ein Sucher«, schreibt Günter Kunert, »ich bin ein Sucher eines Weges. Zu allem, was mehr ist als Stoffwechsel, Blutkreislauf, Nahrungsaufnahme, Zellenzerfall. Ich bin ein Sucher eines Weges, der breiter ist als ich. Nicht zu schmal. Kein Ein-Mann-Weg. Aber auch keine staubige, tausendmal überlaufene Bahn. Ich bin ein Sucher eines Weges – für mehr als mich.«
Die Suche nach mehr, als wir sind, soll uns heute nach Frankreich, nach Burgund führen – in die Kathedrale von Autun. Im ersten Viertel des 12. Jahrhunderts wurde die Kathedrale gebaut, damals, als das Pilgerwesen in Europa einen vorher nie dagewesenen Höhepunkt erreicht hatte. In Autun sollten den Pilgerzügen die Reliquien des Hl. Lazarus gezeigt werden; sie gaben dem Gotteshaus ihren Namen: St. Lazare. Bis heute fesselt den Besucher die klassische Strenge des schönen Innenraumes, das schräg einfallende, genau dosierte sanfte Licht. Und bis heute fesselt den Besucher vor allem die originelle romanische Bauplastik der Kathedrale. Begabt mit einer wundersamen Virtuosität meißelte hier ein Künstler ein unvergleichliches Portal, unvergleichliche Kapitelle. »Gislebertus hoc fecit«, Gislebertus hat dies gemacht – so steht es zu Füßen des gewaltigen Christus auf dem Richterstuhl des jüngsten Gerichtes. Nur diesen Namen kennen wir von dem Bildhauer. Sein Werk – nicht sein Leben – hat über die Jahrhunderte zu den Menschen gesprochen.

Wir betrachten zwei dieser Kapitelle – Zunächst die *Flucht der Heiligen Familie nach Ägypten.* Die Geschichte von dieser Flucht berichtet von allen vier Evangelisten nur Matthäus, und sie ist fast so bekannt geworden wie das Gebot vom Kaiser Augustus und was Lukas dazu gesagt hat. Vielleicht verdanken wir die ganze Geschichte neben Matthäus vor allem dem Wort des Propheten Hosea, das Matthäus zitiert: »Aus Ägypten habe ich meinen Sohn gerufen.« Wie einmal Mose aus dem Pharaonenland, so wird nun, »da die Zeit erfüllt ist«, für Matthäus der neue große Sohn Israels als ein zweiter Mose von dort gerufen. Wieder soll das Volk Lehre, Weisung empfangen, damit es lebt und nicht stirbt. Was in den Städten des Pharao geschah, geschah noch in den Städten des Herodes. In der Geschichte des Matthäus von der Flucht nach Ägypten hörten und hören die Menschen ihre nicht endende Leidensgeschichte: die Geschichte vom erbarmungslosen

Töten der Mächtigen und der Flucht vor solchem Töten. Immer wieder schwellen die Flüchtlingsströme an, treten wie Flüsse in der Schneeschmelze über die Ufer. Millionen sind auf der Erde immer wieder unterwegs: Elendsgestalten von sich hinschleppenden Männern, Frauen, Kindern, Greisen.

In einer Geschichte zur biblischen Flucht nach Ägypten läßt der Dichter Thornton Wilder den Esel stellvertretend für uns fragen: »Warum nur werden sie geboren, wenn sie dann so leiden und sterben müssen? Warum?«

Der Esel bekommt keine Antwort, auch wir bekommen sie nicht. Hier müssen Pharao und Herodes zuerst antworten und wer immer heute auf ihren Thronen sitzt.

Wir können den Zugang zur Geschichte von der Flucht nach Ägypten nicht hier, wohl aber an einer anderen Stelle finden. Thornton Wilder deutet sie mit einem anderen Satz seiner Geschichte an: »Ja, es ist schon eine wunderliche Welt, in der wir es nicht den Mächtigen, sondern den Eseln verdanken, daß Gott in dieser Welt bleibt.« Auf die Kleinen und was sie tun können, sollen wir schauen. Und diese Kleinen hat auch der Bildhauer von Autun in ihrer besonderen Würde und Größe in Stein gemeißelt.

Armut und Kälte des Stalles finden in Armut und Kälte auf der Flucht ihre Fortsetzung. Im Stall wärmt der Esel die hl. Familie mit seinem Atem, auf der Flucht trägt er sie. Die Märchenweisheit aller Völker weiß das: die »Kleinen« und die Tiere tun sich zusammen. Die Kreatur ist hilfsbereit.

Im Paradiesgarten führt Gott dem Menschen die Tiere zu, die Arche trägt Noah mit den vielen Tierpaaren über die Tage der Sintflut. Der Esel gehört durchaus in die Fluchtgeschichte, auch wenn ihn Matthäus nicht ausdrücklich erwähnt. Im 2. Kapitel seines Evangeliums (Vers 13ff.) heißt es nur: »... da erschien der Engel des Herrn dem Josef im Traum und sprach: Stehe auf, und nimm das Kindlein und seine Mutter zu dir und flieh nach Ägyptenland und bleib allda, bis ich dir's sage. Denn Herodes trachtet dem Kind nach

dem Leben. Und Josef stand auf und nahm das Kindlein und seine Mutter zu sich bei der Nacht und entwich ...« Matthäus erwähnt den Esel nicht, aber in aller Welt gibt es den Esel im Stall von Bethlehem und den Esel auf der Flucht nach Ägypten. Der Esel von Autun ist einer der bekanntesten und berühmtesten: dieser Esel des Gislebertus lächelt! Und dieser Esel geht auf drei Füßen bzw. steht hinten auf den Beinen still, während die Vorderbeine in Bewegung sind. Der Bildhauer mußte auf die Form des Säulenknaufs Rücksicht nehmen, durfte das Gleichgewicht des Säulenknaufs mit seiner so liebenswerten Skulptur nicht in Gefahr bringen! Und was die Rollräder unter den Füßen des Esels betrifft, so gibt es da zwei Meinungen in Fachkreisen. Einige wollen in ihnen die Eile, die Geschwindigkeit angedeutet sehen, mit der die Flucht geschah. Andere vermuten, daß hier der Holzesel auf Rädern Vorbild gewesen ist, der in mittelalterlichen Weihnachtsspielen in den Kirchen herumgezogen wurde.
Ungewöhnlich ist der Gang des Esels, ungewöhnlich ist aber auch Marias Sitzen auf dem Esel. Maria scheint gleichzeitig vor wie im Inneren des Eselleibes ihren Platz zu haben. Und jede Beschreibung versagt vor dem Gesichtsausdruck dieser Gottesmutter. Zartheit und Schmerz sind auf unvergleichliche Weise eins geworden. Der Satz der lukanischen Weihnachtsgeschichte: »Maria aber behielt alles und bewegte es in ihrem Herzen« ist Fleisch, ist Stein geworden. Wir ahnen vor diesem gemeißelten Gesicht, wie stark, tief, rein und qualvoll Liebe sein kann. Wir ahnen, wie oft solche Liebe mit wunden Füßen und schwerem Herzen an verschlossene Türen klopft. Und wir ahnen auch, daß wir Gott verleugnen, uns Gott verschließen, wenn wir nicht selbst uns dieser Liebe öffnen. Einer Liebe, die unserem Leben Sinn gibt, auch unserem Leid. Der Heiligenschein steht solcher Liebe zu Gesicht.
Maria guckt ihr Kind – das seinerseits eigentümlich in und vor ihrem Schoß sitzt – nicht an. Und doch ist die Gottesmutter ganz und gar auf dieses Kind konzentriert. Der Heiligenschein der Mutter bildet mit dem Heiligenschein des Kindes zusammen eine Acht, läßt die Augen des Betrachters hier die nicht endende Linie, nicht endendes Leben entdecken. Das Gesicht des Kindes schaut in unkindlichem Ernst, voll Weisheit und Güte in einen uns unzugänglichen Innen- und Außenraum. Seine Füße sind die Füße, die der Bildhauer auch dem Weltenrichter im Tympanon gemeißelt hat. Mit seiner linken Hand sucht das Kind noch Halt am Arm der Mutter, seine rechte Hand aber ruht bereits auf der Weltkugel, die die Mutter ihm hinhält. »Uns ist ein Kind geboren, ein Sohn ist uns gegeben, und die Herrschaft liegt auf seiner Schulter. Und er heißt: Wunderbar-Rat, Kraft-Held, Ewig-Vater, Friedefürst.« Das Geheimnis des Kindes von Bethlehem leuchtete dem Glauben schon früh ein in diesen Versen des Propheten Jesaja, und es leuchtet auch ein über diesem eigenartigen »Kind auf der Flucht« in Autun. Denn da ist ein Kind, das im Schoß seiner Mutter geborgen alles in die Flucht schlägt, was Menschen in dieser Welt rat- und friedlos machen kann.

Von dem Schweizer Pfarrer Kurt Marti stammen die Sätze: »Nicht Ägypten ist Fluchtpunkt der Flucht. Das Kind wird gerettet für härtere Tage. Fluchtpunkt der Flucht ist das Kreuz.« Wir können das Kind im Mittelpunkt eines Kreuzes sehen, das Maria und der Esel bilden. Fluchtpunkt der Flucht ist das Heil im Kreuz, ist das bleibende Leben mitten in seiner Zerstörung.

Aber nun soll auch von Josef noch die Rede sein, der in unseren Weihnachtsgeschichten so unwichtig und wichtig zugleich ist. Die Photographen haben es in Autun schwer, Josef mit auf's Bild zu bekommen, ohne daß das ganze Motiv aus den Fugen gerät. Einen Stock oder ein Werkzeug auf die Schulter gedrückt hält er den Strick in der Hand, mit dem er den Esel hinter sich herführt. In seinem Blick liegt Aufmerksamkeit, Nachdenklichkeit. Wir wissen aus der Bibel nicht viel über Josef, nur eben, daß er zu den Kleinen, den Zimmerleuten, gehörte. Und daß Gott mit ihm redete im Traum, dreimal. Und Josef war aufmerksam genug, diese Träume wahrzunehmen. Zuerst redete Gott, als Josef entdeckte, daß Maria, seine Braut, schwanger geworden war. Josef wollte Maria verlassen, weil er sich von ihr verlassen fühlte. Und da war zum ersten Mal Gottes Wort in seinem Traum – und Josef blieb. Josef entschloß sich, zu bleiben und das Kind als Gottesgeschenk anzunehmen. Er entschloß sich, das Unbekannte auf sich zu nehmen, das Maria zur Welt bringen würde. Und dann suchte Josef Raum für das Kind und sorgte dafür, daß es im Stall von Bethlehem – oder war es vielleicht auch eine Höhle – zur Welt kommen konnte. Josef hat in vielen Bildern von der Weihnachtsgeschichte, alt, bärtig und abseits, nur einen Platz als stummer Laternen- und Holzträger bekommen. Auf diesem Platz steht er allerdings seit Jahrhunderten eindrucksvoll da als der, der sich in all seiner begrenzten Wichtigkeit entschloß, dabeizubleiben. Josef entdeckte eine Welt der Führungen und Verheißungen in einer Welt, in der so viele Menschen führungs- und verheißungslos dahintaumeln. Für Josef wuchs in aller Anfechtung der Glaube an ein Leben, das über das Sichtbare hinaus einem Unsichtbaren sein Heil verdankt. Und so konnte Josef gegen Herodes und seine Morddrohungen an die Stunde der Rettung glauben, konnte aufbrechen mit Maria und dem Kind. Und als die Beschützer Gottes haben Josef und der Esel es erlebt, daß sie selbst – beschützt – entkamen.

Und wir werfen noch einen Blick auf das Kapitell von den drei schlafenden und aufwachenden Königen. »Gott befahl ihnen im Traum«, heißt es im Bibeltext von den Königen, die das Kind der Maria dann angebetet haben, »daß sie sich nicht wieder sollten zu Herodes lenken; und sie zogen auf einem anderen Weg wieder in ihr Land ...« (Mt 2,12).

Nicht nur die Kleinen – auch die Großen können die Welt der göttlichen Verheißungen und Führungen auf ihre Weise entdecken. Die heiligen drei Könige stehen dafür ein.

Es war ein Stern, der den Magiern im Morgenland den neugeborenen König verhieß, und dann kam auch für sie der Traum, der sie den »anderen Weg« führte. Kopf an Kopf, einträchtig nebeneinander schlafen die Herrscher, liegen unter einer Decke, die in weitem Halbkreis um ihre Körper

geschlagen und mit kostbarer Borte verziert ist. Ich zitiere einen Text von Charles Péguy: »Ich liebe den nicht, der nicht schläft, spricht Gott. Der Schlaf ist der Freund des Menschen. Der Schlaf ist der Freund Gottes. Der Schlaf ist vielleicht meine schönste Schöpfung! Ich selber, ich ruhte am 7. Tag nach getaner Arbeit; wer reines Herzens ist, der schläft. Und wer schläft, ist reines Herzens. Das ist das große Geheimnis, unermüdlich sein wie ein Kind. Wie ein Kind diese Kraft in den Sehnen haben. Diese neuen Sehnen, diese neuen Seelen. Und alle Morgen wieder von neuem beginnen, immer neu, wie die junge, die neue Hoffnung. Nun aber sagt man mir, daß es Menschen gibt, die gut arbeiten und die schlecht schlafen. Die nicht schlafen. Welcher Mangel an Vertrauen in mich! Das ist beinahe schlimmer, als ob sie schlecht arbeiten, aber gut schlafen. Als ob sie nicht arbeiten, sondern schliefen, denn die Trägheit ist nicht eine größere Sünde als die Unrast. Ja, sie ist sogar eine geringere Sünde als die Unrast und als die Verzweiflung und der Mangel an Vertrauen in mich ... Die arbeiten und nicht schlafen ... Ich beklage sie ... die armen Kinder. Ich nehme es ihnen übel. Ein wenig. Sie vertrauen mir nicht. Wie sich das Kind unschuldig in die Arme der Mutter bettet, so betten sie sich nicht unschuldig in die Arme meiner Vorsehung. Sie haben Mut zur Arbeit. Sie haben keinen Mut zum Nichtstun, sich zu entspannen, sich auszuruhen, zu schlafen. Die Unglücklichen, sie wissen nicht, was gut ist ... Wer nicht schläft, ist ungetreu in der Hoffnung.«

Die Könige schlafen. Beschenkt von dem Kind, das sie fanden und beschenkten, haben sie sich wie unschuldige Kinder in die Arme der göttlichen Vorsehung betten können. Ein einziges Kissen, eine dünne Matratze – sie reichen aus. Und Gott selbst erscheint ihnen im Traum, kleidet sich in einen Engel mit jünglingshaftem Antlitz, mit Kopfschmuck, Flügelschwingen und Heiligenschein.
Mit dem linken erhobenen Zeigefinger zeigt dieser Engel auf einen wieder blumenartigen Stern, der über den Köpfen der Könige steht. Mit dem Zeigefinger der rechten Hand rührt er leicht den ihm am nächsten liegenden König an.
Es gibt Gesten, die die Augen öffnen können – Gesten, die wie ein ganzes Lebensprogramm sind. Wer sich bettet in die Arme des göttlichen Schlafes, erhält Wegweisung – dieses Lebensprogramm verkündet die Engelgeste. Und der erste König öffnet – vom Engel angerührt – die Augen. Still bleibt er noch liegen, konzentriert sich ganz auf die Berührung. Es gibt zwei Arten des Sehens. Die erste ist die gewöhnliche Art, die Dinge um uns herum wahrzunehmen. Und es gibt die andere Art des Sehens, wo zum Sehen das Einsehen kommt, wo wir die Bedeutung des Gesehenen wahrnehmen, eine Bedeutung für uns, wo wir Zukünftiges erkennen. Mit beiden Augen sieht der erste König. Mit einem Auge beginnt der zweite König zu sehen, und die Augen des dritten Königs zeigen sich dem Betrachter noch ganz verschlossen.
Was hier Gislebertus in den Stein gehauen hat, ist eine sehr nüchterne und sehr sanfte Szene. Eine Szene des guten Schlafes und des Aufwachens aus solchem Schlaf. Eine Szene des Sehenlernens unter Engelberührung und Engelweisung. Denn es gilt, den anderen, den neuen Weg voller Hoffnung unter die Füße zu nehmen. Der Sucher eines Weges, der breiter ist als er, wird vor diesen Kapitellen in Autun fündig.

Epiphanias

Predigttext: Epheser 3,2–3a.5–6
Ralf Handelsmann

Theologisch-homiletische Skizze

»Möglichst konkrete Rede scheint gerade hier angebracht!« Mit diesem Satz schließt die Exegese von W. Pratscher ab. Das ist ein Satz, dem ich nur zustimmen kann, denn der Text an sich bleibt für heutige Leser und Hörer unkonkret, ja unverständlich. Ich habe ihn in Anlehnung an das »Göttinger Stufenmodell« ca. 80 Schülern und Schülerinnen der Berufsbildenden Schulen Buxtehude vorgelegt und einigen Gruppen in unserer dörflichen Kirchengemeinde. Besonders im Bereich der ausgelösten Gefühle zeigen sich die Probleme mit dem Text. Verwirrtheit, Langeweile, Frust über den ungewöhnlichen Satzbau und die »eingebildete Sprache« haben bei über 60 % der Menschen schon beim ersten Hören zum Abschalten geführt. Das muß Konsequenzen haben für die Predigt. Ich habe mich deshalb dazu entschlossen, den Text nicht zu Beginn zu verlesen, sondern die Lesung vorzubereiten.

Die hermeneutischen Konsequenzen des Textes und damit die Zielvorgabe für die Predigt sind für mich etwas anders gewichtet, als in der Exegese vorgeschlagen. Vers 6 bildet natürlich das Zentrum, aber es geht meiner Meinung nach nicht nur um »das Geschenk des befreienden Miteinanders«, sondern um das Angebot des Heils eschatologisch *und* präsentisch an alle Menschen. Der Blick über den binnenkirchlichen oder gar gemeindlichen Tellerrand wird also auch thematisiert werden müssen. Daß Gottes Heilsplan nicht auf die Judenchristen beschränkt ist, hat damals zu einer extremen Veränderung der ersten christlichen Gemeinden geführt. Ist diese Ausweitung heute bei uns umgesetzt? Ein Schüler hat zu dem Text den Satz geschrieben: »Gott sei Dank, nicht nur die jetzigen Christen sind die richtigen (guten) Menschen.« Miterbe, Mitgenosse, Mitbesitzer kann jeder sein oder werden. Wo ist das vor Ort gelungen? Wo ist falsche Exklusivität durch Aktionen, durch geschenkte Offenbarung aufgebrochen worden? Wo stehen Menschen diesem Geschenk Gottes an uns vielleicht aber auch im Wege?

Gruppen in einer Kirchengemeinde wissen oft wenig voneinander. Wenn aber Jugendgruppen nichts von der Erwachsenen- oder Seniorenarbeit erfahren (und umgekehrt), dann kann daraus schnell eine gewisse Überheblichkeit den anderen gegenüber entstehen. Manchmal läßt sich dann zwischen den Zeilen heraushören, daß ja *eigentlich* nur im eigenen Kreis das Evangelium *richtig* umgesetzt wird. Unterschiedliche Gruppen in der Kirche arbeiten leider oft gegeneinander statt miteinander. Schnell werden dann Mauern falscher Exklusivität aufgebaut. Schließlich, das offenbarte »Geschenk« Gottes an uns muß gerade von Christen weitergegeben werden. Wo ist dieser missionarische Gedanke heute zu verwirklichen? Wo ist in der weltweiten Ökumene Handlungsbedarf (Partnerschaften in die sog. Dritte Welt oder in die fünf neuen Bundesländer)? Aber Vorsicht, wo wird durch eine bloße Verwirklichung des »Weihnachtsmannprinzipes« (wir Westeuropäer geben und alle anderen haben gefälligst dankbar zu sein) dem Zentrum des Predigttextes zuwider gehandelt?

Bei meinen Vorarbeiten im Herbst 1990 sind von vielen Personen nach dem Hören des Textes Assoziationen in Richtung Weihnachten gekommen. Gerade am Epiphaniastag kann es sinnvoll sein, Bilder und Gedanken vom Weihnachtsfest '91 noch einmal in Erinnerung zu bringen, um zum Geschenk des Evangeliums, zum Angebot an alle vorzudringen.

Vorschläge zur Liturgie

Eingangsgebet

Herr, schenkender Gott, immer wieder dürfen wir spüren, daß Du Dich uns zuwendest. Laß uns darum nicht müde werden, immer wieder davon zu berichten. Und zwar den Menschen, die nach Deinem Willen unsere Nächsten sind. Wir wollen auf Deine Worte hören und sie tun in unserem Leben, nicht erst morgen oder übermorgen, sondern heute. Das ist nicht leicht, darum gib uns Kraft dazu, Deine Kraft. Amen.

Kirchengebet

Gott im Himmel und auf der Erde,
Du wendest Dich an alle Menschen.
Meine Feinde, Herr Jesus, soll ich lieben,
aber ich finde, oft sind sie es nicht wert.
Sicher, ich spüre und sehe, daß Du sie und mich liebst,
ohne daß wir es verdient haben.
Sich nicht vom Bösen, Eitlen überwinden zu lassen,
das hast Du für uns getan.
Du hast allen Dein Angebot, Deine Zuwendung zugesagt.
So bitten wir Dich:
Laß uns Deine Liebe, Deine Frohe Botschaft
immer aufs neue spüren, erfahren
und unser Leben durchdringen.
(Hier können eigene Bitten eingefügt werden.)
Laß uns unsere Feinde sehen, wirklich sehen,
damit wir ihnen schenken, was ihnen wirklich hilft:
Liebe und Deine Botschaft,
Deine Liebe, Herr, Jesus Christus. Amen.

Lieder

EKG 51,1–3+5; EKG 2,1–3+9; nach der Melodie: »Jeder Teil dieser Erde« (Beiheft zum Kirchentag 1983, Nr. 713) den Text: »Jeder Mensch dieser Erde ist meinem Gott heilig«; »Ihr seid das Volk, das der Herr sich ausersehn« (Kirchentagsliederheft 1983, Nr. 740); »Herr, gib mir Mut zum Brückenbauen«, Text: K. Rommel, Melodie: P. Bischoff, aus: Mein Liederbuch, tvd-Verlag, Düsseldorf; und aus demselben Buch »Der Himmel geht über allen auf«, Text: W. Willms, Melodie: P. Jannsens.

Besonders die beiden Kanons »Der Himmel geht ...« und »Jeder Mensch dieser Erde« eigenen sich zum Einüben in einem Familiengottesdienst. Sie sind leicht singbar und stellen selbst für meine sehr bescheidenen Gitarrenspielkünste keine Überforderung dar.

Zur Predigt

Anfang
Liebe Gemeinde! In der letzten Woche haben viele von Ihnen den Weihnachtsbaum aus den Wohnzimmern entfernt. Manch einem mag dabei etwas wehmütig ums Herz gewesen sein. Ich möchte sie darum jetzt einladen, sich noch einmal auf den letzten Heiligen Abend zurückzubesinnen: Der Weihnachtsbaum ist noch grün und frisch, es duftet nach Harz, Gebäck und Kerzen. Diese Stimmung gibt es nur einmal im Jahr, nur an diesem Abend. Für die Kinder bestimmt, aber auch für viele Erwachsene steht die Bescherung bevor. Niemand weiß, was in all den Geschenken ist, aber für jeden, der vor dem Baum sitzt, ist etwas vorhanden. Eine gewisse Spannung ist da, selbst die Erwachsenen werden manchmal davon angesteckt. Dann bekommt jeder sein Geschenk, und es wird ausgepackt. Die Kinder machen große Augen und probieren mit Geschrei die Sachen aus. Dann wird herumgezeigt, was neu ist im eigenen Leben. Man erzählt, man freut sich und berichtet, was man mit dem ausgepackten, enthüllten Geschenk machen will und kann.
Von einem Geschenk Gottes an uns, das vorher auch niemand kannte, berichtet der Predigttext für heute: »... Textlesung ...!«
Der Apostel, der an die junge Gemeinde in Ephesus, in der heutigen Türkei, schreibt, will den Menschen von Gottes Geschenk an sie erzählen. Die Völker der ganzen Welt, also alle, können und sollen Miterben, Mitbesitzer an dem sein, was Christus in diese Welt gebracht hat. Die Frohe Botschaft, die Zuwendung Gottes zu uns, soll wirklich für alle gelten. Der Apostel spricht davon, daß das früher so nicht bekannt war. Ihm ist es so gegangen wie uns manchmal an Weihnachten. Er hat ein Geschenk von Gott bekommen, hat es ausgepackt bekommen, hat darüber gestaunt und berichtet nun den anderen Christen davon. Und es ist nichts, was den Menschen Angst machen will, es heißt nicht umsonst: die »Frohe Botschaft«.
Ich habe Ihnen heute hier auch ein Geschenk mitgebracht (ein möglichst großes Paket zeigen, mit Weihnachtspapier beklebt und einem leicht zu öffnenden Deckel), denn ich glaube, dies Geschenk Gottes an uns, das ist auch heute noch da, überraschend und Freude versprechend.

Zum weiteren Verlauf
Ich gliedere meine Predigt durch die Dinge, die in dem Geschenkpaket Gottes sind. Bei mir sind das a) ein Stück Stacheldraht und eine Kneif-

zange, b) eine Brücke aus Pappe ausgeschnitten und c) ein Holzkreuz. (Wem meine Auswahl nicht zusagt, der mag andere Dinge hineinpacken. Eine Beschränkung auf höchstens vier Teile halte ich aber für nötig, da sonst die Übersichtlichkeit verloren geht.)
Ich hole zuerst das Stück Stacheldraht und die Zange aus dem Paket (es empfiehlt sich, den Draht vorher schon mit einer Sollbruchstelle zu versehen!). Gottes Botschaft gilt für alle, darum diese Kneifzange hier, mit der ich den Stacheldraht durchschneiden kann. Gott will diesen Stacheldraht nicht länger zwischen den Menschen. Für ihn sind alle eingeladen, die Botschaft seines Sohnes zu bekommen. Bei den ersten Christen gab es Stacheldraht zwischen Juden und anderen Menschen. Das sollte nicht mehr sein. (Jetzt sichtbar den Draht zerschneiden und die zwei Teile zu Boden fallen lassen.) Dies Problem zwischen Juden- und Heidenchristen besteht heute nicht mehr, aber Stacheldraht gibt es auf der Welt genug.
Zuerst erinnere ich an Christen in der sog. Dritten Welt. Für sie gilt, daß Gott sie in seine Zusage einbezieht. Wie ist das mit uns? Es gibt »Brot für die Welt«, es gibt Spendenaufrufe bei großen Krisen, aber tatsächlich ist Stacheldraht zwischen den Kontinenten. Warum bauen wir ihn nicht ab? Weil wir dann mehr abgeben müßten? Weil wir nicht wissen, was dann auf uns zukommt? Die ersten Christengemeinden sind durch die Öffnung für Heidenchristen reicher (in einem umfassenden Sinne) geworden. Der Abbau des Stacheldrahtes damals hat sich gelohnt für alle. Gottes Geschenk war groß genug für alle und ist es auch heute. Mit Stacheldraht und Mauern wollen Menschen etwas beschützen, aber der Text sagt, daß Gottes Gabe nicht beschützt werden muß, sondern daß jeder sich davon eine Scheibe abschneiden kann. Teilen ist nicht leicht, aber immer dort, wo Menschen Stacheldraht abgebaut haben, ist das letztlich zu ihrem Vorteil gewesen. Ich denke dabei an die Mauer in Berlin, an Versuche, die unmenschliche Rassismusschranke in Südafrika abzureißen, an Bemühungen um mehr Gleichberechtigung zwischen den Geschlechtern ... Ich denke aber auch an die Grenzen, die noch bestehen, an den Stacheldraht zwischen Kirchengliedern und Ausgetretenen, zwischen Reichen und Armen in der Welt. Stacheldraht als Symbol der Trennung darf für Christen nicht sein. Sicherlich, ich werde nicht einer Gleichmacherei das Wort führen. Unterschiede bestehen und können nicht einfach weggeredet werden. Aber es braucht keine »Schützengrabenmentalität« zu geben. Gottes Geschenk, sein Angebot gilt allen, und ein Angebot machen heißt, sich selber öffnen. Annehmen wird das Geschenk ohnehin nicht jeder, aber deshalb darf auf solche Versuche nicht verzichtet werden. Mission im guten Sinne wird nie ohne solches Durchtrennen von Stacheldraht auskommen. Alles andere ist ein Rückfall in die Zeit der Inquisition oder der Zwangschristianisierung.
Das gilt aber auch in unseren Dörfern und Städten. Auf den ersten Blick sind solche Stacheldrahtverhaue dort nicht zu erkennen, auf den zweiten aber schon: Die Menschen in den Pflegeheimen, die Asylsuchenden in den

besonderen Wohnungen, manch ein Mensch, der sich von der Sozialhilfe ernährt, sie gehören nicht (noch nicht) selbstverständlich dazu. Christus hat sich gerade diesen Randgruppen zugewandt, und wir? In unseren Kirchengemeinden gibt es viele Menschen, die sich in den Kreisen und Gruppen engagieren. Aber wieweit wissen sie voneinander? Wieweit wollen sie voneinander wissen? Manchmal fehlt jede Verbindung untereinander, und z.B. bei der Belegung von Räumen zeigt sich dann, daß dahinter die unterschwellige Meinung steht, daß die eigene Arbeit wichtiger und besser ist als die der anderen. Auch hier gilt es, Stacheldraht zu zerschneiden. (Beispiele wird es in jeder Gemeinde geben. Vorsicht sollte bei der Auswahl aber geboten sein, daß nicht Menschen vor den Kopf gestoßen werden und sie sich plötzlich auf der Anklagebank wiederfinden, denn das richtet falsche Grenzen ja gerade auf.)
Als nächstes hole ich die Papierbrücke aus dem Paket. Das Durchtrennen von Grenzen reicht nicht aus. Die Judenchristen in Ephesus mußten mehr tun. Sie mußten sich an die sog. Heiden wenden, sie einladen und sich mit ihnen (im wahrsten Sinne des Wortes) zusammensetzen. In den ersten Gemeinden ging das z.T. so weit, daß aus dem Wissen um die Gleichheit vor Gott ein ganz handgreifliches Teilen von Nahrung folgte.
Es wird darauf ankommen, in diesem Teil der Predigt schon vorhandene Brückenschläge zu nennen. Der Fall der Mauer zwischen alten und neuen Bundesländern allein beendet die Teilung noch nicht, aber wo die Partnerkirchengemeinden gerade in dieser Zeit spüren können, daß Christen sich gegenseitig Beistand leisten, da kann wirklich von Miterben, von Mitgenossen, von Mitbesitzern an der Frohen Botschaft gesprochen werden. Denn da ist Gottes Geschenk geglaubt und hat zum Weiterschenken geführt. Wo im Kirchenkreis eine Partnerschaft in die Dritte Welt besteht, kann auch darauf verwiesen werden.
Aber Brücken dürfen keine Einbahnstraßen sein. Gott schenkt ohne Grund, wir Menschen sind Beschenkte, jeder hat etwas bekommen an Gaben. Das schließt das Weihnachtsmannprinzip aus. Gemeinden in den neuen Bundesländern haben uns viele Erfahrungen (der Bedrängung, des entschiedenen Handelns als Christen usw.) voraus. Über die Brücke der Partnerschaft sollte auch etwas zu uns kommen.
Kirchen in der sog. Dritten Welt brauchen unser Geld, sicherlich, aber wer darüber vergißt, in ein echtes Gespräch einzutreten, wer die Erfahrungen dieser jungen Kirchen nicht zu uns kommen läßt, beraubt uns wichtiger Erfahrungen und Gaben Gottes.
In unseren Gemeindekreisen gibt es einen regelmäßigen Austausch über die eigene Arbeit. Man berichtet voneinander, kommt ins Gespräch miteinander und organisiert bestimmte Veranstaltungen zusammen. Brücken werden geschlagen, so z.B. ein von vielen organisiertes Kaffeetrinken mit Asylbewerbern und Aussiedlern aus Osteuropa. Positive Beispiele an dieser Stelle müssen aus dem eigenen Kontext genommen werden, damit über persönlich bekannte »Vorbilder« die eigenen Möglichkeiten erkennbar werden.

Als drittes packe ich das Kreuz aus. Neben den präsentischen Folgen der Frohen Botschaft deutet das Kreuz auf die eschatologische Dimension. Was wir Menschen tun können, ist eigentlich nur eine Folge von Gottes Geschenk an uns. Wenn wir Stacheldraht durchtrennen und Brücken bauen, wo nur Trennendes war, dann verdanken wir diese Freiheit dem Jesus Christus, der für uns am Kreuz gestorben und an Ostern auferstanden ist. Das nächste große Fest im Jahr ist das Osterfest. Wie wichtig wir Menschen Gott sind, wird an diesem Fest deutlich. Sein Sohn stirbt für alle, nicht nur für wenige, und wird auferweckt. Gottes Geschenk, das in diesem Kreuz steckt, will ein Hoffnungszeichen sein für unser Leben hier und jetzt, aber genauso über den Tod hinaus. Menschen leben noch nicht im Paradies, noch nicht im endgültigen Reich Gottes, aber durch die Auferweckung hat Gott gezeigt, wie weit er für uns geht. Für uns, die Menschen dieser Welt, die seine Botschaft hören und sich davon ergreifen lassen. (In einem Abendmahlsgottesdienst kann hier auf Brot und Wein eingegangen werden.)

Möglicher Schluß
Liebe Gemeinde, mein Geschenkkarton ist nun leer. Das unterscheidet ihn von Gottes Wirklichkeit. Vielleicht überlegen Sie einmal, wo das Evangelium Gottes, seine frohe Botschaft für Sie greifbar geworden ist, und vielleicht erzählen Sie in der nächsten Zeit einmal anderen Menschen davon. Ich denke, das kann nur gut sein, wenn Menschen, zumal Christen, sich gegenseitig berichten, wo Gott sie beschenkt hat. Das wird Mut machen, Mut machen, auch in Zukunft andere dazuzuladen, so wie der Apostel das in unserem Predigttext mit den Ephesern macht. Mut machen, auch in Zukunft weiterhin solch trennenden Draht zu zerschneiden und Brücken zu errichten. Ich spreche hier mein »Amen«, denn das heißt ja: So ist es und so soll es sein.

Mögliche Alternativen

a) Es wäre auch denkbar, bei den Stichworten »Offenbarung« oder »Enthüllung« anzusetzen. Denkmäler oder Mahnmale oder Gedenktafeln werden in unserer Zeit enthüllt. Damit soll auf etwas hingewiesen oder etwas in Zukunft verhindert werden. Auch mit einem Denkmal sollen möglichst alle an etwas erinnert werden. Enthüllt werden aber auch Skandale und damit manchmal die Wahrheit. Hier könnte antithetisch die frohe Botschaft gegen die Enthüllungen unserer Tage gestellt werden. Dabei könnte auf die Veränderung des status quo damals in den ersten Gemeinden genauso wie heute eingegangen werden.

b) Im Rahmen eines Familiengottesdienstes könnte die Idee mit den Geschenken an alle von den Kindergottesdienstkindern oder den Kindergartenkindern verwirklicht werden. Diese könnten für alle Menschen im Gottesdienst kleine Päckchen packen, die dann an alle sichtbar verteilt werden. In den Päckchen könnten Zettel mit Wünschen für die Beschenkten sein, wie Kinder sich eine frohe Botschaft vorstellen. Oder aber ein kleines Brückensymbol, das von den Erwachsenen im Gottesdienst beschrieben wird mit Orten, wo ihrer Meinung nach Brückenschläge nötig sind. Die Kinder könnten die beschrifteten Teile später auf eine Tapete aufkleben, und das Fürbittengebet könnte aus den Ergebnissen gestaltet werden.

1. Sonntag nach Epiphanias

Predigttext: Römer 12,1–3(4–8)

Hans Reinhard Rapp

Theologisch-homiletische Skizze

»Stellt euch nicht dieser Welt gleich ...«, das ist der auffälligste und besonders herausfordernde Satz in diesem Predigttext. Mit Recht geht Paulus davon aus, daß mit Jesus Christus ein neues Zeitalter begonnen hat. Eine Wende ist eingetreten. In einigen älteren Büchern bemerke ich, daß die übliche Zeitbestimmung »v.Chr.« – »n.Chr.« (vor/nach Christus) ersetzt ist durch die Kürzel »v.d.Zw.« und »n.d.Zw.« (vor und nach der Zeitwende). Das geschah in den Jahren, in denen bestimmte Namen wie z.B. Einstein, Freud oder Mendelssohn und eben auch Christus nicht genannt werden sollten. Aber unfreiwillig wurde zugegeben: Der Nichtgenannte repräsentiert eine Zeitenwende. Auf diese sollen sich die Christen einstellen, und zwar von ganzem Herzen. Da wir keinen Opferkult mehr kennen, befremdet uns der Satz: »Gebt eure Leiber hin als Opfer«. Aber wir kennen vergleichbare Redewendungen: »Er ist mit Leib und Seele Musiker«, sagen wir etwa, und so soll nach Paulus auch der Christ bei der Sache sein: mit Leib und Seele. Das ist sein wahrer, vernünftiger Gottesdienst.

»Stellt euch nicht dieser Welt gleich ...«, wie aktuell diese Mahnung ist, können wir aus der Geschichte lernen. Oft genug hat sich die Kirche angepaßt, hat das Bestehende als gottgewollt, das Unerträgliche als unabänderlich ausgegeben. Oder wir erliegen der entgegengesetzten Versuchung: Laut mit dabei zu sein, wenn es an die Kahlschlagsanierung geht, wenn das Bestehende verlästert, das Gewachsene ausgerissen wird; wenn die Veränderung aller Verhältnisse gefordert wird und wir anfangen, das, was ist, zu verraten an unsere Träume und Utopien. Vor falscher Anpassung bewahrt uns kein fertiges Rezept, sondern nur die sorgsame Prüfung, was Gottes Wille sei.

»Stellt euch nicht dieser Welt gleich ...«, dafür gibt es viele aktuelle Umschreibungen: Laßt euch nicht gleichschalten, nicht konformistisch verbacken! Wagt es, Querdenker zu sein, seid Sand im Getriebe! (Ein für Freunde der Technik abstoßendes Bild.) Die Christen auf dem schmalen Weg statt auf der breiten Straße, die ins Verderben führt. Nur: Auch die Alternativen, die Nonkonformisten, die Querdenker, die Protestierer, die Unbequemen und Unangepaßten gehören zur Gestalt dieser Welt. Sich ihnen anzuschließen heißt auch nur, sich dieser Welt gleichzustellen. Und hier liegt nun eine für die Predigt wichtige Pointe: Ohne eine so oder anders geartete Anpassung geht es gar nicht! Auch Paulus hat sich »dieser Welt gleichgestellt«, indem er Gedanken der antiken Populärphilosophie verwertet hat. Nur dort wird die Anpassung zum Verhängnis, wo der Christ zum notorischen Wendehals wird, der nicht mehr selber sein Leben verantwortet, sondern sich nur noch von den Umständen bestimmen läßt. Entsprechend mein Vorschlag für die Einteilung der Predigt: 1. Ohne Anpassung kein Leben. 2. Angepaßt leben – das ist kein Leben!

Vorschläge zur Liturgie

Begrüßung
Wo eine Begrüßung üblich ist, kann sie sowohl auf die Epiphaniaszeit insgesamt als auch auf den besonderen Schwerpunkt des Sonntags eingehen: die Taufe Jesu. Assoziationen zu Epiphanias in Stichworten: »Erleuchtung«, »Aufklärung«, »Mir geht ein Licht auf«, »Zeichen erkennen«, »Sich orientieren«. Zur Taufe Jesu: Wie Johannes zu Recht bemerkt, bedarf Jesus eigentlich der Taufe nicht; aber er würdigt dieses besondere Zeichen, indem er sich selbst taufen läßt, sich also in den Umkreis dieses Segens stellt. Hier kann auch der Hinweis erfolgen, daß die Wende, von der Paulus im Predigttext schreibt – »ändert euch durch Erneuerung eures Sinnes« –, durch die Taufe sinnenfällig gemacht wird. Der Wochenspruch schließt die Begrüßung sinnvoll ab: »Welche der Geist Gottes treibt, die sind Gottes Kinder«.

Die Lesungen
Die Epistel ist zugleich Predigttext. Häufig wird sie dann eingeleitet mit dem Satz: »Die Epistel, über die heute auch gepredigt wird ...« – und dann entfällt die Textverlesung vor der Predigt. Der Nachteil: Zwischen Epistel und Predigt liegen zwei Lieder, Evangelium und Glaubensbekenntnis. So lange bleibt der Text nicht im Gedächtnis. In unserem Fall kann aber auf den zweiten, eingeklammerten Teil (Vers 4–8) zurückgegriffen werden. Er ist in sich selbständig, erläutert aber zugleich Vers 1 (»Gebt eure Leiber hin als Opfer ...«).
Die Evangelienlesung ist in sich klar und interpretiert ebenfalls den Predigttext.

Kollektengebet
Gott und Vater, wir danken dir, daß Jesus Christus in dieser Welt erschienen ist als Licht der Welt, als Ziel für die Suchenden, als Wegzeichen für die Verirrten. Mit Wasser getauft, mit dem Geist gesegnet, mit deiner Stimme berufen hat er sein Werk begonnen und vollendet, auch für uns, die wir ihn im Glauben suchen und damit deiner Nähe gewiß werden. Amen.

Kirchengebet
Gott unser Vater, du hast mit dem Kommen deines Sohnes Jesus Christus einen neuen Tag beginnen lassen, für diese Welt ebenso wie für jeden einzelnen von uns. Wir bitten dich, laß unser Leben zum Widerschein dieses neuen Tages werden.
Erleuchte mit dem Licht deines Tages die Kirche, hier am Ort und in der Welt, damit sie zur Stätte der Einsicht werde in deinen Willen. Bewahre uns vor falscher Anpassung an das Diktat des Augenblicks, gib uns Sorgfalt und Geduld, zu prüfen, was gut und wohlgefällig und vollkommen ist. Hilf

uns zurecht, wo wir irren, setze uns der Wahrheit aus, auch wenn wir sie nicht wahr haben wollen. Bewahre uns davor, uns selber zu überschätzen, aber auch davor, uns selber nichts Gutes zuzutrauen.
Sende dein Licht und deine Wahrheit in die Herzen der Schwermütigen, der Traurigen und Enttäuschten. Gib uns gute, klärende Gedanken und heilende Worte, die Frieden schaffen, Irrtum aufdecken und der Vernunft den Weg ebnen. Erneure unseren Sinn, damit wir uns lösen können von der Last vergangener Schuld und bitterer Erfahrungen. Mach uns so zu einem Werk deines schöpferischen Geistes, das bezeugt, was geschrieben steht: Das Alte ist vergangen, siehe, es ist alles neu geworden. Amen.

Die Lieder
Das eine der vorgeschlagenen Wochenlieder: »Du höchstes Licht, ewiger Schein ...« (EKG 337) nimmt als Morgenlied zugleich das Epiphaniasmotiv auf. Die Melodie ist bekannt und unkompliziert. Das andere Lied »Oh süßer Herre Jesu Christ ...« (EKG 47) ist in Versmaß und Melodie voller Musikalität, aber vermutlich weniger bekannt. Die Gelegenheit, es der Gemeinde vorzustellen, könnte aber genutzt werden. Schade, daß das Lied von R.A. Schröder »Der Heiland kam zu seiner Tauf ...« einen dogmatisch so verdichteten und sperrigen Text hat, sonst könnten die ersten drei Verse das Motiv des Evangeliums aufnehmen.
Unter den neuen Liedern empfehle ich »Vertrauen wagen dürfen wir getrost ...«, Nr. 604 im Ergänzungsheft zum EKG.

Vorschläge zur Predigt

Normalerweise ist es bei spröden Episteltexten ratsam, in der Anwärmphase zu Beginn der Predigt durch Beispiele aus dem heutigen Leben den Weg zum Text zu ebnen. Im vorliegenden Fall ist das nicht notwendig. Das Stichwort »Rom« liefert genug anschauliche Verknüpfungen. Darum können wir gleich mit dem ersten Satz »mit der Tür ins Haus fallen« und sind auf diese Weise sofort am Text.

Möglicher Anfang
»Stellt euch nicht dieser Welt gleich«, schrieb einst Paulus seinen Christen nach Rom. »Diese Welt«, das war für ihn gewiß zunächst einmal Rom selbst, die Weltstadt und Hauptstadt des römischen Reiches. Ein Zentrum der Macht und Pracht, der Verwaltung und des Rechts, aber auch eine gefährliche Stadt voller Korruption, Leichtsinn und Gewalt. Die Redensart »Zustände wie im alten Rom« erinnert heute noch daran. Die Reichen veranstalteten verschwenderische Gelage, die Massen strömten in die Arena und ergötzten sich an blutigen Gladiatorenkämpfen. Mancher Kaiser, mancher öffentliche Würdenträger endete auf die gleiche Weise, durch die

er an die Macht gekommen war, nämlich durch Mord. Die Christen sollten diese Gefahren sehen und sich nicht ebenfalls korrumpieren lassen. Übrigens mußte damals jemand, der Christ werden wollte, bei seiner Taufe feierlich versprechen, die brutalen Gladiatorenspiele nicht mehr zu besuchen – ein praktisches Beispiel für den geforderten Sinneswandel.
»Stellt euch nicht dieser Welt gleich«, betont also Paulus. Aber er denkt dabei nicht nur an die Stadt Rom. Für ihn hat mit Christus ein neues Zeitalter begonnen, ein neues Blatt im Buch der Geschichte ist aufgeschlagen. Im Lichte Jesu Christi gilt es, die überkommenen Glaubensgüter und Lebensregeln neu zu überdenken, kritisch zu prüfen und manchen ehrwürdigen Ballast abzuwerfen. »Laßt euch nicht in das alte Schema pressen« – auch so können wir Paulus übersetzen, »sondern habt Mut, euch zu ändern. Neues Denken tut not, damit ihr beurteilen könnt, was Gottes Wille ist ...«

Zum weiteren Verlauf
Die Einleitung zeigt, wie leicht es ist, Paulus einen modernen Tonfall zu unterlegen. Neues Denken braucht das Land, es braucht die Unbequemen, Leute, die gegen den Strom schwimmen und die das Bestehende in Frage stellen. Aber das fordern ja nicht nur Christen, sondern auch Gesellschaftsreformer aller Schattierungen. Sollen wir uns auf ihre Seite schlagen? Das wäre nur eine andere Art, sich der Welt gleichzustellen. Was aber dann? Weltflucht? Rückzug? Einkehr? Abkehr? Was immer wir auch tun, wir bleiben dieser Welt verhaftet. Und darum ist die Forderung des Paulus, so eindrucksvoll sie klingt, doch schwer zu praktizieren.
Wir können uns der Welt nicht entziehen. Ein gewisser Grad von Gleichstellung mit ihr ist unvermeidlich. Die Forderung des Paulus gerät damit in einen Zwiespalt. Um mit ihm fertig zu werden, führen wir den aus der Biologie bekannten Begriff der Anpassung ein und kommen so zum 1. Teil der Predigt: Ohne Anpassung kein Leben.
Vor falscher, gedankenloser Anpassung an das alte Schema dieser Welt warnt Paulus. Wie berechtigt diese Warnung ist, werden wir noch hören. Vorher aber wollen wir uns klarmachen, daß Anpassung nicht nur schlecht ist, sondern auch ihre guten und notwendigen Seiten hat. Bei Pflanzen und Tieren ist bekanntlich Anpassung an die Umwelt lebensnotwendig, die Leistungen der Lebewesen auf diesem Gebiet sind immer wieder verblüffend ...
Hier kann nun die Predigt auf konkrete Beispiele zurückgreifen, kann das Kamel in der Wüste oder die Pinguine am Südpol als eindrucksvolle Anpassungsleistung der Natur hervorheben. Wirkungsvoller als eine Aufzählung ist an dieser Stelle ein einleuchtendes, vielleicht von einer kurz zurückliegenden Fernsehsendung her gestütztes Einzelbeispiel, das auch Kindern und Konfirmanden Eindruck macht. Doch sollte der nächste Gedankenschritt nicht lange auf sich warten lassen:
Anpassung ist auch für uns Menschen lebensnotwendig. In bestimmten Lebensphasen, besonders in der Jugend, sehnen wir uns danach, so zu sein

wie die anderen in unserer Gruppe, Clique oder Klasse. Manche für Eltern und Lehrer wunderlichen Kleidermoden, Haartrachten und Musikkassetten werden erbettelt, durchgesetzt, gegen alles Kopfschütteln verteidigt und gegen jede Kritik eifrig in Schutz genommen – nur, weil die anderen auch so etwas haben; und wer nicht mit dabei ist, der ist ›out‹. Dieses Bedürfnis, so zu sein wie die anderen, schützt uns davor, zum Sonderling und Einzelgänger zu werden, der sich dann später nirgends mehr ein- oder gar unterordnen kann. Mit den Kollegen zerstritten, in Dauerfehde liegend mit Behörden und Vorgesetzten, die Gerichte belästigend, hat ein solcher bedauernswerter Mensch vermeintlich recht gegen die ganze Welt, weil er sich nicht anpassen will ...

Und – es gibt auch Christen, die sich entgegen biblischer Empfehlung nicht in die Zeit schicken können, sondern im Protest verharren gegen die Gesellschaft, gegen die Kirche, gegen den Zeitgeist, so daß ihre Aufmüpfigkeit schon zur Routine geworden ist. Das ist es nicht, was Paulus will. Anpassung kann auch eine Form der Liebe, der Einfühlung sein, wie ja Paulus nach eigenem Zeugnis den Juden ein Jude und den Griechen ein Grieche geworden ist (1. Kor 9,9–23). Anpassung um des Evangeliums willen: »Ich bin allen alles geworden, damit ich auf alle Weise etliche rette.« Letztlich kann sogar die Erscheinung Jesu Christi – Epiphanias! – gedeutet werden als die umfassendste Art Gottes, sich dieser Welt gleichzustellen, unter ihren Gesetzen zu leben und ihre Grenzen zu erfahren. Nur wer zu dieser »Anpassung« ja sagt, kann auch an der Welt etwas ändern und retten. – Doch nun zum Gegenbeispiel und zweiten Teil: Angepaßt leben – das ist kein Leben!

Das einführende Beispiel entstammt vielfältiger Erfahrung.

Eine Familienmutter entdeckt eines Tages, daß sie immer angepaßt gelebt hat. Andere forderten – sie gab. Andere bestimmten – sie gab nach. Eltern, Schwiegereltern, Ehemann, Kinder – alle nahmen sie in Anspruch, und sie erfüllte diese Ansprüche, bis sie nicht mehr konnte. Da endlich lernte sie, nein zu sagen. Sie verschaffte sich selbst Luft zum Atmen und Raum zum Leben. Das kostete Kraft und Nerven, denn die Familie war schockiert. Aber sie hielt es durch. Denn sie wußte: Wer sich verändert, der irritiert seine Umgebung ...

Angepaßt leben – das ist kein Leben! Das Salz kann »dumm« werden, das Licht unter den Scheffel geraten, wenn angepaßte, gleichgeschaltete Christen nicht den Hahnenschrei hören. Die Mahnung des Paulus, den Willen Gottes zu ergründen und mit neuen Sinnen wahrzunehmen, können wir unter das Stichwort »Unbestechlichkeit« rücken. Nicht Macht noch Mode, nicht die Lust am Mitmachen soll die Kirche bestimmen, sondern das im Nachdenken für das Gute, Gott Wohlgefällige und Vollkommene gewonnene Urteil. Und das geht nur, wenn wir »mit Leib und Seele« bei der Sache sind, wie die einleitenden Worte uns nahelegen. Und daß wir nur den Mund nicht zu voll nehmen (Vers 3)! Die Erneuerung des Denkens und die

Umwandlung aller Verhältnisse sind rasch gefordert. Aber dann fühlen wir den Schmerz der Veränderung und merken, daß auch die neue Geburt nicht ohne Wehen vor sich geht. Diesen Schmerz aber mutet uns Paulus zu, weil er zum Wachsen und Reifen des Glaubens gehört.

Ein Zitat als Kompaß:

»In Fremdhörigkeit gerät die Gemeinde, wenn sie statt oder auch neben der Stimme des guten Hirten, dem sie gehört, die Stimme eines Fremden hört, dem sie nicht gehört, dem sie aber, indem sie seine Stimme hört, hörig, zugehörig wird. Das muß nicht sein, das kann aber geschehen, indem sie in der Welt und selber ein Stück Welt ist. Es muß nicht: Denn daß sie im Rahmen der Gewohnheiten, Sitten und Anschauungen der Menschen dieser und dieser Zeiten und Orte erscheint, ihre Sprache spricht, an ihren allgemeinen Beschränkungen und Bestrebungen teilnimmt, sich daselbst freut mit den Fröhlichen und weint mit dem Weinenden, darin ist sie noch nicht fremdhörig. Sie wird es aber, wenn sie sich von dorther prinzipiell bestimmen, festlegen, verpflichten, binden, gefangennehmen läßt. Sie wird immer da fremdhörig, wo sie sich von ihrer Umgebung her … ein Gesetz vorschreiben läßt, das mit dem Gesetz des Evangeliums nicht identisch ist.«
(Karl Barth im Registerband zur Kirchlichen Dogmatik, S. 350/351)

2. Sonntag nach Epiphanias

Predigttext: Römer 12,(4–8)9–16

Martin und Sabine Ost

Theologisch-homiletische Skizze

Der/die Prediger/in eines jeden Sonntags hat hoffentlich vor dem letzten Sonntag schon einen Blick auf die PTO geworfen und darum die Konkretionen für Röm 12,1–3(4–8) nicht aus unserem Text bezogen!

»Ermahnungen« werfen – oft unausgesprochene – Fragen auf:

– *Werden sie gehört?* Als »von außen« kommend werden sie ungern angenommen, sie zu hören wie sie auszusprechen gilt eher als lästige Pflicht (vgl. Kontexte, Barth)

– *Wie konkret sind sie gemeint?* Sind sie traditionell aus dem »Farbkasten« ausgewählt oder auf die »Römer« zugespitzt? Auch, wer zur ersten Annahme neigt, wird in der Predigt versuchen, sie auf Konkretes in der eigenen Gemeinde zu beziehen. Kann dieser Bezug hergestellt werden, so kann man über Ermahnungen wohl predigen – aber von »innen«, als Glied dieser Gemeinde. Wer als FreundIn die andere mahnt, weil ihr nicht nur an sich selbst liegt, wird am ehesten Wirkung erzielen: Jede(r) sieht sich selbst in den Spiegel, statt eine heimliche Abrechnung mit einem/r anderen zu halten.

– *Haben sie einen Zusammenhang?* Am besten hat uns gefallen, was U. Wilckens schreibt (EKK): daß sie zusammengehören wie die Perlen einer Kette, die jede für sich etwas ist und doch kein Ganzes ergibt, wo sie nicht mit anderen zusammengestellt ist.

Die Ermahnungen sprechen teils das Verhalten innerhalb der Gemeinde an, beziehen sich teils aber auch auf den Umgang mit Menschen »draußen«. Die/der PredigerIn wird sich fragen müssen, wie sie/er das Gleichgewicht hält zwischen dem Anliegen, daß die Gemeinde sich nicht absondert von den anderen, und dem, daß sie dennoch eine besondere Gemeinschaft innerhalb der Welt bildet (Röm 12,2).

In Frage steht eine Gemeinschaft, die als Gemeinschaft gewollt und gelebt wird und wo die Frage Kains (Gen 4,9) als Frage des von Gott abgewandten Menschen begriffen ist.

Wir betrachten unsere Gemeinden – auch angesichts des Angriffes auf die »Volkskirche« – und stellen fest: In vielen Dingen sind wir davon (noch/wieder) weit entfernt. Wo können Menschen miteinander weinen und lachen, ohne daß über sie »geredet« wird? Es ist ein Geschenk und eine Gabe, wo solche Gemeinschaft wächst.

Die Fröhlichkeit aus Hoffnung, die Geduld trotz Trübsal, die Beharrlichkeit im Gebet aus Hoffnung trotz aller Trübsal – wo sind sie bei uns zu finden, wo und wie sind sie möglich? Und zwar nicht nur für einzelne, sondern für eine Gemeinschaft als konstitutives Element?

Vorschläge zur Liturgie

Confiteor

Gott, / Du hast uns deine Liebe geschenkt. / Du willst, daß wir sie an andere weitergeben. / Wir aber behalten sie oft genug für uns. / Wir halten unsere Ansichten für allein maßgeblich. / Wir richten uns ein in unserem Leben und scheuen jede Veränderung. / Wir stimmen vorschnell ein in die Klagelieder unserer Zeit. / Wir sind oft ungeduldig und mißmutig und wollen schnelle Antworten. / Wir vertrauen dir zu wenig. / Herr, erbarme dich.

Gebet

Gott, bring uns in Einklang / mit den Worten, die wir sagen, / mit den Worten unseres Glaubens: / Laß Frieden aus uns sprechen, / wenn wir dem Frieden das Wort reden; / laß uns Liebe ausstrahlen, / wenn wir sie anderen empfehlen. / Bewahre uns vor den glattzüngigen Worten, / die nicht abgedeckt sind mit unserem Leben. / Amen.
(nach »Gottesdienst menschlich«, S. 214)

Herr, laß uns dir vertrauen, / obwohl wir uns doch kennen: / Hilf uns, deine Liebe sehen, damit wir Liebe geben, / deine Treue begreifen, damit wir treu sein, / laß uns deine Vergebung erfahren, / damit wir vergeben können. / Schenk uns die Fröhlichkeit, / die aus Vertrauen wächst: / Fröhlichkeit, die andere Menschen anzieht, / den Alltag hell macht, / Fröhlichkeit, die entlastet, / damit eine Gemeinschaft werde, / in der jeder sein kann, der er ist: / Hilf den Männern, ihre Schwäche zu zeigen / stehe den Frauen bei, / ihre Stärken zu finden. // Laß deine Gemeinde ein Ort sein für Traurige / und für die Fröhlichen.

Lesung

Jeremia 31,31–34 (nach »Gute Nachricht«)

Lieder

»Wenn uns das Leben lebendig macht« (Nr. 681) / »Brich mit den Hungrigen dein Brot« (Nr. 711) / »Herr, gib du uns Augen« (Nr. 712) / statt Kyrie: »Hilf, Herr meines Lebens« (Nr. 715) / evtl. noch »Herr, wir bitten: Komm und segne uns« (Nr. 655) und »Herr, gib uns Mut zum Hören« (Nr. 685). (Liederheft für die Gemeinde, München 1983[2])

Predigtentwurf I

Das ist wieder ein Katalog, der schwer zu erfüllen ist. Paulus hat gut reden. In der Gemeinde in Rom mag es ja Menschen gegeben haben, die so leben konnten. Aber wir, hier in dieser Gemeinde? – Ihnen fällt womöglich einiges ein, wo es hier gerade ganz anders zuging, als Paulus schreibt.

Sie denken, die Gemeinde in Rom zur Zeit des Apostels Paulus sei eine ganz besondere Gemeinde gewesen. Und Paulus habe sie gut gekannt. Da könne er schon einmal so etwas schreiben. Das ist weit gefehlt. Die Gemeinde ist ihm nur vom Hörensagen bekannt. Doch Paulus traut den Christen und Christinnen in Rom solch ein liebevolles Verhalten zu, obwohl er sie nicht kennt.

»Die Liebe sei ohne Falsch« (Vers 9): Diese Forderung können wir nicht erfüllen. Aber das erwartet Paulus auch gar nicht. Vorher hat er die Liebe Gottes beschrieben, die unserer Liebe zuvorgekommen ist und die wir nicht verdienen können. Weil die ChristInnen in Rom dieser Liebe Gottes vertrauen, traut Paulus ihnen zu, etwas davon weiterzugeben. – Diese Liebe erschöpft sich nicht in Gefühlen: Sympathie, Gegenliebe, Selbstbestätigung, o.ä. Denn das wäre zumindest ein wenig geheuchelt. Und viele Menschen haben dafür ein feines Gespür.

Herzliche geschwisterliche Liebe und Ehrerbietung (Vers 10): Sie orientiert sich am anderen Menschen. Jede/r ist vor Gott gleich wert und geliebt. Darum gibt es in der Gemeinde keine menschliche Rangfolge (»einfaches Gemeindeglied« oder »PfarrerIn«); sollen wir uns nicht beeindrucken lassen von menschlicher Macht, denn Gott hat andere Maßstäbe. Jesus hat sie uns vorgelebt, siehe Vers 16b.

Dazu gehört die Eintracht (Vers 16a): Unterschiedliche Lebens- und Glaubenserfahrungen können ausgehalten werden in dem gemeinsamen Bemühen, im Glauben und in der Liebe zu wachsen. Dann können auch ernsthafte Konflikte so ausgetragen werden, daß die einen den anderen die Christlichkeit nicht absprechen.

Daraus folgt, daß die ChristInnen nicht träge in Konventionen und Traditionen (»Das war schon immer so!«) verharren, sondern jeder (alt und jung) die Bedürfnisse der anderen wahr- und ernstzunehmen versucht; dann entsteht Dynamik/Spannung in gutem vorwärtsgerichtetem Sinn. Dann geht es nicht ums Durchsetzen von Gruppeninteressen, sondern um die Zukunft der Gemeinde und die Ausstrahlung nach außen.

Denn das Bild der Gemeinde wirkt nach außen, und wir werden scharf beobachtet, ob wir unseren Anspruch der Liebe zu allen Menschen einlösen oder ob es bei uns so zugeht wie sonst auch überall.

Oft sagen ChristInnen: »Der liebe Gott wird's schon richten« und lassen in ihrer Körperhaltung, im Gesichtsausdruck nichts von dieser Hoffnung erkennen. Doch unser Äußeres ist ein Spiegel unserer Seele. Natürlich geht es nicht um ständiges frommes Lächeln. Das wäre auch wieder geheuchelt. Es geht um tiefe innere Freude und Gelassenheit, die manche ChristInnen (trotz schwerem Schicksal) ausstrahlen, so daß man sich unwillkürlich fragt: »Warum ist er/sie so?« Man erkennt einen Menschen, der sein Leben ganz in Gottes Hand legt, der fröhlich ist in Hoffnung, auch wenn es menschlich gesehen nichts zu hoffen gibt, und der geduldig ausharrt in schweren Zeiten. Solch eine Haltung erfordert großen Glauben, den man sich nur im unablässigen Gebet schenken lassen kann.

Gott kann uns zu Menschen machen, die sich wirklich von Herzen mit den Fröhlichen freuen können ohne heimlichen Neid; die das Leid mit den Traurigen teilen, ohne in nichtssagende (auch christliche!) Floskeln zu flüchten.
Echte, ungeheuchelte Liebe hat viele Spielarten. Trauen wir uns und Gott zu, fähig dazu zu werden, so wie Paulus das der Gemeinde in Rom zugetraut hat!

Predigtentwurf II

Es sind die Hoffnungen, die jemand in uns setzt, an denen wir wachsen; es sind die Bilder davon, wie es sein könnte, die uns Mut machen, es immer neu zu versuchen. Daß mir jemand trotz allem Gutes zutraut, das gibt neuen Mut: ein freundliches Wort mitten am Tag, eine Ermutigung ohne besonderen Anlaß, sie helfen aus der Müdigkeit des Alltags heraus: Es macht wieder Freude, zu leben.
Der Apostel Paulus traut der Gemeinde in Rom eine Menge zu, mehr, als wir alle wohl für möglich halten würden. Denn alle seine Ermahnungen wären ja sinnlos, würde er es für unmöglich ansehen, daß Menschen sie erfüllen können. So also kann die Gemeinde sein: voll Liebe und Achtung vor der Würde jedes anderen Menschen. Voll Begeisterung und Tatkraft, voll Frömmigkeit gegen Gott und Gastfreundschaft gegen die Menschen, voller Friedfertigkeit, auch wo sie schwer fällt, fähig, sich vom Leid eines Menschen anrühren zu lassen, fähig aber auch, sich mit einem Menschen zu freuen. Und bei alledem doch bescheiden und eines Sinnes.
Fröhlich, geduldig und beharrlich: in diesem Dreiklang ist alles zusammengefaßt: Wie die Gemeinde sein kann und woher sie die Kraft dazu nimmt.
Vielleicht waren Sie einmal in so einer Gesellschaft zu Gast. Da waren Menschen, bei denen man einfach der sein konnte, der man ist: Ich mußte nicht hinter Fröhlichkeit meine Sorgen verstecken, mußte nicht jedes Wort vorher genau bedenken. Ich mußte nicht irgendein Bild von mir pflegen, nicht fragen, wie dies oder jenes auf die anderen wirkt.
Solch eine Gemeinschaft wirkt entlastend: Ich kann entspannt zuhören und reden. Mehr noch: In solcher Gesellschaft kann ich Dinge aussprechen, die ich sonst nicht einmal meinem Ehepartner sage. Niemand wird sie gegen mich verwenden, niemand brühwarm weitererzählen, was er gehört hat. Einladungen in solche Gemeinschaft sind keine lästige Pflicht, sie sind wie Oasen in der Wüste, wo man auftanken, zu sich und dann auch zum anderen kommen kann. Solch eine fröhliche Gemeinschaft kann eine christliche Gemeinde sein. Sie ist geduldig mit anderen Menschen: will ihn nicht von etwas überzeugen, läßt jedem Zeit, seine Meinung zu ändern oder zu prüfen, und gibt keinen Menschen einfach auf. Sie hält ihn beharrlich in ihrer Mitte und traut ihm immer noch zu, ein anderer zu werden.

Fortsetzung
Wie entsteht eine solche Gemeinschaft? Es ist nicht einfach Anlage, nicht einfach der fröhliche Charakter der Menschen, die eine Gemeinschaft so entlastend fröhlich werden lassen. Auch die Lebensumstände sind es nicht, aus denen Fröhlichkeit wächst. Wir wissen das ja aus eigener Erfahrung: Es kann ein Mensch im Grund alles haben und ist doch unzufrieden und ewig mißmutig.
Die christliche Gemeinde hat eine Hoffnung: Die Hoffnung nämlich, daß Gott sein Versprechen hält. Die Hoffnung, daß Gott sich selbst treu bleibt. Das heißt: Er gibt nicht auf, auch, wenn er Grund dazu hätte. Von seiner Liebe kann uns nichts trennen – noch nicht einmal das Böse, das wir uns oder anderen Menschen anrichten. Am Beispiel der Juden hat Paulus es gezeigt: Menschen greifen im Namen Gottes in die Geschichte ein, meinen, Gott einen Dienst zu tun, und töten ihn dabei, weil sie seine Liebe nicht verstehen. Und doch gibt Gott auch diese Menschen nicht auf – gibt er auch uns nicht auf, obwohl wir ihn so oft umbringen mit unseren Urteilen über Menschen, die wir zu hoffnungslosen Fällen erklären. Das ist die Hoffnung: Wir stehen in Gottes Hand, und niemand kann uns aus dieser Hand reißen.
Auch die bedrückenden Lebensumstände verlieren so ihre letzte Macht: sie können uns das Leben nicht nehmen. So lohnt es sich, auch in den trübseligen Tagen bei ihm zu bleiben. Und wenn wir auch alles falsch gemacht und wenn wir auch uns die Hölle auf Erden angerichtet haben oder andere uns die Hölle auf Erden bereiten – aus seiner Hand können sie uns nicht nehmen.
Auch gegen das Verstummen hilft er uns: Wir dürfen zur Sprache bringen, was wir auf dem Herzen haben. Laßt darin nicht nach: Was Euch bedrückt, was Euch beschäftigt, bringt er zur Sprache: Dann ist es heraus und kann Euer Herz nicht vergiften. Gott hört zu, er wird all der Worte nicht müde. Gott trägt Euch – wer einen Erfolg hat als Grund zur Freude, der nimmt mir nichts weg, läßt den Neid nicht Platz greifen. Und er trägt das Unerträgliche: So wird die Last nicht zu schwer, wenn wir auch noch den Trübsinn anderer Menschen uns aufladen. Mit ihnen dürfen wir uns freuen und mit ihnen dürfen wir weinen und werden doch leben.
Es sind die Hoffnungsbilder, von denen wir leben. Was einer uns zutraut an Gutem, das macht uns Mut. Gott traut uns viel zu an Gutem, jeden Tag neu. Das läßt uns leben.

Kontexte

»›Ermahnen‹ heißt nicht: in ein fremdes Gebiet mit fremden Maßstäben *hinein*reden, sondern: *heraus*reden aus einem bekannten, angenommenen, gemeinsamen Grunde, der die Norm und die Geltung der Ermahnung unausgesprochen schon in sich enthält ... Ermahnen ist nicht das Reden eines Menschen zum anderen, ermahnen ist also nicht erziehen, sondern das Aussprechen der Tatsache einer gemein-

samen Bewegung ... wobei ... eigentlich die bewegte Gemeinschaft das redende Subjekt ist ... Ermahnen kann ich also und ermahnen lassen können sich nur *Brüder*, Mitbewegte, Menschen, die sich mit mir in der gleichen Situation befinden, aus der heraus und für die ich rede.«
(Karl Barth, Römerbrief (1. Aufl.), o.J., o.O., S. 347)

»Auch die Liebe ist also unter uns etwas Besonderes, Charakteristisches: kein sentimentaler Brei von gegenseitiger Schonung und Rücksichtnahme, sondern wiederum eine Form der Sachlichkeit des Christen: der Gehorsam gegen die gemeinsame Pflicht, in welchem wir aufrichtig miteinander verbunden werden. Aufrichtig – das will sagen, daß wir dabei nicht den Menschen dienen wollen, sondern Gott. Denn wenn wir den Menschen dienen wollen, dienen wir heimlich uns selbst.
(Barth, a.a.O., S. 361)

Zu Vers 16: »Wo Götzen angebetet werden, da darf ich nicht dabei sein. Sondern allem gegenüber, was in dieser Welt groß sein will, muß ich den Standpunkt der kleinen Leute einnehmen, mit denen Gott nun einmal anfängt, nicht um ihrer Tugend willen, sondern weil bei ihnen *seiner* Gerechtigkeit nichts oder doch weniger im Wege steht.«
(a.a.O., S. 367)

»Apostolische Ermahnung ist *Paraklese* ... und ist als solche immer das *Zugleich* von Zuspruch und Zurechtweisung, von Trost und Bitte, von Ermutigung und Ermahnung, und zwar so, daß der Zuspruch die Zurechtweisung begründet und ermöglicht. Paraklese ist also heilsame Einweisung in die Heilswirklichkeit (und gerade nicht der heillose Aufruf zur Verwirklichung der Heilsmöglichkeit).«
(Peter Bukowski, zu Eph. 4,1–6 in: GPM 44/4, S. 415)

»Nicht die (abstrakte) Forderung, daß wir ein neues Denken haben sollten ... sondern die konkrete Vorführung eines solchen Denkens ist die Absicht unseres Kapitels. Die Paränese ist nicht eine ›Ermahnung‹, sondern eine Einladung, ein Mutmachen ...«
»Nicht die Tat an sich zählt letztlich, sondern die Qualität der Tat.«
(Adriaan Geense in GPM 68, Heft 11, Nov. 1979, S. 85)

Sprichwörter:
»Liebe macht erfinderisch.«
»Geteilte Freude ist doppelte Freude. Geteiltes Leid ist halbes Leid.«

3. Sonntag nach Epiphanias

Predigttext: Römer 1,(14–15)16–17

Barbara Berg

Theologisch-homiletische Skizze

Welchem Theologen fallen bei diesem Text nicht seine Examina ein! Ach, dieser befrachtete Text mit seiner großen Wirkungsgeschichte! Was soll ich da noch sagen? Mein Mann erinnert mich mit seiner spröden Reaktion nach dem Verlesen des Predigttextes an die Situation eines weniger vorbelasteten Hörers: »Nochmal bitte. Ich hab' nichts mitgekriegt!« Ich tröste: »Der Text mag ja trocken und fremd und langweilig klingen, aber er hatte eine tolle Wirkung bei Luther!« Das weckt bei meinem Mann nur gemäßigtes Interesse. Und es stimmt ja: Schreiben will ich eine Predigt und keine Vorlesung. Ich gehe zurück zum Ursprung.

»Paulus setzte sich mit seinem radikalen Verständnis der Christusbotschaft zwischen alle Stühle! Er war davon überzeugt, daß Gott in der Sendung Christi dem jüdischen Heilsweg der Gesetzesgerechtigkeit ein Ende gesetzt und allen in der Gerechtigkeit allein aus Glauben das Heil eröffnet hat. Die Pharisäer betrachteten ihn als blasphemischen Häretiker, die Urgemeinde in Jerusalem sah ihn, gelinde gesagt, auf einem Irrweg.«

Auch davon zeigt sich mein Mann wenig beeindruckt. Paulus mag er nicht besonders, findet seine Briefe ziemlich unverständlich und langweilig. Was ihn interessiert: »Wieso schämt sich Paulus des Evangeliums nicht? Zeigt sich da eine Emotion? Eine menschliche Regung? Eine Unsicherheit? Zeigt sich hier ein vom Geist Getriebener einige Wimpernschläge lang als zugleich Angefochtener?«

Hinter diesen Fragen steht das Empfinden, daß einer, der sagt: »Ich schäme mich nicht«, zuvor die ausgesprochene oder unausgesprochene Frage wahrgenommen hat: »Schämst du dich nicht?«

Ja, das scheint mir tatsächlich der spannendste Aspekt dieses Predigttextes zu sein: Er wirkt wie ein persönliches Bekenntnis, in trotziger Überzeugung und tiefem Verantwortungsbewußtsein, aber auch menschlich vorgebracht mit der spürbaren inneren Aufregung, die eine Antwort des Lesers herausfordert und erwartet.

Diese subjektive Wahrnehmung soll Aufhänger sein für eine Predigt, die auch die Hintergründe des Textes im Leben des Paulus und die Wirkung des Textes auf Luther aufgreifen möchte. Vielleicht rücken Paulus und Luther so ein Stück näher, wecken Sympathie und dadurch größere Bereitschaft, auf ihre Worte zu hören.

Das eigentliche Ziel der Predigt ist jedoch nicht die Information. Der Schwerpunkt soll auf dem Bekenntnis liegen, das Paulus und Luther im Zusammenhang mit dieser Perikope ablegen. Bei mir löst dies ein Nachdenken darüber aus, wie *ich* meinen Glauben zur Sprache bringen kann – bekennend, d.h. ungeschützt, unvollkommen und angreifbar, auch und gerade als Pfarrerin. Ob ein Versuch ehrlicher Rechenschaft – aus meinem Heute heraus formuliert – einen Impuls geben kann für Überlegungen des Hörers zur Frage: »Was glaube ich? Worauf vertraue ich?«

Die verbreitete Sprachlosigkeit in Glaubensdingen hat vermutlich zu tun mit der Befürchtung, doch nicht »richtig« zu glauben, mit den vorhandenen Glaubensfragmen-

ten im Gespräch nicht standhalten zu können. Und gewiß ist auch Angst vor Spott ein Hemmschuh. Aber spielt nicht vor allem die Ahnung eine entscheidende Rolle, daß jedes Bekenntnis auch ein Versprechen bedeutet, das Konsequenzen hat?
Zwei Sätze dazu, die ich in einem schönen Leitartikel einer theologischen Zeitschrift las: »Wer sagt: ›Ich glaube an Gott‹, kann den falschen Göttern nicht dienen, die in unserer Gesellschaft mit Geld und Gewalt umschrieben werden. Er hat sich entschieden. Er weiß, wem er den Vorrang einräumt. Er ist bereit, sein Leben einzutauschen für das Wichtige, das seinem Glauben einen unaufgebbaren Sinn gibt.« Und nach diesen richtigen, aber zugleich auch wieder – für sich gelesen – gesetzlich klingenden Wahrheiten folgt der ungemein tröstliche kleine Satz: »Letztlich hält Gott die Versprechen, die wir ihm und uns mit dem kleinen Mut, den wir oft so groß ›Glauben‹ nennen, geben.« (CiG 3/37, S. 17)
Das ist für mich ein Satz, der das ›sola fide‹ neu und hilfreich zur Sprache bringt. Mir macht er Mut, über meinen »kleinen Mut« zu reden.

Vorschläge zur Liturgie

Kollektengebet
Vater im Himmel, sei du das Heil, gib, daß wir unsere Armseligkeit hinter uns lassen und, an dich gelehnt, uns hinauswagen, in die unbekannten Meere der Freiheit. (Teilhard de Chardin)

Einladung zum Abendmahl
Jesus Christus, unser Herr, ist gegenwärtig, wenn wir an seinen Tisch treten. Deshalb wollen wir nicht in uns hineinhorchen, ob sich fromme Gefühle einstellen. Verlaßt euch darauf: Er kommt. Wir brauchen uns auch darüber nicht den Kopf zu zerbrechen, wie dies Kommen möglich ist. Verlaßt euch darauf: Nicht unsere klugen Gedanken, sondern seine Liebe macht das möglich.
Wir sollen auch nicht ängstlich fragen, ob wir würdig genug sind. Verlaßt euch darauf, daß er gesagt hat: »Wer zu mir kommt, den werde ich nicht hinausstoßen.« Darum kommt – es ist alles bereit.
(Peter Ganzert)

Liedvorschläge
EKG 189, 239, 242, 245

Predigtvorschlag

Hier schiebt einer das Visier hoch, zeigt Flagge, macht sich angreifbar und verletzlich, denn er bekennt seinen Glauben. Der Apostel Paulus bekennt: Ich schäme mich des Evangeliums nicht. Ich will es euch predigen.
Haben Sie mal erlebt, daß ein Mensch im Gespräch mit Ihnen offen bekennt: »Ich glaube an Jesus Christus?«

Das ist etwas anderes, als zu sagen: »Ich finde das Leben dieses Mannes interessant. Ich sympathisiere mit ihm. Ich halte für wichtig, was er gesagt hat.« Auf solche Sätze können hochinteressante, aber gänzlich unverbindliche Gespräche aufbauen. Nein, ich meine: Haben Sie mal erlebt, daß jemand seine Karten auf den Tisch legt und im Wohnzimmer bekennt: Ich glaube an Jesus Christus?
Da halte ich die Luft an, das Herz schlägt stärker, denn ich bin herausgefordert zu einer Antwort, in der auch ich die Karten auf den Tisch lege. Und ich ahne: Das geht nicht ohne Konsequenzen ab: für die Beziehung zu meinem Gegenüber, für mich selbst und für mein Verhalten!
Ob Paulus auch aufgeregt war in solchen Momenten? Ach, das fände ich sehr sympathisch. Ich habe ein Mißtrauen gegenüber strahlenden Bekennertypen, deren Verletzlichkeit nicht spürbar wird. Das Kreuz erzählt stumm vom Ernst des Bekennens. Auch Paulus hat mit dem Tode bezahlt. Später. Aber doch als Folge dessen, was er in diesen Sätzen an die Römer bekennt.

Zum weiteren Verlauf
1. Viele Jahre seines Lebens war Paulus ein Pharisäer, ein frommer, gelehrter Anhänger der jüdischen Religion, stolz darauf, zum erwählten Volk der Juden zu gehören, stolz auf seine Treue zum Gesetz Gottes.
Dann ereignet sich der Bruch in seiner Biographie: Paulus wird Christ: »Ich ließ mich um alles bringen ...«; »... weil ich von Christus Jesus ergriffen worden bin«, schreibt er im Philipperbrief.
Paulus ist davon überzeugt, daß Gott durch Kreuz und Auferstehung Jesu ein für allemal alles zur Rettung der Welt getan hat. Einen anderen Weg zum Heil gibt es nicht.
2. Zur guten Botschaft gerade dieses Paulustextes im Römerbrief bekannte sich 1500 Jahre später Martin Luther. Er hatte sich als Mönch bemüht, ein gottgefälliges Leben zu führen und diese Worte des Paulus von Herzen gehaßt: Wenn das Evangelium nichts Besseres, Tröstlicheres als Gottes Gerechtigkeit verkünde, dann könne er Gott nicht lieben; fürchten ja, aber nicht lieben. Gott *lieben* lernte er, als er über das Bibelwort nachdachte: ›Der Gerechte wird aus Glauben leben‹.
»Da fing ich an, die Gerechtigkeit Gottes als eine solche Gerechtigkeit zu begreifen, durch die der Gerechte als durch Gottes Geschenk lebt, d.h. also durch Glauben ...
Nun fühlte ich mich ganz und gar neugeboren: Die Tore hatten sich mir aufgetan, ich war in das Paradies selber eingetreten ...«
Wir würden heute sagen: Gott schenkt uns, daß wir vor ihm ›okay‹ sind, wenn wir uns Jesus Christus anvertrauen.
Später fand Luther ein Symbol für seine altneue Botschaft: die Jakobsleiter. Er schrieb: »Der Traum Jakobs ist wahr geworden, Christus steigt vom Himmel herab. der Christ aber steigt hinauf zur Einung mit Gott.«

Vor wenigen Wochen, zur Weihnacht, haben wir gesungen: »Er wird ein Knecht und ich ein Herr; das mag ein Wechsel sein! Wie könnt es doch sein freundlicher, das herze Jesulein. Heut schließt er wieder auf die Tür zum schönen Paradeis; der Cherub steht nicht mehr dafür, Gott sei Lob, Ehr und Preis!«

Und noch ein Vergleich Luthers: Wie in einer Ehe die Güter zwischen Braut und Bräutigam ausgetauscht werden, so erhält der Sünder die Gerechtigkeit Christi, Christus übernimmt dafür die Sünde des Christen.

Berühmt wurde das Bekenntnis Luthers vor dem Kaiser:

»Ich kan nicht anders, hie stehe ich, Gott helff mir. Amen.«

Doch nicht triumphierend, sondern schwer angefochten und ängstlich ist Luther gewesen. Am ersten Verhandlungstag vor Kaiser und Reich war er so eingeschüchtert, daß er kaum zu verstehen war. Als er sich Bedenkzeit für eine Antwort erbat, verspottete ihn der Verhandlungsleiter: Man darf wohl von einem jeden erwarten, daß er zu jeder Zeit imstande ist, eindeutig und unerschrocken seinen Glauben zu bezeugen ...

3. Ärger steigt in mir auf. Einer, der Kaiser und Kirche hinter sich weiß, kann leicht reden. Diese Überheblichkeit reizt mich zum Widerspruch. Ich merke aber, daß mich der Satz tief trifft, verletzt und wütend macht. Ich fühle mich persönlich angesprochen, ja angegriffen: Da sitzt ein wunder Punkt.

Ich möchte ins Gespräch kommen mit Paulus und Luther, die sich öffentlich bekannten, auch unter Einsatz ihres Lebens, getrieben von ihrer Überzeugung und ihrer Verantwortung für andere, auch für uns Heutige.

Die Verletzlichkeit, die ich diesen beiden großen Christen durch die Beschäftigung mit ihnen abspüre, macht mir Mut, jetzt auch von mir zu reden.

Ich bin gerade heimgekehrt von einer Wochenendreise in ein feines Hotel und denke an Träume und Sehnsüchte, die sich mit dieser Nobelherberge verknüpfen: Einmal herrschaftlich residieren, verwöhnt und bedient von allerlei Personal, die Leiter (wenn auch nicht Himmelsleiter) ein paar Stufen hinaufsteigen, dorthin, wo Wohlleben angesagt ist, einmal erhobenen Hauptes am livrierten Cherub bzw. Portier vorbeigehen ...

Wenn ich mir Rechenschaft gebe, woher denn diese Sehnsüchte kommen, die mich in ein paradiesisches Hotel führen, dann muß ich zugeben: Es hat wohl zu tun mit der Angst, daß nichts mehr kommt nach diesem Leben, wenn schon keine Himmelsleiter, dann wenigstens die Leiter zum himmlischen Leben, wenn schon kein Tor zum Paradies, dann wenigstens einmal paradiesisches Ambiente.

Es ist nicht so, daß ich den Sinn meines Lebens in einem Luxusdasein sehe. Im Alltag sind mir ganz andere Dinge lebenswichtig: Begegnungen mit Menschen, gute Gespräche, Zeit für Bücher. Und doch schleicht sich manchmal der Gedanke ein: Dieses und jenes solltest du erlebt haben, bevor du abtreten mußt.

Mir fehlt der Mut, etwas aufs Spiel zu setzen für meinen Glauben. Das Risiko scheue ich. Es will mir nicht schmecken, daß ich die Himmelsleiter, die Luther beschreibt, selber ausprobieren muß, um zu erfahren, ob sie trägt. Wird Christus sie für mich halten, mich halten auf meinem Glaubensweg, wenn ich Vertrauen wage? Werde ich bei Gott ankommen?
Vielleicht würde Luther mich und meine Zweifel verstehen. Schrieb er doch einmal an seinen Freund: Die Glaubensgewißheit ist ein Geschenk, das »meine Kräfte übersteigt«.
Zweifel und Gefährdung seines Glaubens hat auch er gekannt, durchlitten und wieder neu vertrauen gelernt.
Ich möchte nochmals genau auf Paulus hören. Er schreibt: »Die Gerechtigkeit, die vor Gott gilt, kommt aus Glauben.« Könnte es sein, daß er mir sagt, ich müsse keine Opfer bringen und nichts aufs Spiel setzen? Ist vielleicht gerade das seine befreiende Botschaft für mich?
Dann wage ich bei allem Herzklopfen dieses Bekenntnis: Ich glaube, daß Gott mich hält, trägt und hält, festhält, auch am »Schlafittchen« hält, und ich kenne keinen Grund, warum er das tut. Es sei denn um Christi willen, der sich das unbegreiflicherweise wünscht. Staunend kann ich nur ›Danke‹ sagen. Manchmal habe ich Angst, daß das bißchen Glauben nicht ausreicht für ein ganzes Menschenleben. Was wird, wenn dunkle Tage kommen? Dann tut es mir gut, mich an das zu erinnern, was ich irgendwo bei Luther gelesen habe: »Der Gläubige kriecht unter das Kreuz Christi wie Küken unter die Flügel der Henne.« Amen.

Kontexte

Die quälende Sorge, die Luther unablässig umtrieb, faßte er in den kurzen Satz: Wie kriege ich einen gnädigen Gott? Diese Frage scheint unserer heutigen Zeit sehr fern zu liegen, weiß sie doch von Gott nur wenig zu sagen. Begreift man aber, worum es Luther wirklich ging, dann schmilzt der Abstand der Zeit, der uns von ihm trennt, zusammen: Wo liegt überhaupt der Sinn unseres Lebens? Ist am Ende alles Mühen und Streben von uns Menschen vergeblich? Oder gibt es auf diese letzte Frage eine Antwort, die befreiend wirkt und Hoffnung an die Stelle von Ungewißheit und Ratlosigkeit setzt?
(Lohse, E., Übersetzer und Ausleger der Bibel, in: Schultz, H.J., Luther kontrovers, 112, Stuttgart 1983)

An Gott glauben heißt festen Halt haben.
Wir sind keine Übermenschen. Unsere Kraft hat Grenzen. Wir sind verletzlich an Leib und Seele und können uns nicht an uns selber festhalten. Wir glauben aber an Gott und verlassen uns auf eine Macht, die uns hält. /
Unser Leben dauert eine begrenzte Zeit. Am Ende erwartet uns der Tod, denn alles Lebendige geht zugrunde. Wir glauben aber an Gott und stehen auf einem Grund, der uns trägt. /
Wir möchten viel erreichen und bemühen uns, dem Leben Sinn zu geben. Dennoch beherrschen wir unser Schicksal nicht und sehen nicht, was die Zukunft bringt. Wir glauben aber an Gott, an das letzte Ziel unseres Tuns und Leidens. /

An Gott glauben heißt Frieden haben.
Wer an Gott glaubt, ist nicht allein. Er kann mit ihm sprechen und weiß, daß er gehört wird. Er ist geborgen. /
Wer an Gott glaubt, ist frei. Er braucht nichts zu sein, was er nicht ist, nichts zu zeigen, was er nicht hat, und nichts zu leisten, was er nicht kann. Er braucht Tod und Schwachheit nicht zu leugnen. Er ist in der Angst nicht verlassen. Wer an Gott glaubt, kann leben.
(Zink, Röhricht, Was Christen glauben, Gütersloh 1969, 11)

In jeder Eucharistiefeier betet der Priester am Altar einen abgegriffenen Text. Im Friedensgebet heißt es: »Herr Jesus Christus, schau nicht auf unsere Sünden, sondern auf den Glauben deiner Kirche.« Verharmlost kommt das so bei uns an: »Jesus, drück ein Auge bei uns zu und freu dich an den vielen guten Menschen, die es ja trotzdem gibt ...«
Aber es ist ein Mißverständnis, und der Herr ist durchaus nachtragend. Er schaut auf unsere Sünden, und er erinnert uns daran, nicht aus Kleinlichkeit, sondern aus Liebe. Petrus wird dreimal nach seiner Liebe gefragt. Der Ostermorgen ist für den Jünger nicht nur eitel Freude und Sonnenschein, denn die Schatten der Verleugnung sind geblieben. Der Herr geht nicht über unsere Dunkelheiten hinweg. Das Reich Gottes ist kein Land des Lächelns. Der Herr ist nachtragend, »um uns und um unsres Heiles willen«. Denn gerade unser Mißglücktes und Böses liegt ja schwer auf der Strecke, belastet nicht nur das eigene Gewissen, sondern auch die Opfer unseres Versagens. Und die Erlösung kann nur so uns alle erreichen, daß sie nachtragend ist ...
Alles halb so schlimm? Vorwärts? Kopf hoch? Vergeben = vergessen? Nein, lieber Gott, schau dir die Bescherung an und laß nicht zu, daß wir unserer Vergangenheit billig entkommen. Und wenn du uns die Stunde nachträgst, die wir so gern vergessen wollten, dann gib uns die Kraft, alles anzunehmen, was wir doch selber gewesen sind. Du kommst ja nicht zur Hinrichtung, sondern zum Gericht: uns und dein Reich aufzurichten. Maranatha! Bußzeit, ja, aber eben *österliche* Bußzeit!
(Graff, Mein nachtragender Gott, CiG 5/41, 33f.)

Schwermütig glauben
Wenn mir der Glaube zu selbstsicher auftritt, denke ich gern an den heiligen Thomas – (nicht an den von Aquin, sondern an den aus der Bibel): Er ist zwar einer der Apostel, aber nicht, wie man sie sich gern vorstellt. Man nennt ihn den ungläubigen Thomas ...
Wenn es im Himmel, wo ja alles »offenbar wird«, so etwas gäbe wie Wappen, die das eigene Wesen erkennen ließen – er trüge auf ihm gewiß eine Leiter oder eine Treppe zum Emporsteigen. Es sind nicht die Schlechtesten, die den letzten Schritt nicht vor dem ersten tun; die eingedenk bleiben des Vorbereitenden, wenngleich sie sich nicht dabei begnügen. Der heilige Thomas ist, wenn ich ihn recht verstehe, der Heilige der Philosophen – oder, um mich eines weniger belasteten Wortes zu bedienen: derer, die denken. Und es ist ein Jammer, daß darauf in der Regel weder die Heiligen noch die Philosophen Wert legen ...

Ein Bekenntnis Christus – für mich
Ich kann nicht in einer theologischen Sprache über Dich sprechen. /
Ich weiß nicht, was es bedeutet, wenn man sagt, Du seist »wesensgleich mit Gott«. /
Alles, was ich weiß, ist, daß Du mich nicht losläßt – sosehr ich auch versuche, Dir zu entfliehen. /
Ich verleugne Dich – doch ich erkenne, daß Du mich nicht verleugnest. /

Ich vergesse Dich – doch Du erinnerst Dich immer an mich. Ich lasse Dich in der Kirche, damit Du mir nicht folgen kannst – und dann entdecke ich Dich draußen, außerhalb der Kirche.
Häufig wünsche ich mir, Du ließest mich einfach in Ruhe – doch ich weiß, daß ich völlig verloren wäre, wenn Du es wirklich tätest. /
Wenn also das damit gemeint ist, wenn man Dich den Christus nennt, dann bist Du wirklich Christus, der Sohn des lebendigen Gottes, für mich. /

Gebet
Ich machte mich auf den Weg zu dir, doch schon sah ich, du kamst mir entgegen. Ich wollte dir sagen: Ich liebe dich, doch schon hörte ich dich flüstern: Du bist mir lieb. Ich wollte dich um Vergebung bitte, doch ich erfuhr, du hattest mir längst vergeben. Ich wollte dich »Vater« nennen, doch ich hörte dich rufen: »Mein Kind!« Ich verlangte danach, in dir zu leben, doch ich entdeckte, du lebtest in mir. Mein Gott.
Ich werde nie der erste sein. Liegt darin mein Glück verborgen? Du kommst mir immer zuvor, um mir nachzugehen.
(Aus der Zeitschrift »Prier«)

Es ist nicht immer leicht, Christ zu sein
Herr, es ist nicht immer leicht, Christ zu sein. Manchmal komme ich mir ganz seltsam vor, wenn andere über mich lächeln. Oder ich könnte weinen, weil ich ungerecht behandelt werde. Da wird oft mein Glaube sehr klein. Und dann kann ich nur sagen: Herr, ich suche Dich. Dir, mein Gott, will ich vertrauen. /
Herr, ich möchte meinen Weg im Leben finden, glücklich werden und andere glücklich machen. Aber immer wieder ist dieser Weg verbaut, vielleicht verbaut von Dir? Oder ich bin ratlos, weiß nicht, was ich tun soll, und höre: Das mußt du nun doch selber wissen! Es wollen mich manche auf einen Weg drängen, den ich nicht mag. Oft habe ich Angst vor dem nächsten Schritt. Und dann kann ich nur sagen: Herr, ich suche Dich. Dir, mein Gott, will ich vertrauen. /
Herr, ich weiß ziemlich genau, wo mein Leben nicht in Ordnung ist, auch wenn mich andere gut finden. Manchmal werde ich mir selbst zuviel, und es fehlt mir die Kraft zum Leben. Ich möchte alles abladen können, was mich beschwert. Ich möchte frei atmen können. Deswegen kann ich nur sagen: Herr, ich suche Dich. Dir, mein Gott, will ich vertrauen. /
(Gebete aus der Ökumene II)

4. Sonntag nach Epiphanias

Predigttext: 2. Korinther 1,8–11

Ludwig Burgdörfer

Theologisch-homiletische Skizze

Der 2. Korintherbrief darf als eindrucksvolles Barometer der wechselhaften Geschichte zwischen Paulus und seiner Gemeinde gelten. Hier tritt uns die Verflochtenheit von Theologie und Biographie deutlich entgegen. Neben apostolischem Selbstverständnis, also wesentlichen Grundaussagen über Amt und Gemeinde, gewährt uns dieser Brief vor allem in den Kapiteln 10–13 originale Einblicke in das von Betroffenheit und Mühe erfüllte Apostelleben. Dies klingt aber unüberhörbar schon in dem hier vorliegenden zweiten Teil des Proömiums an. Ab Vers 8 das Leit(d)-Thema: persönliche, existentielle Grenz- und Noterfahrung in Kleinasien. Die im Angesicht der Todesgefahr erlebte Hilfe und Rettung führt Paulus zu dem alten Grundbekenntnis seines Volkes: Achtzehnbittengebet: »Gepriesen seist Du, JHWH, der Du die Toten lebendig machst!« (Vgl. Römer 4,17). Erfahrene Rettung, gegenwärtige Hilfe und zukünftige Hoffnung führen zur Gewißheit einer umfassenden Geborgenheit in Gott. Bekenntnis und Biographie bedingen einander. Glaube wird als Erfahrung konkretisiert und zur Sprache gebracht im Bekenntnis. Aus der intimen Not- und Glaubenserfahrung wird das nach außen gewandte Credo mit Anspruch auf Allgemeingültigkeit. Die Todesgefahr des Apostels und seines Gefährten und der überschwengliche, aus dem Glauben kommende und wiederum den Glauben stärkende Dank für die Errettung sind textimmanente Gedanken, die schließlich in Vers 11 in die Betonung der Fürbitte münden. Diese bildet den Brückenschlag zwischen dem in extremer Not befindlichen Apostel und der mit ihm verbundenen Gemeinde. Das Gebet macht aus der Erfahrung des einzelnen eine gemeinschaftstiftende und glaubenerweckende Angelegenheit für die ganze Gemeinde der Korinther. Das Gleichgewicht des lebens- und leidbejahenden Glaubens zwischen Not und Trost, Leid und Lob, Gefahr und Errettung findet Paulus im Vertrauen auf Gottes Hilfe. Und indem er Anteil gibt an beidem und indem die Gemeinde Anteil nimmt an beidem, wird aus dem Credo des einzelnen eine vielstimmige Danksagung. Dies scheint mir auch ein sinnvoller Predigtansatz zu sein. Daß sich jemand unter uns wegen seines Christseins in akute Lebensgefahr begibt, ist (Gott sei Dank) nicht gegeben. Aber extreme Leiderfahrungen gibt es wie eh und je. Und die Erfahrung von Bewahrung ebenso. Die Frage ist nur, wo beides unter uns Christen heute seinen Platz hat. Deshalb thematisiere ich das Gebet, genauer die Fürbitte, angesichts extremer Erfahrungen.

Das, was die Korinther mit Paulus verbindet, ist das Gebet. Was verbindet uns als Gemeinde? Ist der allsonntäglich praktizierte agendarische Umgang mit Gott und miteinander geeignet, Anteil gebend und nehmend Verbundenheit zu erfahren? Diese Frage ist für mich von homiletischer Relevanz.

Angesichts der bevorstehenden Passionszeit, in der wir uns erneut der Sympathie und leidenschaftlichen Liebe Gottes in Jesus Christus vergewissern, ist die Frage des Mit-Leids positiv gestellt. Ermutigung zur konkreten Fürbitte und zum Anteil gebenden Glauben sind demnach die Zielpunkte meines Entwurfes.

Vorschläge zur Liturgie

Biblisches Eingangswort
Psalm 103,1–5

Bekenntnis
Herr, unser Gott,
wir möchten uns vergewissern Deiner vergebenden Liebe.
Das brauchen wir.
So kommen wir zusammen zu diesem Gottesdienst und bringen mit das Gepäck einer ganzen Woche –
Sorge und Last, Freude und Gewinn.
Wir waren gefordert und viel unterwegs.
Geschäftig und getrieben von Arbeit und Pflicht.
Leer und einsam bei aller Betriebsamkeit.
Vieles sind wir schuldig geblieben –
uns selbst, anderen Menschen und auch Dir.
Schenke uns Deine gnädige Zuwendung,
damit wir loslassen können, was uns bedrückt.
Halte uns Deine Liebe hin wie einen warmen Mantel –
und erbarme Dich über uns alle –
Herr, unser Gott.

Eingangsgebet
Herr, unser Gott,
wir sind alle ganz verschiedene Leute hier.
Was uns aber verbindet, das bist Du.
Von Dir erwarten wir etwas heute morgen.
Du allein weißt, was jeder einzelne von uns besonders braucht –
Trost und Ermutigung, erinnert und gerufen werden von Dir,
still werden können und Ruhe finden, beieinander sein und Geborgenheit spüren –
was es auch ist, Du kannst es geben.
Jetzt wollen wir uns von Dir überraschen lassen.
Schenke uns Andacht und Stille, Gemeinschaft und Wärme.
Räume hinweg, was Dein Geben behindert.
Du willst uns alles geben.
Mache es wahr!
Herr, unser Gott.

Schriftlesung
Lukas 11,5–13: Der bittende Freund

Fürbittengebet
Herr, unser Gott,
lehre uns beten – miteinander und füreinander.
Wir brauchen das Gespräch untereinander und mit DIR.
Hab Dank, daß Du einer bist, mit dem man reden kann.
Darum rufen wir zu Dir:

Alle: Herr, erhöre uns!

Was sollten wir anfangen,
wenn wir vor Dir nicht aussprechen könnten, wie uns zumute ist,
was wir empfinden, befürchten;
was uns schmerzt oder freut.
Wir sind dankbar, daß wir nicht stumm bleiben müssen.
Darum rufen wir zu DIR

Alle: Herr, erhöre uns!

Wir kommen zu Dir in der Stille und nehmen uns Zeit für das Zwiegespräch mit DIR. Du kennst uns gut und weißt, wovon wir bewegt und betroffen sind ...

Gebetsstille

Wir rufen zu Dir:

Alle: Herr, erhöre uns

Herr, schenke allen, die heute mit Dir im Gespräch waren und sind,
die getroste Gewißheit, daß ihr Sehnen und Hoffen,
ihr Bitten und Danken nicht ins Leere geht,
sondern gut aufgehoben ist bei DIR.
Darum rufen wir zu DIR:

Alle: Herr, erhöre uns

Segne die Mühen der Mütter und Väter, die ihre ganze Kraft einsetzen,
ihren Kindern den Weg zu ebnen.
Laß sie aber auch Zeit finden füreinander zum Spielen und Reden und gemeinsamen Erleben.
Darum rufen wir zu DIR:

Alle: Herr, erhöre uns

Begleite und behüte unsere jungen Menschen, daß sie die Krisen ihrer Entwicklung unbeschadet durchstehen und das Leben in Verantwortung und Freude annehmen können.
Darum rufen wir zu DIR:

Alle: Herr, erhöre uns

Herr, wir denken mit Sorge an die Zukunft.
Du hast den Menschen die Aufgabe anvertraut, diese Welt zu verwalten.
Statt dessen beuten wir sie aus und zerstören unseren und den Lebensraum unserer Kinder.
Schenke einen wachen Sinn für die Verantwortung, die jeder einzelne von uns hat.
Darum rufen wir zu DIR:

Alle: Herr, erhöre uns

Alle Sorgen um unser Leben, um den Frieden und die Freiheit in der Welt, um unsere Angehörigen – ja, alles, was uns bedrückt, befehlen wir Dir, unserem Vater im Himmel, weil wir wissen, daß nur DU uns geben kannst, was wir zum Leben brauchen.
(nach: Burkhard Heim, Beten im Gottesdienst, Neue Folge, Konstanz '81, Seite 83, in stark veränderter u. erweiterter Fassung)

Gemeinsames Vaterunser

Lieder
EKG 289, 283, 249, 294

Alternativen:

Fürbittenlied (Zu singen nach EKG 333: Der Tag bricht an und zeiget sich)

1. Herr Christ, in deinem Namen nun
laß uns vor Gott Fürbitte tun.
Du selbst hast uns vor Gott gebracht
und uns zum Beten Mut gemacht.

2. Bau deine Kirche in der Welt.
Gib ihr dein Wort, das sie erhält.
Wo sie versagt und sich entzweit,
vergib und schaffe Einigkeit.

3. Erhalte unserm Volk und Staat
den Frieden und die Friedenstat.
Ruf alle Völker dieser Zeit
zur Freiheit und Gerechtigkeit.

4. Wir bitten dich für Haus und Stand,
für Eltern, Kinder, Stadt und Land.
Gib Brot und Arbeit, Maß und Zucht
und jedem Leben seine Frucht.

5. Verlaß nicht, die verlassen sind.
Gib, daß dein Kreuz den Sieg gewinnt.

Wo Menschen leiden Angst und Tod,
hilf jedem, Herr, in seiner Not.

6. Du hast der Schöpfung Schrei gehört.
Damit der Mensch sie nicht zerstört,
erwecke bei uns alt und jung
zu tätiger Verantwortung.

7. Herr, nimm dich unser gnädig an!
Errette uns und jedermann.
Wir alle sind dein Eigentum,
und dir allein gebührt der Ruhm.
(Detlef Block, Wann ist unser Mund voll Lachen? Quell Verlag, Stuttgart 1986, S. 80)

1. Ich bete für den Frieden, ich bete für die Welt. Ich bete für die Müden, die keine Hoffnung hält. Ich bete für die Leisen, für die kein Wort sich regt. Die Wahrheit wird erweisen, daß Gottes Hand sie trägt.
2. Ich hoffe für das Leben, ich hoffe für die Zeit, für die, die nicht erleben, daß Menschlichkeit befreit. Ich hoffe für die Zarten, für die mit dünner Haut, daß sie mit mir erwarten, wie Gott sie unterbaut.
3. Ich singe für die Liebe, ich singe für den Mut, damit auch ich mich übe und meine Hand auch tut, was ein Gewissen spiegelt, was mein Verstand mir sagt, daß unser Wort besiegelt, was unser Herr gewagt.
4. Ich bete für den Glauben, ich glaube für das Recht. Laß, Herr, nur nicht verstauben, was sinnvoll und gerecht. Ich bete für die Kleinen, ich hoffe für ihr Ziel, ich singe, daß ihr Weinen sich wandelt und erfüll.
5. Nun nimm, Herr, unsere Singen in deine gute Hut und füge, was wir bringen, zu Hoffnung und zu Mut. Wir beten für Vertrauen, wir hoffen für den Sinn. Hilf uns, die Welt zu bauen noch mal wie zu Beginn.

Melodie: Die Nacht ist vorgedrungen … EKG 14
(Peter Spangenberg: Mit Gott reden, Gütersloh 1979, S. 10).

Vorschläge zur Predigt

Anfang

(Der Predigttext wird noch nicht verlesen.)
»Not lehrt beten.« Das Sprichwort ist alt. Stimmt es? –
»Da hilft bloß noch beten«, sagen manche, und sie meinen damit wohl, daß ein Punkt erreicht ist, wo jede erdenkliche menschliche Hilfe versagt, angesichts einer niederschmetternden ärztlichen Diagnose, angesichts verfahrener Verhältnisse, angesichts des Zustands dieser Welt. Da kann man sich nur noch betroffen zurückziehen und auf Gott besinnen und im stillen Kämmerlein um Hilfe rufen. Damit aber kommt ein zweites in den Blick:

Not lehrt nicht nur, bis heute, beten, sie macht vor allem auch einsam. Vornehmlich halten wir uns in der Gemeinschaft der Gesunden und Unbeschwerten auf. Wer krank oder bedrückt ist, scheidet schnell aus, wird gemieden. Die Welt, in der wir leben, möchte gern jung, dynamisch, erfolgreich wirken. Wer nicht mehr funktioniert, findet sich schnell im Ghetto der Einsamkeit. Not isoliert. Wer leidet, wird in Quarantäne gesteckt, damit sich niemand infiziert. So scheint Not zwar beten zu lehren, aber immer nur den, der sie hat. Auch der Gottesdienst scheint oft nur der Treffpunkt derer, denen es ausgewogen schlecht und recht geht. Mir ging's nicht gut, ich habe zuviel Kummer! – sagte neulich jemand zu mir und entschuldigte sich so, nicht zum Gottesdienst gekommen zu sein. Wer zur Kirche geht, der muß zumindest nach außen hin in unbedenklichem seelischen Gleichgewicht sein. Lauwarme Diskretion herrscht unter uns vor.
Unter Christen soll und darf das anders sein, meine ich. Wie anders – das können wir an unserem heutigen Predigttext sehen. Ich lese uns jetzt aus dem 2. Korintherbrief, Kapitel 1, die Verse 8–11. Dort schreibt der Apostel Paulus an die Christengemeinde in Korinth folgendes: ...
In diesen Zeilen wird, Sie haben es gehört, Not offen zur Sprache gebracht. Der Apostel Paulus teilt sich seiner Gemeinde in Korinth mit. Er will nicht verschweigen, sagt er, was ihn bedrückt, wie erschöpft, wie verzweifelt er war. In Todesgefahr ist er wegen seines Glaubens geraten. Und in dieser lebensbedrohlichen Lage hat er gewimmert und gezweifelt. Das gibt er zu, das gibt er weiter. Paulus mimt nicht den starken Mann, den nichts umhaut, sondern er gestattet sich und seiner Gemeinde in Korinth, Schwäche zuzulassen. Dadurch verliert er nicht an Glaubwürdigkeit. Dadurch gewinnt er viel dazu. Seine Not hat ihn das Beten gelehrt, und er hat sein ganzes Vertrauen auf Gott gesetzt. Der vom Tod Bedrohte hat Zuflucht gesucht bei dem, der stärker ist als der Tod. In ihm hat er nicht einen hilflosen Helfer angerufen, der selber kapitulieren müßte gegenüber den Mächten des Todes. Und so durfte er die wunderbare Erfahrung machen, daß sein Gottvertrauen ihn durch diese tiefe persönliche Not hindurch getragen und am Ende bewahrt hat.

Zum weiteren Verlauf
In diesem Mittelteil kann je nach persönlicher Schwerpunktsetzung der genuine (schon alttestamentliche) Zusammenhang von Not – Schreien – Rettung entfaltet werden. Es gilt, die im Angesicht von individueller Not gemachte Glaubenserfahrung als Bekenntnis öffentlich zu bezeugen, um Dank und Hoffnung zu vervielfältigen in der Gemeinde. Medium dieser gegenseitigen Anteilgabe und Anteilnahme ist für Paulus eindeutig das Gebet.
»Not lehrt beten« – das sollte auch heißen: Not lehrt füreinander beten.
Die Not des anderen lehrt beten. Dazu müßten wir mehr von einander wissen. Ernsthafte Fürbitte setzt Anteilgabe und Anteilnahme unter uns voraus. Ansonsten beten wir flächendeckend für alles und jeden und für die

ganze Welt. Das ist auch wichtig. Aber wie wichtig und gemeinschaftsstiftend wäre es, für konkrete Anliegen und Nöte in der Gemeinde vor Ort zu beten! Haben Sie schon einmal erlebt, daß Ihnen jemand gesagt hat: Du, ich bete für Dich? – Welche Ermutigung und Stütze das sein kann? – Gerade in Phasen der eigenen Sprach- und Hilflosigkeit?
Die Fürbitte sollte wesentlich mehr Raum in unserem Leben und in unserem Gottesdienst einnehmen. Aufgrund von vielfach erfahrener Hilfe und Bewahrung sich erneut miteinander Gott anzuvertrauen, das ist eine Verbindung, die weit über Mitleid und Sympathie hinausgeht, weil es Band des Friedens und des Glaubens ist, gestiftet und gestärkt von dem Herrn, der selber ein ganz und gar Mit-Teilender und Mit-Leidender ist. Jesus Christus ist die Mitteilung Gottes, durch die alle menschliche Not einen Teilhaber bekommt, der mit- und hindurchträgt. Gleichzeitig hat Gott uns durch ihn zu Teilhabern seiner Gnade und Liebe gemacht. Wer da noch teilnahmslos an sich und seiner Mitwelt vorbeilebt, der leugnet Gottes Anwesenheit und behält sich selbst die Hoffnung vor, die nicht zuschanden werden läßt. Unsere, deine und meine Not sollen uns beten lehren füreinander und miteinander. Erfahrene Hilfe soll uns gegenseitig motivieren zu Lob und Dank und anstiften, unser Vertrauen wieder neu und erst recht auf Gott zu setzen. Als konkrete Schritte dazu schlage ich vor, daß wir regelmäßig beim Fürbittengebet genügend Raum für das persönliche stille Gebet lassen, in dem jeder in Ruhe das vor Gott bringen kann, was ihn in Sorge um andere geliebte Menschen bewegt. Daß wir in Zukunft darüber nachdenken, wie die Gemeinde konkret am Fürbittengebet beteiligt werden kann. Daß wir so voreinander und vor uns selbst und vor Gott gelten lassen und zur Sprache bringen, wie es uns wirklich geht. Nicht nur die Not soll uns beten lehren. Auch die Dankbarkeit und das Vertrauen, die Geborgenheit und die Gemeinschaft, die Gott uns schenkt. Darum schlage ich eine Änderung des alten Sprichwortes vor und sage: Gott lehrt beten – zur Not auch uns – schon heute.

Anmerkungen

1. zur Gestaltung der Fürbitte im Gottesdienst
Verschiedene Impulse neben der Gebetsstille könnten sein:
a) Das Sammeln von Gebetsanliegen auf kleinen Kärtchen innerhalb einer Schweigephase des Gottesdienstes. Pfarrer, Presbyter, Mitarbeiter ordnen und beten, die Gemeinde spricht oder singt dazwischen: Herr, erbarme Dich!
b) Gebetswand in Kirche oder Gemeindehaus, auf der Dank und Bitte die Woche über gesammelt werden.
c) Gebetskreis zur Vorbereitung und Erarbeitung von Fürbittengebeten für den Gottesdienst, möglichst aus jeder Altersstufe.
d) Offene Gebetsgemeinschaft bei Gottesdiensten in kleineren überschaubaren Kreisen.
e) Bewußtes Einbeziehen von Anliegen des Gemeindelebens. Beten für die einzelnen Gruppen und Kreise, für konkrete Probleme der Arbeitswelt vor Ort,

Trauerfamilien nach der Beerdigung noch einmal zum Gottesdienstbesuch einladen und dann namentlich für den Verstorbenen und seine Angehörigen beten.

f) Das persönliche Gebet als originärer Bestandteil jeder Gottesdienstvorbereitung, Annäherung durch Kontemplation als einer aktiven Empfänglichkeit.

2. Erfahrungsbericht

Ein junger Mann aus der Nachbargemeinde stürzt am frühen Morgen vom Dach seines neuerstellten Hauses. In Lebensgefahr schwebend wird er zur Unfallklinik geflogen. Die Eltern sind schockiert. Sie rufen an und bitten mich, mit ihnen zu beten. In ihrer Verzweiflung wissen sie keinen anderen Rat. Einen Besuch in ihrem Haus aber lehnen sie ab. Niemand soll sehen, daß der Pfarrr kommt. Lieber suchen sie mich im Pfarrhaus auf, kommen unerkannt. Ihre extreme Leiderfahrung treibt sie in die totale Isolierung – verstärkt durch die gelähmte Zurückhaltung ihrer ansonsten von dörflicher Nähe geprägten Umgebung. Gebet und Gespräch finden im Pfarrhaus statt. Wir bleiben in Kontakt. Am Sonntag im Fürbittengebet des Gottesdienstes bete ich unter Namensnennung und Angabe näherer Umstände coram publico für den jungen Mann und seine Familie. Die Reaktion der Gemeindeglieder zeigt tiefe Betroffenheit. Die anwesenden Eltern danken am Ende herzlich. Sie werden angesprochen und erfahren Zuspruch. Die offene Fürbitte hat die Isolation und das Schweigen zumindest ein Stück weit aufgebrochen.

Kontexte

»Drei Dinge sind es, für die der Christ am Tage eine feste Zeit für sich allein braucht: die Schriftbetrachtung, das Gebet, die Fürbitte. Alle drei soll er in der täglichen Meditationszeit finden. Es liegt dabei nichts an diesem Wort. Es ist ein altes Wort der Kirche und der Reformation, das wir hier aufnehmen. Man könnte fragen, warum hierfür eine besondere Zeit nötig sei, da wir doch alles in der gemeinsamen Andacht schon haben. Das folgende wird die Antwort darauf geben. Die Meditationszeit dient der persönlichen Schriftbetrachtung, dem persönlichen Gebet und der persönlichen Fürbitte, sonst keinem anderen Zweck. Geistliche Experimente haben hier keinen Raum. Aber für diese drei Dinge muß Zeit da sein, denn Gott selbst fordert sie von uns. Wenn uns die Meditation lange Zeit nichts anders bedeutet als dies eine, daß wir Gott einen schuldigen Dienst leisten, so wäre das genug.«
(Dietrich Bonhoeffer, Gemeinsames Leben, 23. Aufl., Chr. Kaiser Verlag, München 1988.)

»Fürbitte nennen wir das Gebet, mit dem wir vor Gott für andere eintreten. Wir machen ihre Not und Hoffnung zu unserer eigenen. Dieses Gebet für andere kann eine ungemein befreiende Wirkung haben. Es macht unser eigenes Beten weit, es macht uns frei von uns selber und öffnet Türen zu Menschen, die vielleicht lange schon verschlossen waren. Fürbitte gibt aber nicht einfach die Verantwortung an Gott ab. Sie übernimmt zugleich Verantwortung für Menschen und für die Welt. Fürbitte ist leidenschaftlicher Einsatz für einen Menschen oder eine Sache. Deshalb gehört zu ihr auch die Information. Wer fürbittend beten will, muß offene Augen und Hände haben, muß bereit sein, etwas zu tun.
(Aus: Ev. Erwachsenenkatechismus, S. 1255)

»Ein Weizenhalm steht einsam auf dem kahlen Feld. Wie schön, denkt er, kein Ärger mit anderen Leuten. Er merkt gar nicht, wie hohl die Äre bleibt. Der Sturm tobt übers Feld. Der Halm knickt um, liegt tot am Boden. Es gibt kein Brot. Ein Wei-

zenfeld dagegen: wie Brüder und Schwestern dicht beieinander die vielen Halme mit Brot geladenen Ähren. Der Sturm tobt übers Feld. Die Halme stehen und geben sich Halt. Sie bauen einander ein bergendes Haus und drinnen wächst das Brot.«
(Aus: W. Hoffsümmer, Kurzgeschichten, Matthias Grünewald-Verlag, Mainz 1983, S. 120)

»In einer Negerkirche des amerikanischen Mittelwestens ist die Gemeinde versammelt zu einem Bittgottesdienst um Regen. Der Pfarrer spricht: Euer Unglaube, liebe Brüder und Schwestern, ist ein Skandal. Wir haben uns hier versammelt, um Gott zu bitten, er möchte der Trockenheit ein Ende machen und uns Regen schicken. Und was sehe ich? Nicht einer von Euch hat für den Heimweg einen Regenschirm mitgebracht!«
(Aus: Heinz Gerlach, Salz zum Würzen, Verlag L. Gerlach, Marburg 1983, S. 57)

»Das Gebet der Fürbitte schenkt uns den Abstand von uns selbst und von den Dingen, die uns bedrängen. Im Gebet empfangen wir die innere Ruhe zur Einfühlung in einen anderen Menschen, den wir in der Begegnung mit Gott vor uns selbst stellen.«
Walter Wanner

»Das größte, was wir füreinander tun können, ist, daß wir füreinander beten.«
Corrie ten Boom

»Wie ein Schuster einen Schuh macht und ein Schneider einen Rock, also soll ein Christ beten. Eines Christen Handwerk ist das Beten.«
Martin Luther

Letzter Sonntag nach Epiphanias

Predigttext: 2. Korinther 4,6–10

Harald Schroeter

Theologisch-homiletische Skizze

»Solange es christliches Denken gibt, wird Paulus nicht aufhören, dieses Denken vor Fragen zu stellen und es zu Antworten anzutreiben, in denen jeweils das Ganze menschlicher Existenz auf dem Spiele steht. Denn im Geschick des Paulus – und sein Geschick hat sich bei ihm in theologisches Denken umgesetzt – tritt nicht nebensächlich Zufälliges, sondern gültig Typisches vor uns hin. Wer Paulus begegnet, begegnet einer Möglichkeit des Sich-selbst-Verstehens, die es vor Paulus nicht gab, die aber durch Paulus zugänglich geworden ist. In der Begegnung mit ihm kann man lernen, sich selbst zu begegnen, weil Paulus seinerseits ein Mensch war, der in ungewöhnlicher Weise sich selbst begegnete. »Die ganze Menschheit zehrt von einigen Selbstbegegnungen, aber wer begegnet sich selbst? Nur wenige und dann allein« (Gottfried Benn, Probleme der Lyrik). Nun, Paulus war einer von diesen wenigen. Indem er Christus begegnete, geriet er in eine gefährdende und rettende Selbstbegegnung ...« (Christian Dietzfelbinger: Die Berufung des Paulus als Ursprung seiner Theologie. WMANT 58. Neukirchen-Vluyn 1985, VII.)

Ich greife die Exegese Michael Hoffmanns auf und lege den Text als Selbstzeugnis des Paulus von seiner Bekehrung aus in dem Versuch, das Typische daran aufleuchten zu lassen. Daher entscheide ich mich gegen die vorgeschlagenen Lesungen der Verklärung Jesu, obwohl ich mir auch diese unter der Überschrift »Begegnung mit Jesus« für diesen Gottesdienst vorstellen könnte, und wähle den Bericht der Apostelgeschichte über die Bekehrung des Saulus, damit er dann in der Predigt bekannt ist.

Das Typische unseres Predigttextes scheint mir u.a. in der Frage zu liegen, welche Identität ChristInnen haben. Darauf möchte ich mich konzentrieren. Bei Vers 6 entscheide ich mich gegen die Lutherübersetzung für eine intransitivische Übersetzung von *elampsen* und *photismon*, da beide Formen sonst im NT transitivisch nicht belegt sind. So wird auch die Tat Gottes an Paulus als Grund seiner weiteren Ausführungen deutlicher.

Ich verstehe die Paulusbriefe als Dialoge in konkreten Situationen, in die ich die Hörer mit einbeziehen möchte. Dabei kommt mir zugute, daß die Exegese ziemlich viel über das Milieu der korinthischen Gemeinde zu sagen weiß. In der Liturgie akzentuiere ich den dialogischen Charakter mit kurzen Zwischengesängen.

Der letzte Sonntag nach Epiphanias bietet die Gelegenheit, die Symbolik und das Wortfeld Licht als roten Faden des Gottesdienstes zu nutzen. Licht wärmt, gibt Durchblick, läßt die Dinge durchsichtig werden. Licht schafft wohltuende Ordnung. Wenn man entrümpelt, sagt man auch, es muß gelichtet werden. Licht läßt wachsen, nimmt die Angst der Dunkelheit. Licht ist das erste Schöpfungswerk. Der Frühling wird erwartet mit mehr Licht. Licht taucht liturgisch bei der Taufkerze oder in der Osternacht auf. Licht gilt als Sphäre Gottes. Bezüge, die ich aufleuchten lassen möchte.

Die Formulierung Michael Hoffmanns »vom paradoxen Wesen der ›doxa‹ Christi«, die Paulus am eigenen Leibe zu spüren bekommt, reizt mich zu Wortspielen. Aber entgegen seinen hermeneutischen Konsequenzen möchte ich nicht in erster Linie die Zukunftshoffnung thematisieren. Hier schließe ich mich den Einsichten Ulrich H.J. Körtners an, der (in seiner Habilitationsschrift: Weltangst und Weltende. Eine theologische Interpretation der Apokalyptik. Göttingen 1988) dargelegt hat, daß die Theologie der Hoffnung mit ihrem teleologischen Denken in eine Krise gestürzt ist – zumal seit dem Golfkrieg. Im Rekurs auf Paul Tillich stellt er als christliche Lebenshaltung den Mut zur Angst dar. Erst dann kann Hoffnung fruchtbar entfaltet werden.
Der Gottesdienst soll ein Mut-mach-Gottesdienst werden, eine Zu-Mutung. Dazu gehört einerseits die Kränkung unseres immer noch fast ungebrochenen Fortschrittsglaubens, der uns einen »Fort-Sturz« (Erhart Kästner: Aufstand der Dinge. Frankfurt 1979, 165) bringt, weil Ich es nicht wahr haben will, daß Ich, wenn überhaupt, nur sehr wenig im Griff hat. Ich spiele dabei auf die Olympischen Winterspiele 1992 an, wo Rekorden und Medaillen entgegengefiebert wird – eine gesellschaftliche Bestätigung des Höher-Schneller-Weiter –, auch wenn ich diesen damit nur teilweise gerecht werde. Die andere Seite dieser Ich-kränkenden heilsamen Ent-Täuschung verbalisiere ich als Mut zur Lücke, die es erlaubt, der eigenen Grenzen gewahr zu werden, und so – im Verlust des Ich-Wahns – die Welt allererst heilend zu gestalten vermag. So werden auch die kosmologischen Bezüge des Gottesdienstes deutlich.
Zu einem Mut-mach-Gottesdienst gehört das Element der Klage, weil sie Gott das zeigt, was uns bedrückt, und unsere ohnmächtige Hilflosigkeit zur Sprache bringt. Ohne dieses Klageelement wäre der Gottesdienst nur eine Veranstaltung, die daran appelliert, das Leiden auszuhalten. Die Klage lasse ich in den Fürbitten anklingen. Dadurch kann beim Hörer eine gewisse Spannung entstehen, die ich aber nicht auflösen möchte, weil sie inhaltlich zum Gottesdienst gehört: Mut zur Lücke.

Vorschläge zur Liturgie

Eingangslied
EKG Rheinland 418: Licht, das in die Welt gekommen

Introituspsalm
(wenn möglich mit zwei SprecherInnen, Gesänge in F-Dur)
Ps 97,1
Gemeinde: Erd und Himmel sollen singen
Ps 97,2–6
Gemeinde: Erd und Himmel sollen singen
Ps 97,7–9
Gemeinde: EKG 52,8 mit verändertem Text (Melodie: Lobt Gott ihr Christen):

Hier fallen alle Sorgen hin, / zur Lust wird jede Pein; /
es wird erfreuet Herz und Sinn / bei diesem Gott allein.

Ps 97,10–12
Gemeinde: EKG 52,8 (wie oben)
Kommt, laßt uns anbeten: *Gloria Patri*

Sündenbekenntnis
Laßt uns unsere Sünden bekennen im Licht Gottes.
Licht vom Licht, unser Gott,
Du willst uns mit Deinem Licht erwärmen.
Wir aber bleiben cool.
Wir scheuen uns, ans Licht zu treten.
Wir geben unsere dunklen Machenschaften nur ungern auf.
Wir leben nach dem Motto: Nachts sind alle Katzen grau.
So leiden wir an uns und Deiner Welt.
Uns fehlt Dein klarer Durchblick.
Wir verharren in der Undurchsichtigkeit.
Überführe uns durch Deine Klarheit.
Lichte unser Leben.
Erbarme Dich unser: *Kyrie eleison.*

Gnadenzusage (nach Lk 1,78–79):
Die Barmherzigkeit Gottes, die von Herzen kommt,
geht auf über uns, wie das Licht der aufgehenden Sonne,
damit sie erscheine denen,
die sitzen in Finsternis und Schatten des Todes,
und richte unsere Füße auf den Weg des Friedens.
Gloria in excelsis deo.

Lesung: Apg 9,1–9
statt Halleluja: Kanon: Der Himmel geht über allen auf

Kollektengebet
Gott, der Du bist Licht und Heil,
laß uns Dein Licht aufgehen und erwärme uns für Deine Gaben,
auf daß unsere Füße auf den Weg des Friedens gerichtet werden,
durch unseren Herrn Jesus Christus,
der das Licht der Welt ist,
und durch Deinen Heiligen Geist,
der mit Dir und Deinem Sohn Licht und Leben schafft
von Ewigkeit zu Ewigkeit.

Lied vor der Predigt: EKG 218,1–4
Nach der Predigt: EKG 218,5–7
Lied nach den Abkündigungen: EKG 52,1+7–9

Fürbittengebet (in bezug auf die Verse 8–9 des Predigttextes)
(Nach jeder Fürbitte ein »Kyrie« oder »Herr erbarme dich« singen.)
Wir klagen Dir das Leid derjenigen, die ein bedrücktes Herz haben.
Wir bitten Dich für die Traurigen,
schenke ihnen neuen Mut zu leben.

Wir bitten Dich für die Trauernden,
laß sie sich nicht ängsten vor der aufgerissenen Lücke.
Wir rufen zu Dir: Erbarme Dich! *(Gesang)*
Wir klagen Dir das Leid derjenigen, die Angst haben.
Wir bitten Dich für die Depressiven,
laß sie Deine Wärme spüren.
Wir bitten Dich für die Lebensmüden,
laß sie nicht verzagen.
Wir rufen zu Dir: Erbarme Dich! *(Gesang)*
Wir klagen Dir das Leid der Verfolgten.
Wir bitten Dich für die, die unter Verfolgsungswahn leiden,
erreiche Du sie, daß wir sie erreichen können.
Wir bitten Dich für die Asylanten,
daß wir sie nicht verlassen.
Wir rufen zu Dir: Erbarme Dich! *(Gesang)*
Wir klagen Dir das Leid der Unterdrückten.
Wir bitten Dich für die, die vom Krieg der Geschlechter unterdrückt werden,
gib ihnen die Kraft, gegen das Unrecht aufzustehen, das sie erleben.
Wir bitten Dich für die vom Hunger Unterdrückten,
laß sie nicht umkommen.
Wir rufen zu Dir: Erbarme Dich! *(Gesang)*

Segen
Gott mutet uns zu und segnet uns:
Mache dich auf, werde licht; denn dein Licht kommt,
und die Herrlichkeit des Herrn geht auf über dir!
Gesang: Kanon: Der Himmel geht über allen auf.
Es segne und behüte uns
Gott, der uns mit seinem Licht wärmt,
Jesus Christus, der uns unseren Weg ausleuchtet,
und der Heilige Geist, der unser Leben lichtet.
Gehet hin im Frieden.

Vorschläge zur Predigt

Möglicher Predigtanfang
Liebe Gemeinde! Wir haben in der Lesung die Geschichte von der Begegnung des Paulus mit dem auferstandenen Christus gehört. Diese Begegnung hatte Paulus aus der Bahn geworfen. Sie hat seinem Leben eine fundamentale Richtungsänderung gegeben. Aus dem Verfolger der Christen, aus dem Verfolger Christi wurde ein Verfechter Christi, einer, der mit Haut und Haaren dafür lebte, daß Menschen die frohe Botschaft des Lebens bekannt gemacht wurde.

So reiste er durch fast das gesamte Römische Reich und gründete in vielen Städten christliche Gemeinden. Auch in Korinth, der griechischen Hafenstadt am Peloponnes, eine der damaligen Weltstädte, hatte er eine Gemeinde gegründet. Dort war es sehr schnell zur Krise gekommen. Es waren nämlich andere Christen dort aufgetaucht, die der jungen Gemeinde ein anderes Christentum predigten, als Paulus es getan hatte. Sie bestritten, daß Paulus ein Apostel ist. Sie stellten sich mit Wundertaten und machtvollem Gehabe selber in den Vordergrund. Sie priesen ihre Visionen mit Gott oder Jesus an und betrachteten diese als Ausweis ihres Christseins. Dagegen hatte Paulus schlechte Karten. Er war weder ein guter Redner noch hatte er Wunder anzubieten. Zudem war er wahrscheinlich von epileptischen Anfällen geplagt. So griffen diese anderen Christen Paulus auch persönlich an und sagten ungefähr folgendes: »Von solch einem Schwächling laßt ihr euch das Christsein beibringen? Das ist doch lächerlich. Hat Gott in der Auferstehung Jesu nicht gezeigt, daß er der Herr der Welt ist? Gott will starke Christen, Gott will große und machtvolle Taten, Gott schenkt herrliche Visionen ohne Ende, da ist man dann ganz unmittelbar zu Gott. Seht doch her, wie wir Wunder tun können, alles durch die Kraft Gottes. Das ist doch ganz einfach. Ihr müßt nur tun, was wir sagen, dann kriegt ihr das auch hin.«
Als Paulus von diesen Entwicklungen in Korinth erfährt, befindet er sich gerade weit weg in Ephesus, in der heutigen Türkei. So bleibt ihm nichts anderes übrig, als einen Offenen Brief nach Korinth zu schreiben, in dem er darlegt, daß er ein Apostel ist und wie er Christsein versteht. Er spricht aber kein Machtwort, sondern ein Ohnmachtswort. Wir hören einen Abschnitt aus diesem Offenen Brief, 2. Ko 4,6–10:
»Denn Gott, der sprach: ›Aus Finsternis leuchte Licht auf‹, der leuchtete in unseren Herzen auf, daß die Erkenntnis der Herrlichkeit Gottes im Angesicht Jesu Christi erstrahlte. (Vers 7–10 nach gängigen Übersetzungen).«

Zum weiteren Verlauf

1. Paulus geht ein Licht auf

Ist das nicht eine Zumutung, wie Paulus hier sein Christsein beschreibt? Ist Paulus etwa ein Superchrist oder gar ein Masoch(r)ist, der die Leiden und Nöte einfach so wegsteckt? Hat Paulus hier einen Weltrekord im Christsein aufgestellt, dem wir nun nacheifern sollen? »Bin ich Mose? Kann ich Wasser teilen?«, so habe ich es einmal als rhetorische Gegenfrage auf eine Überforderung gehört. Also: Bin ich Paulus? Soll ich so Leiden ertragen können?
Das waren Fragen, die sich mir beim ersten Hören des Predigttextes einstellten. Aber Paulus verneint diese Fragen. Genau diese Fragen will er widerlegen. Er widerspricht dem Lebensmotto seiner Gegner, dem Schneller–Höher–Weiter. Er zeigt gerade nicht den Weg auf, wie man Goldmedaillen für christliche Lebensführung erlangen kann. Denn alles dies sind

Fragen, die davon ausgehen, daß wir etwas erreichen müßten in unserem Christsein. Aber – darauf kommt es Paulus entscheidend an – ChristInnen müssen nichts erreichen müssen, denn Gott hat sie erreicht. Dieses Licht ging Paulus in seiner Begegnung mit Jesus vor Damaskus auf, als ihn plötzlich ein Licht vom Himmel umleuchtete. Auf diese Begegnung bezieht er sich in unserem Text: Mir ging damals in Damaskus dieses Licht auf. Das habe ich mir nicht selber aufgesteckt: »Denn Gott, der sprach: ›Aus Finsternis leuchte Licht auf‹, der leuchtete in unseren Herzen auf.« Dieser Gott, der ihm da aufging, war nicht irgendein Gott, auch nicht der Gott, den er sich vorgestellt hatte, sondern ein ganz bestimmter: Im Angesicht Jesu Christi erstrahlt diese Erkenntnis der Herrlichkeit Gottes. Das hat er gesehen. Gott hat ihn in Jesus Christus erreicht. Jetzt muß er nichts mehr erreichen müssen. Die Begegnung mit Jesus, die sein Leben umkehrte, ist etwas so Neues wie die Erschaffung der Welt in der Schöpfungsgeschichte. Die Begegnung mit Jesus ist kein Privatissimum, sondern ebenso weltbewegend wie die Schöpfungstat Gottes: Erd und Himmel sollen singen! Ist das nicht herrlich?

2. Das Leben des Paulus ist para-dox

Ja, das ist herrlich, aber anders, als die Gegner des Paulus in Korinth dies wahr-nehmen und wahr haben wollen. Das Leben des Paulus ist nicht in dem Sinne herrlich, daß er nun plötzlich ein starker Christ wäre und Wunder vollbringen könnte. Sein Leben ist nicht dox, sondern paradox. Es scheint der Herrlichkeit Gottes zu widersprechen. Diesen Schatz hat er nicht als glitzerndes Gold in Reinkultur, sondern in zerbrechlichen Ton-Gefäßen. Warum? Damit klar wird, daß Gott durch ihn tönt und leuchtet. Damit klar wird, daß das, was er tut, Gottes Werk ist. Das Ich ist nicht Herr im eigenen Haus (Sigmund Freud). Gott hat mich erreicht. Gott passiert mir/mich. Das ist eine befreiende Zu-Mutung. Das befreit mich von dem Wahn, Ich müsse alles im Griff haben. Das mutet mir zu, das Leben realistisch zu sehen – ohne Vertröstungen auf irgendwelche Jenseits. Das macht mir Mut, meine vor- und verstellenden Projektionen aufzugeben.

3. Mut zur Lücke

Zwischen dem, was Paulus erlebt – Trübsal, Angst, Verfolgung, Unterdrückung – und der verheißenen Herrlichkeit Gottes klafft eine Lücke. Zu dieser Lücke macht Paulus Mut. Diese Zumutung läßt ihn die Welt realistisch wahr-nehmen und leben. Das ist keine Vertröstung, sondern der Grund fragmentarischer Weltgestaltung. Im Mut zur Lücke wirkt Gottes überschwengliche Kraft. Sie läßt uns teilhaben an den Leiden dieser Welt. Wir existieren sym-pathisch in der Welt. Wir heben nicht ab. Auf dem Boden der Tatsachen wirkt Gottes Kraft durch uns zur Veränderung von Unrechtsstrukturen. Die befreiende Zumutung Gottes hat also zwei Seiten: Sie läßt uns einerseits unsere Grenzen akzeptieren und fröhlich leben.

Ich muß nicht mehr alles wollen (müssen). Sie läßt uns andererseits in dieser Welt heilend handeln, auf daß das Leben Jesu an uns offenbar werde. (Zur heilenden Dimension unseres Textes vgl. Erhard Domay: 2. Kor 4,6–10; Gottesdienstpraxis 1985 Band 1, 99–100)

Möglicher Schluß
Ich bin mit dieser Erkenntnis des Paulus nicht fertig. Aus dieser Erkenntnis lassen sich keine eindeutigen Lebensanweisungen ableiten. Diese Erkenntnis habe ich nicht im Griff, so daß sie automatisch funktioniert. Aber diese Erkenntnis macht mir Mut, fröhlich zu leben mit dem und in dem, was vorhanden ist. Ich wünsche uns, daß uns das Licht dieser befreienden Zumutung immer wieder neu aufgeht, daß es uns wärmt und tröstet, so daß heilendes Handeln – lückenhaft, aber deutlich – aufstrahlen kann.
Zum Schluß wiederhole ich die Gnadenzusage (s.o.).

Was ich mir auch noch vorstellen könnte zu predigen

1. Wenn die homiletische Großwetterlage oder die Gemeindesituation vor Ort von Krisen geprägt ist, auf die ich eingehen möchte, so könnte ich auch über die Struktur des Umgangs mit Krisen unter Christen sprechen. Große Teile des Neuen Testaments sind Krisenschriften, wie auch unsere Stelle. Ich würde versuchen, deutlich zu machen, daß das Christentum von Anfang an von Krisen begleitet war. Hier würde die Zwei- oder Mehrdeutigkeit sowohl der Krise als auch des Christusgeschehens (Schatz in irdenen Gefäßen) eine größere Rolle spielen. Es müßte der Machtkonflikt, der in der korinthischen Gemeinde aufgebrochen ist, näher entfaltet werden. Ich würde die paulinische Streitkultur in ihrer ohnmächtig-machtvollen Struktur gegenwartstransparent darzustellen versuchen.
2. Wenn im Gottesdienst eine Taufe gefeiert wird, würde ich die Taufe parallelisieren zur Begegnung des Paulus mit Jesus, denn hier passiert die Zusage Gottes extra nos. Auch einige Passagen zur Tauferinnerung sind vorstellbar. Dabei bietet sich an, auf die mittlerweile auch in evangelischen Kirchen bekannte Taufkerze einzugehen, weil uns in der Taufe dieses Licht aufgeht. Vielleicht entschließe ich mich dazu, jedem, der noch keine Taufkerze hat oder noch eine will, nach oder im Gottesdienst eine Kerze zu schenken.
3. Schließlich würde ich vielleicht eines der vier Gegensatzpaare der Verse 8–9 näher entfalten, wobei der sozialethische Impuls nicht zu kurz kommen sollte.

Kontexte

In mir ist es finster, aber bei Dir ist das Licht;
ich bin einsam, aber Du verläßt mich nicht;
ich bin kleinmütig, aber bei Dir ist die Hilfe;

ich bin unruhig, aber bei Dir ist der Friede;
in mir ist Bitterkeit, aber bei Dir ist die Geduld;
ich verstehe Deine Wege nicht, aber Du weißt den Weg für mich.
(Dietrich Bonhoeffer, © Chr. Kaiser Verlag, München)

Wer heilen will, kann also nicht Macht ausüben, sein einziges Mittel ist der Verzicht auf Macht, ist Ohnmacht: das Beste an den Helfern ist ihre Hilflosigkeit. In ihr gründet nämlich »auctoritas«, der Heilung gegenüber bloß imponierender »potestas«.
(Bernd Beuscher: Keine Zukunft für Illusionen. Heilsame Enttäuschungen in Theologie und Psychoanalyse. Marburg 1987, 27)

Das Leben will nicht heilen. Die negative therapeutische Reaktion ist für es grundlegend. Die Heilung, was ist das überhaupt? Die Verwirklichung des Subjekts durch ein Sprechen, das von woanders kommt und es durchquert.
(Jacques Lacan: Das Ich in der Theorie Freuds und in der Psychoanalyse. Olten / Freiburg 1980, 296)

Das eigentümlich Christliche scheint mir nun darin zu liegen, davor zu bewahren, die prinzipielle Fragmentarität von Ich-Identität zu leugnen oder zu verdrängen. Glauben hieße dann, als Fragment zu leben und leben zu können.
(Henning Luther: Identität und Fragment – Praktisch-theologische Überlegungen zur Unabschließbarkeit von Bildungsprozessen. ThPr 20/1985, 329)

Septuagesimae

Predigttext: 1. Korinther 9,24–27

Michael Schwekendiek

Theologisch-homiletische Skizze

Mac Donald's, der amerikanische Hackfleischbrötchen-Hersteller, hat uns manches voraus: die Unternehmensphilosophie, das Unternehmensziel ist kurz, knapp und klar formuliert. Es wird jedem Mitarbeiter ausgehändigt und ist, in Bronze oder Messing gegossen, in vielen Filialen nachzulesen. So stärkt man, um einen viel zitierten Begriff aus dem amerikanischen Management zu übernehmen, die Corporate Identity. Das ist nichts anderes als die strategisch geplante und entsprechend eingesetzte Selbstdarstellung und Verhaltensweise eines Unternehmens. Grundsätzlich gehört dazu die Unternehmensphilosophie und die Zielsetzung sowie ein fest definiertes (Soll-)Image.
Jahrelang haben hochkarätige Manager aus dem Bereich der Wirtschaft deshalb mit Neid auf Kirche oder diakonische Einrichtungen geblickt, weil diese ihrer Meinung nach keine Probleme mit der Corporate Identity hätten: »Unternehmensphilosophie«, Zielsetzung und (Soll-)Image seien hier klar. Schön wär's!
Die Wirklichkeit in unseren Gemeinden oder diakonischen Einrichtungen überholt uns fast täglich. Wissen wir überhaupt noch von einem Ziel? Oder plätschern wir vor allem volkskirchlich dahin? Von »Wettkampf und Verzicht« (Vers 24 f.), die Paulus anspricht, ganz zu schweigen. »Christentum zu herabgesetzten Preisen«, hat das einmal jemand genannt, wo jeder meint, nach »seiner Fasson« selig werden zu können, und wo (»man kann auch ohne Kirche glauben!«) Christentum offensichtlich mit der Muttermilch zu bekommen ist. Hier soll keiner neuen Gesetzlichkeit das Wort geredet werden, schon gar nicht liegt mir daran, gegen die von mir (trotz allem) sehr geschätzte Volkskirche zu Felde zu ziehen, die Frage ist jedoch, ob wir unsere Chancen tatsächlich nutzen.
Im Predigttext, das hat die Exegese von Jens-W. Taeger einmal mehr deutlich gezeigt (s. Bd. II/4), geht es vor allem um das Ziel, um den »unvergänglichen Kranz«. Nicht der – ohnehin nicht besonders glücklich gewählte – Vergleich eines Wettlaufs ist entscheidend (es geht nicht darum, »Erster« zu werden!), der Text legt auch keine Predigt über monastische Enthaltsamkeit nahe, und daß Vers 27 der Problemvers für Pastoren ist, »*die* furchtbare Gefahr für alle Prediger, ihrer eigenen Botschaft ins Gesicht zu schlagen« (H.-D. Wendland, NTD 7, Göttingen 1972, z.St.), sehe ich auch nicht ganz so dramatisch. Die Aufforderung des Paulus an die Korinther (1. Kor 4,16), seine Nachfolger zu werden, kann sicherlich nicht jede Predigerin, jeder Prediger ebenso an seine Gemeinde weitergeben. Das ist nicht zuletzt auch deshalb unerheblich, weil es in diesem Text vor allem um das Ziel als solches geht, um ein zielbewußtes Leben.
Wie aber steht es mit unserem Ziel?
Ich habe große Schwierigkeiten bei der Formulierung eines solchen Zieles gehabt. Es mag daran liegen, daß wir sicherlich auch schon Probleme mit zuviel Zielstrebigkeit hatten, und Mac Donald's ist durchaus nicht mein Vorbild – aber trotzdem: Paulus geht es um *das* Ziel, den »unvergänglichen Kranz«, also um »ewiges Leben«.

Dieser »unvergängliche Kranz« ist in den Predigten zu diesem Text oft zu einem reichlich dürren und abstrakten Gebinde geworden: »Lohn eines erfüllten Lebens in der Christus-Nachfolge« (Wischmann), »die Heimat, die Jesus Christus uns in Gottes Vaterhaus bereitet hat« (Köberle), »Christus will in unserem Leben Raum gewinnen« (H. Pfeifer). Alles sicherlich keine verkehrten, aber doch sehr chiffrehaften Formulierungen. Worthülsen.
Ich möchte Predigerinnen oder Prediger ermutigen, aufgrund und anhand dieses Textes ein eigenes Ziel zu formulieren: Was will ich mit »meiner« Gemeinde? Dafür mag es bei der Predigtvorbereitung vielleicht zu spät sein (so wichtig dieses auch für die Predigt selbst wäre!), und ohnehin empfiehlt sich wohl eher eine Gemeindegruppe zur Klärung dieser Frage, aber jene »Corporate Identity« neu zu definieren wird für jede Gemeinde immens wichtig sein.
Was ich schließlich anhand dieses Textes selbst formuliert habe, ist mit Sicherheit noch zu abstrakt und wohl auch noch viel zu sehr Chiffre: »Ich möchte mit meiner Gemeinde erfahren, daß Christsein erfülltes Leben bringt, auch wenn es Verzicht bedeuten kann. Dabei weiß ich, daß *die* Erfüllung noch aussteht.« Anderen gelingt hoffentlich eine bessere, griffigere Formulierung, die vor allem in die konkrete Situation ihrer Gemeinde paßt, und nicht zuletzt eine entsprechende Umsetzung.

Vorschläge zur Liturgie

Eingangsgebet
Herr, wohin sollen wir gehen?
Du hast Worte des ewigen Lebens. Und darum bitten wir dich:
Schicke uns eine Auferstehung, wenn uns alles wie tot erscheint.
Schicke uns ein Licht, wenn die Nacht zu lang wird.
Schicke uns den Frühling, wenn die kalte und froststarre Zeit nicht enden will.
Schicke uns neue Ideen, wenn unser Geist wie ausgeleert ist.
Schicke uns Freunde, wenn wir allein sind.
Schicke uns Frieden, wenn wir voller Angst und Schrecken sind.
Schicke uns Zukunft, wenn alles hoffnungslos ist.
Schicke uns deine Auferstehung, wenn wir sterben müssen. Amen.
(Nach Herbert F. Brokering, »Wir sind aufeinander angewiesen«, Gütersloh 1975, S. 76)

Fürbittengebet
Wir suchen dich, Gott. Wir brauchen deine Zukunft und deine Hilfe. Für uns und andere bitten wir:
Herr, erbarme dich.
Wir sind oft so bequem geworden, so ohne Engagement für unsere Kirche und für deine Sache. Gib uns Mut, neu anzufangen. Wir bitten dich:
Herr, erbarme dich.
Die Güter der Erde sind ungleich verteilt. Gib uns Mut zum Verzicht und Geduld im Bemühen um einen gerechten Ausgleich. Wir bitten dich:
Herr, erbarme dich.

Es gibt so viele, die nichts oder nicht genug von dir wissen. Gib uns Mut, ihnen durch Wort und Tat deine Botschaft nahezubringen. Wir bitten dich:
Herr, erbarme dich.
Sorgen und Ängste lähmen unsere Kraft. Gib uns Mut, daß wir uns auf dein Wort verlassen und tun, was nötig und was möglich ist. Wir bitten dich:
Herr, erbarme dich.
Du willst uns helfen, Herr, unser Gott. Du selbst willst unser Ziel sein; wir vertrauen dir durch Jesus, unseren Bruder. Amen.
(Nach: Christian Zippert, »Neue Gottesdienstgebete«, Gütersloh 1981, S. 110)

Lesungen
1. Petr 1,3–9; Matth 20,1–16a; Joh 14,1–6; Ps 39,5–8.

Lieder
EKG 52,1–4 und 7; 242; 249; 274; Beiheft zum EKG Ausg. Niedersachsen, Nr. 684 »Du bist, Herr, mein Licht und meine Freiheit«.

Eingangsvotum
Hebr 2,1: »Wir sollen achthaben auf das Wort, damit wir nicht am Ziel vorbeitreiben.«

Zur Predigt

Möglicher Anfang
Wahrscheinlich kennen Sie Hermann Nortmann nicht. Dabei ist er immerhin Olympiasieger. Seoul 1988; bei den Para-Olympics, den olympischen Spielen der Behinderten. Hermann Nortmann ist querschnittsgelähmt, »Schadensklasse 2«; gelähmt ab dem 4. Brustwirbel. Vor 15 Jahren hatte er einen Motorradunfall. Mühsam humpelte er mit einer Krankenschwester zum Röntgentisch des Krankenhauses, in das man ihn eingeliefert hatte. Anschließend konnte er nicht mehr aufstehen. Nach einer Woche kam der Arzt mit Röntgenbildern, um lapidar zu erklären: »Das ist klar, Sie werden Ihr Leben im Rollstuhl verbringen müssen. Ihre Wirbelsäule ist gebrochen.« Für seinen Patienten bricht eine Welt zusammen. Querschnittsgelähmt! Tagelang läßt er keinen Menschen an sich heran, grübelt, denkt, weint. Dann sieht er vom Fenster aus eine Gruppe junger Rollstuhlfahrer beim Basketballspiel. Er ist fasziniert von der Geschicklichkeit, redet mit ihnen und erzählt später selbst: »Ab da fing ich an, mir Ziele zu setzen.« Sein Lebensmut kehrte zurück.

Zum weiteren Verlauf
Wir brauchen Ziele für unser Leben!
(Hierfür läßt sich eine Fülle von Beispielen finden: Jugendgruppen, die eine gemeinsame Fahrt planen; Ehepaare, die gemeinsam ein Haus bauen:

Sterbende, die unbedingt noch wieder nach Hause wollen; jemand, der ein Studium auf dem zweiten Bildungsweg anstrebt, usw., usw.)
Ziellosigkeit ist lähmend, und nicht selten bricht etwas zusammen, wenn ein Ziel erreicht ist und kein neues an diese Stelle tritt.
Hier geht es nicht um »blinde Zielstrebigkeit«, um »immer höher, besser, weiter«. Auch Hermann Nortmann ist es keinesfalls vor allem darum gegangen, Olympiasieger bei den Para-Olympics zu werden, es ging ihm um sein Leben.
Um ein Ziel zu erreichen, muß ich fast immer auch den Verzicht lernen. Das gilt für den Spitzensportler, für das Ehepaar, das ein Haus baut, das gilt für die Erziehung und das Leben mit meinen Kindern.
Mein Ziel, so meint der Apostel Paulus, ist noch mehr als das, mehr als alles hier Erreichbare. Mein Ziel ist unvergänglich, ist ewiges Leben. Auf dieses Ziel hin lebt er. Er nimmt in Kauf, daß man ihn verlacht, daß man ihn tagelang ins Gefängnis sperrt, er verzichtet auf ein angenehmes, bequemes Leben. Statt dessen ist er unterwegs, um die Sache Jesu Christi weiterzutragen. Er will Vorbild für andere sein, ein Beispiel, dem sie nacheifern, will Anstoß sein und auch Anstoß erregen – und immer nur das eine Ziel im Auge: »Ich laufe nicht ins Ungewisse«.
Ein Ziel, vielleicht sogar noch ein gemeinsames Ziel, kann viel bewirken. Es kann Menschen faszinieren, sie aufrütteln, in Bewegung setzen, es kann sie motivieren, an dieser Sache mitzumachen. Manager amerikanischer und japanischer Großfirmen haben das längst erkannt: Ihr Unternehmen braucht ein solches Ziel, eine Unternehmensphilosophie, ein äußeres und inneres Erscheinungsbild, das möglichst von allen Mitarbeitern mitgetragen wird und mit dem diese sich identifizieren.
Haben wir solch ein Ziel? Wir als Kirche, wir als evangelische Gemeinde hier vor Ort? Ein gemeinsames Ziel, für das es sich lohnt einzutreten, ein Ziel, das uns fasziniert, das uns in Bewegung setzt ...?
Vielleicht sind Sie in der glücklichen Lage, ein solches Ziel zu haben, ein Ziel, das Gemeinde in Bewegung gesetzt hat. Dann schildern Sie es! Ermutigen Sie duch positive Nachrichten! Dabei wird wahrscheinlich deutlich werden, daß es zum einen nicht ohne Verzicht geht und wir zum anderen »in diesem Leben« sicherlich nicht die »totale Erfüllung« erwarten dürfen. – Andererseits: nicht jedes noch so gut formulierte Ziel bringt gleich die Massen in Bewegung – das war auch bei Paulus nicht so!!
Oder machen Sie auch ganz andere Erfahrungen? Daß Menschen zwar allen möglichen Zielen nachjagen, aber nicht mehr nach dem Ziel ihres Lebens fragen?! Wir haben uns irgendwie eingerichtet in unserer Volkskirche, die keinem wehtut, aber auch nur noch wenige auf die Beine bringt. Wir verzichten nicht gerne, wiewohl das vielleicht gerade uns Christen gut anstünde, und müssen uns fragen lassen, ob wir als Gemeinde noch faszinierend genug sind. So faszinierend, daß andere dazu gehören möchten, sich ein Beispiel an uns nehmen oder zumindestens nachfragen.

Möglicher Schluß

Es geht nicht darum, die anderen hinter sich zu lassen. Christen müssen nicht besser sein als andere, nicht fröhlicher und nicht »erlöster aussehen«. (Nietzsche)

Es geht darum, andere mit hineinzunehmen in unsere Gemeinden, in unser Christsein und sie erfahren zu lassen: Das ist eine Sache, die für mein Leben unendlich wichtig ist. Gott schenkt erfülltes Leben auch ohne die Erfüllung aller Wünsche. Erfülltes Leben in aller Gemeinschaft und Gemeinsamkeit, die wir erfahren dürfen, im Verzicht um des anderen willen, im Vertrauen darauf, daß er, Gott, mein Leben in der Hand hat. Er wird es auch festhalten.

Konkretionen

(Den in der Predigt verwendeten Bericht von Hermann Nortmann habe ich dem Bericht über ein medizinisches Symposium entnommen: Die Wirbelsäule – Versuch einer ganzheitlichen Sichtweise, hg. von V. Eissing und B. Kleinhaus, Papenburg, 1990).

»Am Ende der Predigt bringt der Prediger sich selbst zum Schweigen. Aber die letzten Worte müssen positiv klingen. Die Predigt mit einer konzentrierten Fassung des Evangeliums oder der Paränese zu schließen, ist schwer. Beinahe unmöglich scheint der Abschluß mit dem Gesetz ... So wie in der Christologie die Auferweckung Jesu sein Kreuz als Heilsereignis qualifiziert, so umfängt in der Eschatologie die Gnade Gottes jede Form des Gerichts. Weil am Ende der Zeit Gottes Reich der Freiheit hereinbricht, kann am Ende der Predigt nur ein Wort laut werden, das freispricht und freimacht. In Jesus Christus ist nicht mehr Ja und Nein, sondern Ja und Amen (2. Kor 1,19f.) – und damit ist jeder denkbare Schluß einer christlichen Predigt vorgeschrieben.«
(Manfred Josuttis, über den Predigtschluß, in : Rhetorik und Theologie in der Predigtarbeit, München 1985, S. 212)

»Das Gelingen eines Gottesdienstes kann man danach beurteilen, ob ich mich als Person und Individuum ernstgenommen fühle, ob ich etwas von echter Gemeinschaft erfahre, ob ich zur Besinnung und zum wirklichen Beten komme, ob ich meines Daseins und meiner Zukunft froh werde. Wenn das eintritt, dann war diese Feier gut.«
(Rudolf Rupert, zit. nach Heinz M. Schulz, »Wenn Gottesdienst Freude macht«, Mainz 1977, S. 152)

»Der Beruf des Pfarrers ist ein menschlicher Beruf, weil er nicht nur in die Nähe bedürftiger Menschen bringt, sondern trotz allem reich an Chancen ist, diesen bedürftigen Menschen Menschlichkeit zu erweisen und dabei selbst menschlicher zu werden ... Es ist nicht von Nachteil, daß das Pfarramt den größten Teil seines traditionellen Prestiges an die Ärzte und Therapeuten, an die Lehrer und Journalisten und eine ganze Reihe von anderen Berufen verloren hat. Das macht verletzlicher. Das macht betroffener. Das macht die Partner des Pfarrers zunehmend freier vom Pfarrer, und das kann sehr nützlich sein. Es hat keinen Sinn, große Worte zu machen. Der Pfarrer wird immer mehr so etwas wie ein professioneller Nachbar, dessen ganze Unentbehrlichkeit sich in der einen Tatsache zusammenzieht, daß Menschen Nach-

barn brauchen ... Und in dieser Solidarität mag er vielleicht doch auch wieder eine Sprache und eine Lebenspraxis als Zeugnis finden für das Geschehen von Kreuz und Auferstehung, in dem die Kunst, Ende und Anfang zu verknüpfen, als das Wunder Gottes erscheint, und zwar als ein Wunder, das immer schon geschehen ist und eben darum die Zukunft regiert.«
(Ernst Lange, »Die Schwierigkeit, Pfarrer zu sein«, in: Pred. Stud. II/1, Stuttgart 1973, S. 32f.)

Was mir sonst noch in den Sinn kam

In der Fußgängerzone einer Großstadt wurde ich kürzlich von einer jungen Frau angesprochen mit der Frage: »Wissen Sie, wo Sie hin wollen?« Ich war ob dieser ungewöhnlichen Frage reichlich verdutzt und habe spontan geantwortet: »Ja natürlich, ich will zum Bahnhof.« Aber schon sehr schnell stellte sich heraus, daß die Frau die Frage natürlich völlig anders gemeint hatte und mich auf diese Weise zu einer Versammlung ihrer Sekte einladen wollte. Um ihre Einladung zu verstärken, hat sie mir ihre Frage auch schriftlich mit auf den Weg gegeben. Ich fand sie – bei der Frage nach meinem Ziel – wieder sehr bemerkenswert: »Wissen Sie, wo Sie hin wollen?«

Seit vier Jahren bin ich in einem Diakonissen-Mutterhaus tätig. Vor gut einem Jahr haben wir hier zwei junge Frauen als Diakonissen eingesegnet. Diese lassen sich ohne Zweifel auch auf einen erheblichen Verzicht ein: Verzicht auf Ehe und Familie, Verzicht auf leistungsbezogenen Verdienst, Verzicht auf ein Stück Individualität. Ihr Ziel: um Christi willen für andere dazusein. Reaktionen auf ihre Entscheidung: Unverständnis, Bestauntwerden als Exoten, Mißtrauen – aber auch: erstaunte Freundlichkeit, Achtung und hier und da auch Neid.

»Flugblatt« von einer Schulung für Vertreter:
»Glaubensbekenntnis des erfolgreichen Verkäufers: Ich glaube an meine Firma, an mein Produkt und an mich selbst. Amen.«
(Bevor Sie es vorschnell als Blasphemie verdammen, eine – ketzerische – Frage: Wäre es vielleicht gut, wenn wir das für unseren Beruf auch nachsprechen könnten?)

Sexagesimae

Predigttext: Hebräer 4,12–13

Andreas Jagdhuhn

Theologisch-homiletische Skizze

»Wer legt schon sein Herz auf den Tisch so mächtiger, hungriger Leut'!?« Diese Sentenz aus einem Stück Wolf Biermanns benennt unsere kreatürliche Angst angesichts eines Zugriffs, wie ihn unser Gedicht über die Eigenart und das Wesen des Wortes Gottes (Otto Michel z.St.) beschreibt. Diese Angst nehme ich ernst. Sie zu diskreditieren maßen sich nur diejenigen an, die sich in der Rolle der Advokaten und Sprachrohre Gottes gefallen. Ich möchte die Vorgeschichte und die Bedingungen dieses Wortes über das Wort Gottes in den Blick nehmen und aus mehreren Gründen die Bremse ein wenig anziehen:

(1) Ich gehöre zu den Wort-Benutzern und stehe stets in der Gefahr, einem protestantischen »Wort-Kult« von der Kanzel (Walter Jens) aufzusitzen. Die Annäherung an den Text erfolgt im intensiven Hören. Gott klebt mir ein Pflaster auf den Mund und hält mir Schalltrichter an die Ohren.

(2) Hebr ist eminent seelsorgerlich motiviert. Das Traditionsstück kann er übernehmen, weil in ihm der ordo salutis gewahrt ist. Das erste Wort heißt »zōn«. Gott will mich nicht überfallartig niederdrücken, mir vielmehr zu reicherem Leben verhelfen.

(3) Meine Aufmerksamkeit gilt dem vorausgehenden langen, krisen- und risikoreichen Vertrauensbildungsprozeß, der vor dem Genuß der Früchte eines Lebens mit abgelegten Masken und Fassaden steht.

Der Kontext 3,7–4,13 verhilft zu homiletischen Konturen. Hier wird das Motiv vom »wandernden Gottesvolk« thematisch erarbeitet (E. Käsemann, Das wandernde Gottesvolk, Göttingen 1959, 3. Aufl., 5ff.). Anteil am Logos hat der Wandernde nur »durch das Medium der Gemeinschaft«, in der Überwindung der eigenen Isolation und der Isolation anderer. Der Weg führt in den Spuren Jesu aus vertrauten und gesicherten Positionen nach »draußen vor das Tor« (13,12ff. 16), zu den von den Heilsgütern Ausgeschlossenen. Sie sollen Anteil bekommen an der Fülle des Heils (katapausis/sabbatismos). Großer und ›kleiner‹ Sabbat sind verknüpft. Der Sabbat ist vorausgefeiertes Heil und Quelle aller späteren Sozialgesetzgebung.

Vorschläge zur Liturgie

Eingangsvotum

Gott, unser Schöpfer, hat uns eine große Begabung geschenkt: die Fähigkeit zu sprechen. Wir können Worte benutzen und mißbrauchen. Unsere Worte können heilen oder töten. Sie sind ein Spiegel unserer Liebe oder unserer Leere. – In der Flut unserer Worte, dem Gewirr der Stimmen und Meinungen suchen wir Gottes Stimme. Wir haben die Einladung der Heiligen Schrift immer wieder nötig: »Heute, wenn ihr Gottes Stimme hört, verschließt eure Herzen nicht.« (Wochenspruch) Im Hören auf sein klärendes Wort der Wahrheit strömt neues Leben in unsere Worte. Deshalb versammeln wir uns im Namen des Vaters ...

Psalm
33,4–6.8–9(13–15)10–12 oder 139,1–6(10).23–24 (Gute Nachricht) oder agendarisch aus 119.

Kyrie / Sündenbekenntnis / Gloria
Vor Gott bekennen wir, daß wir gesündigt haben mit Worten – überflüssigen, unnützen, schädlichen und verletzenden Worten. Wir bitten ihn um Erbarmen: ... Gott hat sich unser erbarmt. Er hat seinen Sohn in die Welt gesandt, sein helfendes, vergebendes, heilendes Wort. Mit allen, die auf ihn hören, laßt uns singen: ... (Agende I Ergänzungen, hg. LKA Kurhessen-Waldeck, 1983, 2.2.11)

Eingangsgebet
Herr, gibt uns jetzt dein Wort, wie du uns das tägliche Brot gibst. Gib es uns so, daß es uns verwandelt, daß es uns nicht ärgert, wenn es uns trifft, daß es uns nicht freut, wenn es andere trifft, daß es mich nicht langweilt, wenn du mit meinem Nächsten redest – und daß ich es nicht überhöre, wenn du mit mir selber sprichst. Gib es uns so, daß wir es nicht mehr vergessen, wenn das Geschwätz und der Lärm wieder kommt, daß es nicht erstickt wird, wenn die Sorgen und Ängste wieder kommen, daß wir es nicht fahren lassen, wenn es uns etwas kostet. Laß uns deinem Zugriff stillehalten. Denn ohne dein Wort verdorrt alles Leben. Darum sprich mit uns, wir wollen deine Knechte sein und auf dich hören. (Theo Brüggemann, in: M. Seitz/F. Thiele, Wir beten, Bad Salzuflen/Gladbeck 1968, 2. Aufl., 224)
Oder:
Herr, der du einmal auf dieser Erde gewandert bist und deine Fußspuren zurückgelassen hast, du, der du von deinem Himmel niederblickst auf jeden Wanderer, den Müden stärkst, den Bedrückten ermunterst, den in die Irre Gegangenen zurückführst, den Kämpfenden tröstest: Unser Herr und Heiland, laß dein Vorbild vor dem Auge unserer Seele stehen, damit es die Nebel vertreibt. Und hilf uns, daß wir in deiner Nachfolge den Weg zur Heimat bei dir finden. (Öffne unsere Ohren für dein Wort – heute in diesem Gottesdienst wie an allen kommenden Tagen.) (Sören Kierkegaard, nach: E. Burmann, Unter dem Lebensbaum, Rothenburg o.d.T. 1989, 18. Nov.)
Oder:
Du sprichst und rufst ein Wort, das Antwort verlangt, ein Name, der Liebe weckt und Liebe gibt. Wo Taubheit herrscht, da bist du nicht. Unter stummen Menschen, die einander totschweigen, da bist du nicht. So öffne unseren

Mund und erfülle unser Herz mit guten Worten füreinander, damit in uns deine Liebe, dein Dasein sichtbar werde bis in Ewigkeit. (Huub Oosterhuis, Ganz nah ist dein Wort, Verlag Herder, Wien)

Lesung
Altes Evangelium Lukas 8,4–15

Präfationsgebet
in wahrheit ist es würdig und recht / dir gott dank zu sagen / der du verborgen bist / und der du doch nicht verborgen bist // du dessen stimme wir hören können / und überhören können // du den wir sehen können / und auch übersehen können // du den wir aufnehmen können / und den wir abschieben können / auf das heu und leere stroh / unserer frommen sprüche // wir danken dir gott / durch jesus christus / den größten aller propheten / der mit der glühenden kohle / seines / wortes / unsere Lippen säubert / der mit dem zweischneidigen schwert / seines mundes / scheidet mitten in uns / das licht von der finsternis / mitten in uns scheidet / die wahrheit von der unwahrheit / mitten in uns scheidet / und unser leben / zur entscheidung führt / für das wahre leben // und um dieses jesus willen / der uns zum weg wurde / preisen wir dich / mit allen engeln und heiligen / und mit allen guten mächten / und kräften / und bewegungen / in unserem land (wilhelm willms, roter faden glück, kevelaer 1982, 4. Aufl., 7.11; vgl. auch 7.27 und 9.12)

Nach dem Abendmahl
Verleih uns, o Herr, daß die Ohren, die deinen Lobpreis gehört haben, verschlossen seien für die Stimme des Streites und Unfriedens; daß die Augen, die deine große Liebe gesehen haben, auch deine selige Hoffnung schauen; daß die Zungen, die dein Lob gesungen haben, hinfort die Wahrheit bezeugen; daß die Füße, die in deinen Vorhöfen gestanden haben, hinfort gehen auf den Wegen des Lichtes; und daß die Leiber, die an deinem lebendigen Leibe Anteil gehabt haben, in einem neuen Leben wandeln. Dir sei Dank für deine unaussprechliche Gabe! (Südindische (Malabar)-Liturgie, 5. Jh., in: Seitz/Thiele, a.a.O., 229)

Schlußgebet
Wenn wir nicht hören könnten und verstehen, wenn wir nicht sprechen könnten, Gott, wir wären nichts, uns selber fremd und unzugänglich füreinander. Du aber hast Menschen aus uns gemacht; wir sind geboren und nicht mehr sprachlos, du hast uns aufeinander abgestimmt als Mann und Frau, als Mund und Mund, als Wort und Antwort, Frage und Gegenfrage. / Wir danken dir für die Sprache der Menschen, das große Herz, das tiefe Erinnern, in dem soviel Weisheit verborgen und bewahrt ist; für liebe Worte und lebendige Namen, die wir aus der Vergangenheit empfangen, die uns

festhalten und überwältigen, älter und größer als wir selbst. Wir danken dir, daß wir eingefügt sind in deine Geschichte, daß wir mit Namen genannt werden und nicht verlorengehen für unsere Kinder. / Wir danken dir für den heutigen Tag, für das große Heute, an dem wir mitgestalten, eine Weltstadt der Worte und Fakten, Menschen und wieder Menschen. Wir bitten dich um Sicherheit in diesem Umgang, um Menschen, die Gutes tun, gütig und barmherzig sind. Wir bitten dich, daß unsere Worte den Tag nicht verdunkeln, nichts Böses anrichten und niemanden treffen; daß wir keinen Lügen nachlaufen, keine Sprachverwirrung stiften, daß wir vielmehr Freude säen und Wiedererkennen ernten, Herr, Gott, deinen neuen Bund mit dieser Welt. / Wir bitten dich für jene, die mit ihren Worten die Zukunft entschlüsseln und noch unbekannte Wahrheit stiften; für Dichter und Denker, die neue Wege weisen und unser Dasein besingen: daß sie alles aufdecken und würdigen, was menschlich ist, und beitragen zur Erholung und Lebensfreude; für alle, die berufen sind, Recht zu sprechen: daß sie mehr tun als verurteilen, daß sie die Wahrheit vor den Tatsachen sehen, daß sie vor allem Räume offenhalten für die Vergebung und den Neubeginn. / Wir danken dir, daß du in unserer Sprache, in unserer Zeit deinen Namen ausgesprochen hast, daß du in dieser Welt wohnst, ein Menschenwort, so verwundbar, wie ein Wort nur sein kann. Dehne aus deine Gegenwart in den Kosmos unserer Träume und Gedanken, in das Werk unserer Hände. Beseele unsere Sprache, gib ihr Sinn und Aussagekraft. Daß wir im Sprechen und Leben miteinander deinen Geist empfangen mögen; daß wir in jedem Menschen aus Leib und Wort und in der ganzen Menschheit, die wir miteinander sind, deinen Sohn wiedererkennen, Jesus Christus, dein Wort, das Fleisch geworden ist, und deinen Ruhm jetzt und in Ewigkeit. (Huub Oosterhuis, a.a.O., 139–141)

Liedvorschläge

Eingang: Er weckt mich alle Morgen (J. Klepper); 338. Wochenlied: Gott hat das erste Wort (J. Wit, Beiheft EKG 1984, 634); 143–145. Credolied: 104,2.4; 188,5. Nach der Predigt: 244; Licht, das in die Welt gekommen; Immer wenn ich dein Wort höre (s. u.). Abendmahl: 290,2.6; 372; 374. Ausgang: 182,(1–)3. Vgl. ferner: 50; 100; 169; 190; 203; 254; 271; 272 (Melodie 283!); 303,2–3; Ein edler Schatz der Wahrheit; Dein Wort, o Herr, ist milder Tau; Herr, dein Wort, die edle Gabe; Dein Wort, o Herr, bringt uns zusammen, Str. 1–3; Walte fürder nah und fern; Ich rede, wenn ich schweigen sollte (Beiheft EKG 1984, 714).

Vorschläge zur Predigt

Möglicher Predigtanfang

I. Macht und Ohnmacht der Worte

Verlesung des Predigttextes

(1) Vor einigen Jahren erklärte ein bekannter deutscher Schriftsteller (Wolfgang Hildesheimer), er werde seinen Beruf an den Nagel hängen. Es

lohne in unserer vom Untergang bedrohten Welt nicht, weiter Worte aneinanderzureihen, die doch nichts zu verändern vermögen. Wer weiß überhaupt, ob wir noch dazu kommen, die Bücher zu lesen? – Inzwischen schreibt dieser Schriftsteller wieder. Seine Zweifel sind damit nicht ausgeräumt. Nur zu oft spüren wir selbst, wie wenig unsere Worte ausrichten. Sie stoßen auf taube Ohren oder gehen unter inmitten der vielen, allzu vielen lautstarken Worte und Meinungen um uns herum. Und auch die vielen Worte, die zwischen den Politikern und Diplomaten auf unserer Erde ausgetauscht werden, verändern kaum etwas. Es geht viel zu langsam – wenn überhaupt. Sehr schnell sprechen dann auch die Waffen statt der Worte. (Beim Abschreiben dieser Meditation ist das Ultimatum im Nahen Osten abgelaufen. Jetzt sprechen die Waffen im Irak.)
Unendlich viele Worte umgeben uns. Die meisten von ihnen gleichen Seifenblasen. Sie können sich zu beachtlicher Größe aufblähen und eine glitzernde Farbenpracht entwickeln. Unter der betörenden Oberfläche aber ist eine große Leere. Sie kommt zum Vorschein, wenn die Seifenblasen-Worte uns erreichen. Sie zerplatzen an unserer Oberfläche. Unsere Gedanken und unser Herz bleiben unberührt.

Angebote zum weiteren Verlauf
(2) Eingehen auf Einwand: Was haben unsere leeren und ohnmächtigen Worte mit dem lebendigen und energischen Wort Gottes zu tun? Zwei völlig verschiedene Welten?
Ohne Nachdenken über unsere Worte verblaßt die Rede vom Wort Gottes leicht zu einer Selbstverständlichkeit. Was bedeutet es dann noch, daß Gott durch sein Wort, durch Worte zu uns kommt? Gott verstummt in uns und für uns in dem Maße, wie unsere Worte sterben. Wie wird sonst die Zumutung verständlich, daß wir Gott mit unseren Worten vor der Welt vertreten dürfen, ihm für unsere Worte verantwortlich sind? (Vgl. G. Ebeling, Gott und Wort, Wort und Glaube II, Tübingen 1969, 397.) Indem Gott seinen Sohn (logos, Joh 1) zu uns sandte, gibt er sich und sein ›Wort‹ in unsere Hände. Seine Worte teilen das Schicksal Jesu unter uns.
(3) Erinnerung an Erfahrungen mit der Kraft der Worte, die sich – leider! – besonders schnell in negativer Hinsicht einstellen: Sirach 28,17f.; Jak 3,5ff.; verheerende Folgen von Tratsch, Klatsch; Worte stiften Unfrieden zwischen Völkern. Aber auch Angst der Mächtigen vor dem Wort der Wahrheit (V. Havel, Kontexte). Im Nahbereich Erfahrungen mit der heilenden, versöhnenden, gemeinschaftsstiftenden, klärenden ... Kraft des Wortes aufzeigen (L. Feuerbach, Kontexte). Wirkung eines Briefes, den man bekam. Die ersten Worte der Verständigung nach einer Krise und langem Schweigen.
Die Kraft der Worte geht uns auf, wenn wir sie lange schmerzlich vermißten. Was wir in Fülle haben, achten wir gering. Es muß ein Hunger nach dem Wort da sein (Robinson, Kontexte).

Hunger nach dem Wort Gottes. Gute Erfahrungen mit der belebenden und befreienden Kraft des Wortes Gottes sind die Voraussetzung, daß wir sein kritisches Wort, dieses schwer verdauliche ›Gericht‹ annehmen. Der Predigtabschnitt ist ja nicht das erste Wort Gottes an uns. Ihm sind viele vorausgegangen, die uns schließlich sagen lassen: Ich vertraue dir. Nun können wir den Eingriff in unser Innerstes, diese Aufhebung des Datenschutzes ohne Todesangst zulassen.

II. PASSIONIERTES HÖREN

(1) In kritischen Situationen sagten meine Eltern: »Ich werde gleich energisch! Ich spreche gleich ein Machtwort!« Das zeitigte Wirkung bei uns Kindern, weil das Vertrauen in die Eltern größer war als die mitschwingende Drohung.

Wem ich vertraue, von dem nehme ich schmerzende Kritik an. Alles kommt auf die Tragfähigkeit der Beziehung an, der ich mich gegen alle kreatürliche Angst anvertrauen kann. Dieser ›ordo salutis‹ steckt in unserer Perikope. Das erste Wort lautet: »zōn«. Gott will, daß ich lebe. Auf dieser tragfähigen Basis bin ich fähig und bereit, die Chance klarer Verhältnisse zu ergreifen und das damit verbundene Risiko zu tragen.

(2) Solange diese Beziehung nicht hergestellt ist, panzern wir uns gegen Kritik und den schmerzhaften Eingriff in unser Innerstes. Formen unserer Panzerung:

- Natürlich-triviales Ruhebedürfnis, das sich zur »Trägheit« manifestieren kann (nach Meinung der Alten eine Kardinalsünde). Abschottung vor der unser Innerstes berührenden Wirklichkeit. (Ich schalte den Fernseher ab, weil ich die grausame Wirklichkeit einer Meldung nicht ertragen kann.) Wahrheit und Klarheit sind nur durch den Engpaß der Krise und um den Preis von Konflikten zu haben.
- »Salami-Taktik«: Wir sparen Sphären unseres Lebens vor Gott aus und dulden seinen Zugriff höchstens scheibchenweise in bestimmten Bereichen. Die beliebt-berüchtigte These von der »Eigengesetzlichkeit des Politischen ...«
- Das »große Verschiebespiel« (H. Thielicke) der Schuld und Verantwortung. Umleitung der an mich adressierten Kritik. »Du bist der Mann / die Frau!« (2. Sam 12,7)

(3) Gottes Wort verschließt uns zuerst den Mund. Es ist bestimmt für passionierte Hörer, nicht für passionierte Redner. Vor die Benutzung der Worte hat Gott das Hören und Erleiden seines Wortes gesetzt (D. Sölle, Kontexte). Erst wenn ich selbst getroffen und durchdrungen bin, kann ich daran denken, von dem Wort der Wahrheit etwas weiterzugeben. Eine Umleitung ist mir versperrt. Das Wort bleibt ein Instrument Gottes. Er verwehrt es uns, ihn und seine Worte gleichsam zum Hilfspolizisten unserer Manipulationswünsche zu erniedrigen. (Das schaurige Bechstein-Märchen, Kontexte.)

III. Verantwortliches Reden

(1) Passionierte Hörer legen den eigenen Machtworten Zügel an. Gottes energischem Wort entsprechen unsere behutsamen und respektvollen Worte. Respekt: Die Schutzhülle meines Gegenübers (»Würde«) als lebenswichtige Zweite Haut und von Gott bewachtes Gut anerkennen (Gen 3,21). Gott bremst und kritisiert unseren (Wahrheits-)Fanatismus, Rigorismus, Voyeurismus, unsere Neu-Gier. Beispiele für diese Kürzel sind leicht zu finden. Wahrheit und Klarheit lassen sich nicht erzwingen – »sine vi, sed verbo«, durch Worte, die Vertrauen schaffen.

(2) Worte als/und vertrauensbildende Maßnahmen. Worte, die Respekt vor der Zweiten Haut, der Würde – und natürlich vor der Ersten Haut, dem nackten Leben! – für andere anmahnen, einklagen und schaffen. Das bringt Konflikte im persönlichen, gesellschaftlichen und kirchlichen Bereich mit sich. Die, denen unser (nicht nur verbaler) Einsatz gilt, sind im Blick auf den Kontext des Hebr (13,12ff.16; vgl. 13,1–3) für den Nah- und Fernbereich konkretisierbar. Die Opfer »draußen vor dem Tor«:

- denen die Schutzhülle der Gemeinschaft versagt wird; die der Einsamkeit, der Isolation überlassen oder abgeschoben werden;
- die nicht über die konditionelle Schutzhülle verfügen, um beim rasanten, überfordernden Wegtempo familiär, gesellschaftlich, kirchlich … mitzuhalten;
- denen man den Zutritt zu elementaren sozialen Schutzbereichen (Sabbat, katapausis) verweigert.

Möglicher Schluß

(3) Gottes Wort verschließt uns immer zuerst den Mund, um unsere Ohren desto mehr zu öffnen. Sein Wort muß erst in uns verweilen, in unsere Gedanken und Herzen eindringen, bevor wir unsere Menschenworte aus dem Munde sprudeln lassen. Die Verweildauer seines Wortes in unserm Innersten kann eigentlich nicht lange genug sein. Erst dann heilt es unsere Worte. Unsere vielen leeren Seifenblasen-Worte zerplatzen. Unsere lieblosen, spitzen und scharfen Worte verlieren ihre Härte und gewinnen die Kraft der Behutsamkeit. Wenn wir es zulassen, daß Gottes Wort in uns wirkt, können wir plötzlich mit großem Erstaunen erfahren: Unsere geheilten Worte gewinnen die Kraft, selbst zu heilen. In ihnen steckt Gottes Kraft. Dankbar erkennen wir das große Geschenk und Wunder der Sprache.

Kontexte

Die Klage der Wörter

»Es geschah um die Zeit, wo die Menschen schweigen, da versammelten sich die Wörter aus allen Ländern zu einer Vollversammlung. Das geht ja nur, wenn geschwiegen wird. Auf der Tagesordnung standen die Punkte: Wie können wir die Inflation stoppen? Und: Wie erreichen wir einen höheren Grad des Verstehens?«

Alle großen Worte singen das Trauerlied ihrer Inflation: »Leben«, »Frieden«, »Freiheit«, »Gerechtigkeit«, »Liebe«. »Da sagte das ›Leben‹: ›Wir sollten uns zusammentun, zusammen mit Frieden und Freiheit und Gerechtigkeit. Dann sind wir gültig.‹
›Ihr seid nichts ohne mich!‹ rief eine zarte Stimme. Alle blickten sich um. Da stand das kleine Wörtchen ›Ja‹ und meinte mutig: ›Ich suche für euch das Herz eines Menschen, versteht ihr? Und dann könnt ihr wachsen, ganz langsam und ganz leise. Einverstanden?‹
›Ja!‹ sagten die andern. ›Seht ihr‹, meinte ›Ja‹ fröhlich, ›es hat schon begonnen. Alles Leben fängt mit mir an.‹« (Peter Spangenberg, Feuerball und Regenbogen, Gütersloh 1983, 2. Aufl., 52)

Das Wort – ein Pfeil
»Ja, ich lebe wirklich in einem System, wo das Wort alle Machtapparate erschüttern kann, wo das Wort stärker sein kann als zehn Divisionen ... Neben dem Wort, das die Gesellschaft durch seine Freiheit und Wahrhaftigkeit elektrisiert, gibt es auch das hypnotisierende, trügerische, fanatisierende, rasende, betrügerische, gefährliche, todbringende Wort. Das Wort – ein Pfeil ... Das Wort ist eine geheimnisvolle, vieldeutige, ambivalente, verräterische Erscheinung. Es kann ein Lichtstrahl im Reich der Finsternis sein, ... doch es kann auch ein todbringender Pfeil sein. Und was das schlimmste ist: Es kann eine Weile dies und eine Weile jenes sein, es kann sogar beides gleichzeitig sein! ... Jedes Wort enthält auch die Person, die es ausspricht, die Situation, in der sie es ausspricht, und den Grund, warum sie es ausspricht. ... Alles wichtige Geschehen der realen Welt – das schöne und das scheußliche – hat ... immer sein Vorspiel in der Sphäre der Worte. ... Durch Mißtrauen gegenüber den Worten kann entschieden weniger verdorben werden als durch übertriebenes Vertrauen in sie. ... Am Anfang ist das Wort. – Das ist ein Wunder, dem wir es zu verdanken haben, daß wir Menschen sind. – Doch zugleich ist es ein Hinterhalt, eine Prüfung, eine List und ein Test!« (Aus der verlesenen Reide Václav Havels anläßlich der Verleihung des Friedenspreises des Deutschen Buchhandels.)

Hunger nach dem menschlichen Wort
Robinson Crusoe, der auch in Glaubensdingen so Selbstbewußte, der unerschütterliche ›Macher‹, findet nach langer wortloser Einsamkeit »Freitag«, seinen Gefährten. Er kann mit ihm reden. Alles Abstoßende, ›Wilde‹ an dem Gefährten mit kannibalischer Vorgeschichte wird angesichts dieser Freude zweitrangig: »Er redete einige Worte, die ich nicht verstand, die mir aber doch angenehm zu hören waren als die ersten Laute einer menschlichen Stimme, die ich seit mehr als fünfundzwanzig Jahren wieder vernahm. ... Dies war das fröhlichste Jahr auf meinem Eiland. Freitag fing an, zusammenhängend englisch zu reden. ... Jetzt nützte mir meine Zunge endlich auch zu dem, wozu wir sie sonst am eifrigsten gebrauchen, nämlich zum Reden. ... Ich gewann ihn wirklich lieb und glaubte, daß auch ich ihm immer mehr vertraut und schätzenswert wurde, mehr als sonst etws in seinem Leben.«
(Daniel Defoe, Robinson Crusoe (1719), 13. Kap.)

Die Macht der Worte
»Worte besitzen Revolutionskräfte, Worte beherrschen die Menschheit. ... Dem Wort ist alle Macht übergeben ... Das Wort ist das Evangelium, der Paraklet der Menschheit. ... Das Wort hat erlösende, versöhnende, beglückende Kraft. Die Sünden, die wir bekennen, sind uns vergeben kraft der göttlichen Macht des Wortes. Versöhnt scheidet der Sterbende, der noch die längst verschwiegene Sünde bekannt.

Die Vergebung der Sünde liegt im Eingeständnis der Sünde. Die Schmerzen, die wir dem Freunde offenbaren, sind schon halb geheilt. Worüber wir sprechen, darüber mildern sich unsre Leidenschaften; es wird helle in uns; der Gegenstand des Zornes, des Ärgers, des Kummers erscheint uns in einem Lichte, in welchem wir die Unwürdigkeit der Leidenschaft erkennen. Worüber wir im Dunkel und Zweifel sind, wir dürfen nur darüber sprechen – oft in dem Augenblick schon, wo wir den Mund auftun, um den Freund zu fragen, schwinden die Zweifel und Dunkelheiten. Das Wort macht ... den Menschen frei. ... das Wort ist selbst Freiheit.« (Ludwig Feuerbach, Das Wesen des Christentums, Ges. Werke 5, Berlin 1974, 159f.)

Hören und erleiden
»Der Text (Hebr 4,12–13) ist so abgrundtief protestantisch, daß einem nur angst und bange dabei werden kann. Man sieht sie alle vor sich, die Wort-träger, Wort-besitzer, Wort-benutzer ... Wer hat denn auf der anderen Seite dieses Wort gehört und erlitten, wen hat es denn geschnitten, das Schwert, wen hat es denn durchdrungen, penetriert, wen denn geschieden und kommandiert, auseinandergenommen und gerichtet? ... Ein phallisches Symbol, eine Botschaft für Männer. Frauen, Sklaven, Kinder hatten kein Schwert.« (D. Sölle, in: Assoziationen, hg. W. Jens, Bd. 2, Stuttgart 1979, 62)

Gott Überall
»Es waren ein paar Geschwister, hießen Görgel und Lieschen, seelengute Kinder, die blieben einmal ganz allein zu Hause; ihre Eltern waren über Feld gegangen und trugen Körbe, die sie von Weiden geflochten hatten, zum Verkauf in die Stadt.« Dem Jungen reicht das Brot nicht, das die Eltern ausreichend zurückließen. Görgel »fing an mit schelmerischen Schmeichelworten zu seinem jüngeren Schwesterchen zu reden: ›Komm, lieb' Lieschen, wir wollen ein wenig von dem Rübensaft naschen, den die Mutter im Schranke aufbewahrt, es ist ein großer Topf voll, sie bemerkt es gewiß nicht und es sieht's ja auch niemand.‹ Aber Lieschen sprach: ›Ei, du bist sehr böse, Görgel, wenn du das tust; siehst du nicht die Sonnenstrahlen dort am Schrank? Die läßt der liebe Gott hineinschauen, und der sieht's auch, wenn wir naschen.‹ Da sprach Görgel: ›So wollen wir auf den Dachboden gehen, wo die Mutter schöne Birnen liegen hat, davon wollen wir essen, dort ist kein Fenster, da kann die Sonne nicht hineinscheinen, und dort sieht uns also der liebe Gott auch nicht.‹« Doch auch dort gelingt es nicht. Sonnenstrahlen dringen durch die Lücken der Dachziegel. Gott sieht's auch hier. So drängt der Junge die Schwester, mit in den Keller zu kommen, »wo er sorgfältig die Türe von innen zumachte, daß kein Tag hineinscheine und es der liebe Gott nicht sehe, wenn sie von dem Rahm naschten. Aber nach einigen Minuten wurde es ein wenig Licht im Keller, Lieschen sah, daß durch eine Mauerspalte die liebe Sonne hereinschien und gerade auf das Rahmtöpfchen, da erschrak das gute Lieschen und ging eilig wieder hinauf in die Stube. Görgel aber blieb, verstopfte ärgerlich die Spalte mit Moos und fing an von dem Rahm zu essen. Doch wie er im besten Lecken und Schlecken war, rollte ein mächtiger Donner über ihn, und der Blitz zuckte durch die Mauerspalte, daß es ganz hell und feurig im Keller war, und ein schwarzer Mann stieg aus einer Ecke des Kellers, schritt auf Görgel zu und setzte sich ihm gerade gegenüber; er hatte zwei feurige Augen, mit denen er fort und fort nach dem Rahmtöpfchen hinfunkelte, so daß der Görgel vor Angst keinen Finger regen konnte und ganz still sitzen bleiben mußte.
Indessen war zum Lieschen droben in der Stube ein gar holdes Engelein gekommen, hatte ihm nebst vielen schönen Spielsachen und Kleidern auch Zuckerküchlein und

süße Milch gebracht, und hatte so lange mit Lieschen gespielt, bis dessen Eltern zurückkamen, die mit großer Freude die schönen Sachen betrachteten. Als dieselben nach dem Görgel fragten, erschrak Lieschen, denn sie hatte über den schönen Geschenken von dem Engelskindlein ganz vergessen, daß ihr Bruder im Keller geblieben war … Alle gingen schnell hinunter, machten die Kellertüre auf und siehe, da saß Görgel noch ganz starr und hielt den Rahmtopf in der Hand. Und wie er das Geräusch hörte und seine Mutter sah, erschrak er heftig und fuhr zusammen und weinte. Und die Mutter nahm ihm den halbgeleerten Rahmtopf aus den Händen, führte ihn heraus aus dem Keller und gab ihm seine wohlverdienten Schläge.
Der Görgel hat aber in seinem ganzen Leben nicht wieder genascht, und wenn später manchmal andere ihn zu etwas Bösem verleiten wollten und zu Taten, die das Licht scheuen, so sagte er immer: ›Ich tu's nicht, ich gehe nicht mit, der Gott Überall sieht's, Gott behüte mich!‹ – Und er ist ein durchaus rechtlicher und braver Mann geworden.« (Bechsteins Märchen, Neuruppin o.J., 41–44)

2. Ich versuch es immer wieder, heut in dieser Zeit, / ohne dich den Weg zu gehen, doch ich komm nicht weit. / Herr, erbarme dich . . .

3. Und dann tu ich solche Dinge, die du nie gesagt, / ich hab sie mir selbst ersonnen, hab dich nie gefragt. / Herr, erbarme dich . . .

4. Wenn ich so mein Leben sehe, frag nach seinem Sinn, / bleibt von allem nur bestehen, was ich für dich bin. / Herr, erbarme dich . . .

Worte und Weise: Fritz Müller

Estomihi

Predigttext: 1. Korinther 13

Gisela Arp-Kaschel

Theologisch-homiletische Skizze

Zugang und Absicht
Mein Zugang zu 1. Kor 13 wird geprägt vom Wiedererkennen: »Ach ja!« – und zugleich: »O nein!« Ausgerechnet das ›Hohelied der Liebe‹! Der beliebteste Lesungstext für Trauungen, mit dem Lieblingstrauspruch 1. Kor 13,13; schon Eltern und Großeltern hatten diesen Trauspruch, alte Urkunden werden hervorgeholt, dieser eine Vers zumindest gehört zum Familieninventar. Ein so bekannter und so ›schöner‹ Predigttext – nicht nur bei Trauungen, auch im Gottesdienst – wer hört denn da noch zu? Meine ländliche Gemeinde kennt dieses Kapitel; die Gottesdienstgemeinde kennt es sowieso.
In der Tat, man kann das 13. Kapitel aus dem Kontext herausnehmen, es steht für sich selbst. Es wirkt wie ein Exkurs, notdürftig und auch widersprüchlich mit den vorangehenden und den nachfolgenden Versen verknüpft. Paulus mag diesen Exkurs für andere Zusammenhänge konzipiert haben, vielleicht sogar für eine Predigt!
Ich möchte diesen Text ein bißchen gegen den Strich bürsten, das Fremde darin mehr betonen als das Vertraute, damit er mehr ist als ein ›schöner‹ Bibeltext. Fremder als die anderen Verse sind z.B. die Verse 9–12, auf die ich mehr achten will, die sonst meist vom vertrauten Klang der Verse 1–8a.13 verdeckt werden. Trotzdem werde ich Luthers Übersetzung zugrunde legen, weil sie mir sprachlich lieb ist. Wer andere Übersetzungen oder Übertragungen nimmt, kann den Text schon dadurch gut ›verfremden‹; da der Predigttext zugleich Epistellesung ist, bieten sich zwei verschiedene Übersetzungen an.

Gedanken zum Text
Paulus wirkt in diesem Abschnitt trotz allem Engagement seltsam distanziert. Liebe braucht ein Gegenüber, das fehlt Paulus hier. Vielleicht gibt es deshalb so viel Unsicherheit und Rätselraten darüber, welche Liebe denn nun gemeint ist: Liebe zwischen Mann und Frau (so hören es die Brautpaare), Nächstenliebe oder Gottesliebe (Liebe von Gott? Liebe zu Gott?)? Das Gegenüber fehlt. Deshalb personifiziert Paulus die Liebe: Sie ist »langmütig und freundlich« – das ist ja nicht die Liebe, die so ist, sondern der, der sie gibt! Weil die Person als Gegenüber fehlt, personifiziert Paulus ersatzweise die Liebe. Paulus spitzt alles so einseitig auf die Liebe zu, daß ich fast Angst um die Stabilität des Ganzen bekomme. Auf einem Bein kann man nicht stehen; deshalb ist es beruhigend, daß Glaube und Hoffnung noch hinzukommen, wenn auch erst ganz am Schluß. Die Liebe bleibt das Standbein, Glaube und Hoffnung sind die Spielbeine. Diese Trias hat auch eine zeitliche Dimension: Liebe hat mit der Gegenwart zu tun, Hoffnung mit der Zukunft, und beim Glauben stützt man sich auf etwas in der Vergangenheit Erfahrenes. Menschen glauben und hoffen und lieben, Gott liebt (»also hat Gott die Welt geliebt«, Joh 3,16); es wäre sinnlos, von Gott zu sagen, er glaube und hoffe.

Glaube, Hoffnung und Liebe sind ›Tugenden‹, d.h. Eigenschaften, die etwas ›taugen‹. Auf dem Schalldeckel unserer Taufe sind einige Tugenden mit ihren Symbolen dargestellt: die Mäßigkeit (sie gießt Wasser oder Wein in einen Krug), die Geduld (mit einem Lamm!), die Tapferkeit (stützt sich auf eine Säule), die Gerechtigkeit (mit der Waagschale) und die Weisheit (mit einem Spiegel! s. Vers 12!); dies sind Tugenden des Altertums. Als christliche Tugenden sind hinzugekommen: der Glaube (mit Bibel und Kreuz), die Hoffnung (mit Anker und Paradiesvogel) und die Liebe (sie hat Kinder um sich versammelt!). Paulus stellt also die drei christlichen Tugenden heraus, darunter die Liebe am meisten. Machten wir heute eine Umfrage nach der größten Tugend, so wären unter den Antworten sicherlich auch Zivilcourage, Friedfertigkeit, Gewaltlosigkeit!
Zur Übersetzung in Vers 11: Statt »als ich aber ein Mann wurde« würde ich sagen »als ich aber erwachsen wurde«, so gilt der Text für beide Geschlechter.
Der Sonntag Estomihi (Ps 71,3) gibt in dem ›Niemandsland‹ zwischen Epiphaniaszeit und Passionszeit, zwischen Stern und Kreuz, mit 1. Kor 13 einen Wegweiser zur Orientierung. Für die Nachfolge Jesu gilt, so sagt es das Evangelium des Sonntags: »Denn was hülfe es dem Menschen, wenn er die ganze Welt gewönne und nähme doch Schaden an seiner Seele?« (Mk 8,36). Ohne Liebe nehmen wir Schaden an unserer Seele!

Vorschläge zur Liturgie

Lieder

EKG 218 (bes. Vers 5 »Glaubenshoffnung, Liebesglut«); 246; 252; 255; 257. Viele Lieder aus der Rubrik ›Christlicher Glaube und christliches Leben‹ passen zum Text, da sie zur Nächstenliebe und zur Liebe zu Gott auffordern. Lediglich Passons- und Weihnachtslieder erzählen von der Liebe Gottes! Das »Schauen von Angesicht zu Angesicht« findet sich in 126 (bes. Vers 3), 264 (bes. Vers 3) und 315,12 (meist auf die Zeit nach dem Tod bezogen!). Um »Glaube, Liebe, Hoffnung« geht es in 335,4+5 und 110 (bes. Vers 3).
Neue Lieder zum Text sind »Liebe ist nicht nur ein Wort« (EKG 723 oder Kirchentagsliederheft 1983/Nr. 715) und »Gott liebt diese Welt« (EKG 721 oder Kita 703).

Sündenbekenntnis

Allmächtiger Gott! / Wir wissen nichts oder nur wenig. / Wir stehen oft vor den Bruchstücken unseres Lebens, / manchmal auch vor einem Scherbenhaufen. / Barmherziger Gott! / Füge Du zusammen, was unter unseren Händen nicht heil wird. / Tröste uns, wenn alles zerbricht: KYRIE.

Gnadenzusage

Gott spricht: »Fürchte dich nicht, denn ich habe dich erlöst ... weil du in meinen Augen so wert geachtet und auch herrlich bist und weil ich dich lieb habe« (Jes 43,1b.4a): GLORIA.

Kollektengebet
Herr, unser Gott! / Einen neuen Morgen / schenkst Du uns, / einen neuen Tag! / Liebevoll / geleitest Du uns / in diesen Tag hinein, / der Dein Tag ist, / ein Tag, um Dich zu ehren. / Dieser Tag wird zu Ende gehen, / aber Deine Liebe hat kein Ende. / Bleibe bei uns in Deinem Wort. / Dies bitten wir Dich im Vertrauen auf Jesus Christus, Deinen Sohn, unsern Herrn, der mit Dir und dem Heiligen Geist lebt und regiert von Ewigkeit zu Ewigkeit: AMEN.

Fürbittengebet
Ohne Liebe, / Herr, unser Gott, / wären wir nichts. / Ohne *DEINE* Liebe, / barmherziger Gott, / wären wir nichts! / Deine Liebe hat uns ins Leben gerufen, / von Deiner Liebe leben wir. / Du hast uns Menschen anvertraut, / die wir lieb haben: / unsere Eltern, unsere Kinder, / unsere Familie, unsere Freunde. / Wir beten für sie in der Stille ... / Du hast uns aber auch Menschen anvertraut, / die es uns schwer machen, / sie zu lieben: / Andersdenkende, Feinde, / Vorgesetzte, Zerstrittene. / Auch für sie wollen wir beten in der Stille ... / Deiner Liebe, Herr, / befehlen wir diese Menschen und uns an. / Uns und unsere Welt. / Unser Fühlen und Denken und Handeln. / Zu Dir rufen wir mit den Worten Deines Sohnes, / den Du geliebt und zu uns gesandt hast: / Vater unser ...

Denkbar ist auch ein Fürbitten- oder auch Kollektengebet mit dem jeweils gesungenen Refrain »Ein neuer Tag von Deiner Liebe, Herr, wir danken Dir« aus dem Lied: ›Herr, ich werfe meine Freude wie Vögel an den Himmel‹, von Fritz Baltruweit, Kita 627.

Vorschläge zur Predigt

Möglicher Predigtanfang 1 (nach Lesung von 1. Kor 13)
In einem Märchen, das Sie wohl alle als Kinder vorgelesen bekommen haben, heißt es: »Spieglein, Spieglein an der Wand, wer ist die Schönste im ganzen Land?« – »Frau Königin, Ihr seid die Schönste hier, aber Schneewittchen über den Bergen, bei den sieben Zwergen, ist noch tausendmal schöner als Ihr.« Wenn wir in einen Spiegel sehen, dann sehen wir uns hell und klar, je nachdem in voller Schönheit oder auch mit allen Falten und Hautunreinheiten und mit den ersten grauen Haaren; es sei denn, der Spiegel ist getönt und gibt unser Bild schmeichelhaft zurück. Dennoch: das Gegenüber da im Spiegel, das bin nicht ich! Das ist nur ein Abbild von mir, mein Spiegelbild. Das ist nicht von Angesicht zu Angesicht geschaut. Dazu brauche ich ein echtes Gegenüber, einen anderen Menschen – oder Gott! Paulus schreibt: »Wir sehen jetzt durch einen Spiegel ein dunkles Bild; dann aber von Angesicht zu Angesicht.« Paulus träumt davon, Gott zu

schauen – ganz direkt und unmittelbar, un-vermittelt, eben von Angesicht zu Angesicht. Und das nicht erst nach seinem Tod – nein: schon jetzt! Zu Lebzeiten, wenn Gottes Reich anbricht, wenn Christus wiederkommt, so wie Paulus es erwartet.

Möglicher Predigtanfang 2
Im Trauregister unserer Kirchengemeinde heißt es manchmal, in den Jahren nach dem Krieg, nach 1945: »Getraut wurden am Sonntag nach dem Gottesdienst der Landmann ... und die Haushaltshilfe ...; Trauspruch: 1. Kor 13,13«. Daß ein Brautpaar nach dem Sonntagsgottesdienst getraut wurde, kam damals häufiger vor; man hatte eben nur diesen Tag frei (manchmal mußte ›die Herrschaft‹ sogar ermahnt werden, den ›Leuten‹ doch Zeit zum Kirchgang zu lassen), und sonst wurde die Kirche auch nicht geheizt. Heute wäre das unmöglich: Aufs Standesamt können Brautpaare nur bis Freitag mittag, und in die Kirche bei uns nur bis Sonnabend abend. Damals vollzog der Standesbeamte – das war der Bäcker, der hier gleich neben der Kirche wohnte – die Eheschließung auch sonntags. Und dann ging das Brautpaar eben die paar Schritte zur Kirche zu Fuß hinüber, wo der Pastor sie schon erwartete. Eine Trauung im Hauptgottesdienst allerdings wäre auch heute möglich, doch das hat sich noch kein Brautpaar von mir gewünscht. Aber daß ein Paar sich 1. Kor 13,13 als Trauspruch wünscht, das ist sehr häufig: »Nun aber bleiben Glaube, Hoffnung, Liebe, diese drei; aber die Liebe ist die größte unter ihnen.« Sie kennen diesen Bibelvers alle. Und Sie kennen auch das ganze 13. Kapitel des 1. Kor, das sog. Hohelied der Liebe! (Lesung des Predigttextes)

Zum weiteren Verlauf (Fortführung des 1. Predigtanfangs)
Einmal Gottes Angesicht schauen, das ist der Traum der Menschen seit jeher. Noch heute fragen unsere Kinder: »Wo wohnt Gott? Wie sieht Gott aus?« Heute sagt Ihr als Hauptkonfirmanden: »Gott da oben im Himmel, das können wir uns nicht vorstellen. Warum ist Gott unsichtbar? Jesus hat mit ihm geredet, und Gott hat ihm geantwortet. Wir können mit ihm reden, wenn wir beten – aber die Antwort?«
Wir haben Erklärungen gefunden: In Jesus Christus begegnen wir Gott (»Wer mich sieht, der sieht den, der mich gesandt hat«, Joh 12,45; »Wer mich sieht, der sieht den Vater«, Joh 14,9); wir begegnen Gott in dem, was Jesus gesagt hat, darin, wie er gehandelt hat, wie er mit Menschen umgegangen ist; wir begegnen Gott in unserem Nächsten – so hat es Jesus ja gesagt: »Was ihr getan habt einem von diesen meinen geringsten Brüdern (und Schwestern), das habt ihr mir getan« (Mt 25,40).
Dennoch scheinen all diese Erklärungen manchmal nur Hilfskonstruktionen zu sein, Überbrückungen der Wartezeit. Wir sollen diese Wartezeit aushalten, das ist uns auferlegt; so wie die Jünger damals den Abschied von Jesus ertragen mußten. Und doch sollen wir unsere Sehnsucht, Gott zu schauen, wachhalten.

Hinweise auf diese Sehnsucht finden sich schon im Alten Testament: Das Angesicht des Mose glänzt, nachdem er mit Gott gesprochen hat (Ex 34,29–35); an Elia in der Höhle zieht Gott vorüber (1. Kön 19,11–13). Gottes Stimme hörten damals viele Menschen; aber Gott zu sehen, war mit Glanz, jedoch auch mit (Ehr-)Furcht und Schrecken verbunden; und auch mit der Angst, dann sterben zu müssen. Nur die Ältesten Israels um Mose ficht das nicht an: »Und als sie Gott geschaut hatten, aßen und tranken sie« (Ex 24,11).
Wer mag, kann diesen ›Exkurs‹ über das Gottschauen noch ausführlicher gestalten, auch unter Bezugnahme auf Hi 19,25ff.; Ps 17,15; Ps 42,3; Mt 5,8 und 2. Kor 5,7, wo Paulus schreibt: »Wir wandeln im Glauben und nicht im Schauen.«
Schauen wir Gott im Gottesdienst? Wir begegnen ihm mit Ehrfurcht: Wir nehmen den Hut ab beim Betreten der Kirche, wir beten, bevor wir uns hinsetzen, wir hören die Lesungen und sprechen das Vaterunser im Stehen, wir senken den Kopf und schlagen die Augen nieder beim Beten und beim Empfangen des Segens. So begegnen wir Gott heute (besonders deutlich wird das in EKG 99: »Gott ist gegenwärtig, lasset uns anbeten ...«) und sind darin gar nicht so unähnlich den Menschen von damals.
Paulus schreibt: »Wir sehen jetzt durch einen Spiegel ein dunkles Bild; dann aber von Angesicht zu Angesicht. Jetzt erkenne ich stückweise; dann aber werde ich erkennen, wie ich erkannt bin.« Dunkle, geheimnisvolle Worte sind dies, obwohl die Verheißung in ihnen hell ist! »Ich werde erkennen, wie ich erkannt bin«: Verse aus den Psalmen fallen mir ein (Ps 139,13b: »Du, Gott, hast mich gebildet im Mutterleibe«) und aus Jeremia (Jer 1,5a: »Ich kannte dich, ehe ich dich im Mutterleibe bereitete«). So wie Gott mich gekannt hat noch vor meiner Geburt, so werde ich ihn eines Tages erkennen!
Aber bis dahin – was bleibt uns? Uns bleiben »Glaube, Hoffnung und Liebe, diese drei«! Der Dreiklang läßt in mir die Vorstellung von drei Schiffen entstehen, die am Horizont sichtbar werden. Erst sehe ich den Bug, dann die Masten, dann die Segel. Sie kommen näher, und ich kann ihre Namen lesen: Glaube, Hoffnung, Liebe! In welchem dieser drei Schiffe Gott wohl sein wird? Paulus schreibt: »Aber die Liebe ist die größte unter ihnen.«
An dieser Stelle würde ich eingehen auf die Liebe als christliche Tugend, auf den klassischen und den christlichen Tugendkatalog. Wer in seiner Kirche die Tugenden gemalt oder geschnitzt abgebildet hat wie bei uns in der Kirche, der kann sie den Hörern ›vor Augen stellen‹ und dabei die Liebe besonders herausstellen.
Ohne Liebe wäre mir nichts anderes nütze, und auch ich selbst wäre nichts. So schreibt Paulus es und bringt Bilder und Vergleiche. Einer davon ist zu einem geflügelten Wort geworden: »Ich habe mit Menschen- und mit Engelzungen auf ihn eingeredet, aber es hat nichts genützt!« In allen Ton-

lagen habe ich versucht, ihn zu überreden – ohne Erfolg. Wie mögen Engelzungen klingen? Ich habe mir immer vorgestellt, sie würden singen – aber hier reden sie.
Gleichviel – ohne Liebe sind wir »ein tönendes Erz oder eine klingende Schelle«! Dabei höre ich das Zusammenschlagen zweier Becken im Orchester und den Schellenbaum im Spielmannszug. Das »tönende Erz« erinnert mich an die Diskussion über das Glockenläuten zum 3.10.1990, in der es viel tönendes Erz gab, nicht nur das von Glocken. Ohne Liebe wäre unser Reden bloßes Herumgetöne ohne Inhalt, demagogisch, egoistisch. Ohne Liebe wäre auch alles andere, was damals in Korinth und heute bei uns als erstrebenswert galt und gilt, wertlos: prophetisch reden können, alle Geheimnisse wissen, alle Erkenntnis haben.
Das sehe ich sein, aber was mich dann doch schockiert: »Hätte (ich) allen Glauben, so daß ich Berge versetzen könnte, und hätte die Liebe nicht, so wäre ich nichts.« Davon hat Jesus doch gesprochen: von dem Glauben, der Berge versetzen kann, der Bäume ausreißen und ins Meer versetzen kann, der so klein wie ein Senfkorn ist und doch genügt (Lk 17,6). Auch dieser Glaube ist ohne Liebe nichts!
»Und wenn ich alle meine Habe den Armen gäbe« – das ist doch eine christliche Tugend! Aber ohne Liebe: nichts! – »und ließe meinen Leib brennen«: Denken Sie jetzt auch an jenen Mann, der sich bei uns in der Nähe, in Flensburg, mit Benzin übergoß und anzündete, weil er Angst hatte, er habe Aids? Ich denke auch an Pfarrer Oskar Brüsewitz, der sich auf dem Marktplatz von Zeitz in Sachsen verbrannte; und an Jan Pallach, der sich aus Protest gegen den Einmarsch der UdSSR in die ČSSR anzündete. Sein Name und Bild gingen damals um die Welt, und er hat viele Nachfolger gefunden. Das geschah aus Protest; auch aus Liebe? Mich erschreckt daran die große Brutalität gegen sich selbst, und ich spüre mehr Verzweiflung als Liebe darin.
Die Liebe also ist das Wichtigste. Sie »hört niemals auf«; sie ist nie am Ende, auch wenn alles andere schon längst zerbrochen ist, in tausend Stücke zerbrochen. Paulus schreibt: »Denn unser Wissen ist Stückwerk, und unser prophetisches Reden ist Stückwerk.« Unser Reden und Wissen von Gott übrigens auch, und unser Predigen auch! Diese Einsicht in das Stückwerk unseres Denkens und Tuns, die wünsche ich mir als Einsicht von Naturwissenschaftlern, von Gentechnikern z.B.: »Unser Wissen ist Stückwerk«! Aber gerade dieses Bruchstückhafte treibt sie ja immer mehr an; sie begnügen sich nicht mit Stückwerk, sie wollen alles wissen und tun: die totale Genomanalyse, die völlige Ausbeutung der Milchkuh, die optimale Verwertbarkeit des Hausschweins, den besten Weizen. Bei Paulus ist die Richtung eindeutig: »unser Wissen ist Stückwerk«, d.h. es wird niemals vollständig sein, wie lange und wie total wir auch forschen. Niemals werden wir von uns aus Vollkommenheit erreichen.

Doch wir entwickeln uns, aus Kindern werden Erwachsene (allerdings wird nicht aus jedem Kind ein Mann, lieber Paulus!). Auch Kinder sind »klug«, wenn sie nicht ›altklug‹ gemacht werden wie kleine Erwachsene. Sie bringen mit ihren nicht durch Sachzwängen und Einengungen vorzensierten Fragen uns Erwachsene oft in Verlegenheit und lehren uns die Welt für kurze Zeit ganz anders sehen.

Möglicher Schluß
»Wenn aber kommen wird das Vollkommene, so wird das Stückwerk aufhören.« Diesen Satz liebe ich. Ich spüre oft, daß mein Reden und Tun Stückwerk ist. Daß sich das einmal ändern wird, ist eine gute Aussicht! Das ›Spieglein an der Wand‹, das mir die Bruchstücke meiner selbst und meiner Welt zeigt, zerspringt beim Herunterfallen in viele kleine Scherben: Spiegelscherben! Dennoch spiegelt jede einzelne Scherbe noch ein Bild vom Ganzen wider, wie fragmentarisch auch immer: ein Bild der Liebe Gottes zu uns! Amen.

Zum weiteren Verlauf (Fortführung des 2. Predigtanfangs)
Statt des Gottschauens würde ich nach der Textlesung eingehen auf Vers 1–8 und kritisch das Liebesideal oder die Idealliebe beleuchten: Was die Liebe, die wahre Liebe, die wirkliche Liebe alles ist und tut. Die Verse 1–3 kann ich gut bei Trauungen vorlesen, aber bei Vers 4–7 fühle ich mich nicht wohl. Was lädt der Text da zwei Menschen auf? Was lädt er mir, der Gemeinde auf? Gottes Liebe mag so sein, menschliche Liebe vermag das nur in Ansätzen. Zudem: Eine passive Liebe wird da beschrieben – alles ertragend und erduldend, immer zurückhaltend und entgegenkommend; so selbstlos und aufopferungsvoll wie das Klischee der Mutterliebe. Schrecklich! Sie läßt den anderen in unbezahlbarer Schuld zurück! Wichtig wäre mir somit, die von Paulus beschriebene Liebe als Liebe Gottes zu uns zu verstehen. Einsetzen würde ich im ersten Entwurf dann wieder mit dem Dreiklang von Glaube, Liebe und Hoffnung.

Kontexte
Drei Gedichte über Liebe: »Woher sind wir geboren? / Aus Lieb. / Wie wären wir verloren? /Ohn Lieb. / Was hilft uns überwinden? / Die Lieb.« (*Goethe*)
»Daß ich dich oftmals liebe, / das hab ich von Natur, / Weil ich die Liebe selber bin. / Daß ich dich innig liebe, / hab ich von meiner Sehnsucht, / Weil ich ersehne, / daß man mich herzlich liebt. / Daß ich dich lange liebe, / kommt von meiner Ewigkeit, / weil ich ohne Ende bin.« (*Mechthild von Magdeburg*)
»Die Liebe hemmet nichts; / sie kennt nicht Tür noch Riegel / Und dringt durch alles sich; // Sie ist ohn Anbeginn, / schlug ewig ihre Flügel / Und schlägt sie ewiglich.« (*Matthias Claudius*)

Zu Vers 1: Ein Mensch ohne Liebe ist wie eine Schallplatte ohne Ton (gehört auf einem Kirchentag).

Zu Vers 1–3: »Pflicht ohne Liebe macht verdrießlich. / Verantwortung ohne Liebe macht rücksichtslos. / Gerechtigkeit ohne Liebe macht hart. / Klugheit ohne Liebe macht gerissen. / Freundlichkeit ohne Liebe macht heuchlerisch. / Ordnung ohne Liebe macht kleinlich. / Ehre ohne Liebe macht hochmütig. / Besitz ohne Liebe macht geizig. / Glaube ohne Liebe macht fanatisch: / Ein Leben ohne Liebe ist sinnlos.« (Quelle ist mir unbekannt)

Zu Vers 11: »abtun, was kindlich ist«? Dazu: »Schaut, die meisten Menschen legen ihre Kindheit ab wie einen alten Hut. Sie vergessen sie wie eine Telefonnummer, die nicht mehr gilt. Ihr Leben kommt ihnen vor wie eine Dauerwurst, die sie allmählich aufessen, und was gegessen worden ist, existiert nicht mehr. Aber müßte man nicht in seinem Leben wie in einem Hause treppauf treppab gehen können? Was soll die schönste Etage ohne den Keller mit den duftenden Obstborden und ohne Erdgeschoß mit der knarrenden Haustür und der scheppernden Klingel? Nun – die meisten leben so! Sie stehen auf der obersten Stufe, ohne Treppe und ohne Haus, und machen sich wichtig. Früher waren sie Kinder, dann wurden sie Erwachsene, aber was sind sie nun? Nur wer erwachsen wird und Kind bleibt, ist ein Mensch!« (*Erich Kästner*, Ansprache zum Schulbeginn, aus: Die kleine Freiheit 1949/52)

Zu Vers 13: Als aktuelle Provokation ein Zitat von *Wolf Biermann* in der ›Zeit‹ 47/16.11.90: »Glaube Liebe Hoffnung. So predigt es Paulus in der Bibel. Aber das Geld ist das größte unter diesen dreien.«

Invocavit

Predigttext: Hebräer 4,14–16

Werner Dettlof

Theologisch-homiletische Skizze

»Laßt uns festhalten am Bekenntnis!« Dieser Satz ist wie eine knappe Zusammenfassung der Gesamtbotschaft des Hebräerbriefes, als tröstendes Mahnwort (13,22) an Menschen gerichtet, die in Gefahr stehen, das »Bekenntnis«, das Leben im Glauben, preiszugeben. In seinem Bemühen, vor dem Abfall zu warnen, geht der Verfasser stellenweise sogar so weit, von der Unwiederholbarkeit der Buße zu reden und mit Gottes Rache zu drohen. Aber sein Grundtenor ist, ausführlich die Heilsbedeutung des Gottessohnes darzulegen und dadurch zum Bleiben, zum Durchhalten im Glauben und in der Hoffnung, einzuladen. Die Bedeutung der Person und des Erlösungswerkes Christi stellt er überwiegend in alttestamentlich und kultisch geprägten Kategorien und Begriffen dar. Immer wieder gipfeln seine christologischen Ausführungen in konkreten Ermahnungen. So ist auch in unserem Textabschnitt mit eindeutig kausaler Verknüpfung ein Hinweis auf die Passion Jesu, seine Solidarität mit den Schwächen und dem Leiden der Menschen gegeben, um damit Mut zuzusprechen und um damit die Zumutung zu begründen, am Glauben festzuhalten. Das begründet wohl auch seine Zuordnung zum 1. Passionssonntag Invokavit. Skopus: Weil uns Gottes Sohn im hohepriesterlichen Versöhnungshandeln mit Solidarität und barmherziger Liebe begegnet, können und sollen wir festhalten am Leben im Glauben.
Der »große Hohepriester« wird als Interpretament für »Jesus, den Sohn Gottes« eingeführt, die damit geweckten Vorstellungen werden aber in bestimmter Absicht korrigiert (»nicht einen solchen ... sondern ...!«). Problematisch ist dabei, daß die Vorstellung vom Hohepriester, mit deren Hilfe einst Christologie konkretisiert werden konnte, heute nicht mehr aus sich heraus verständlich, sondern interpretationsbedürftig ist. Ich betrachte es als Predigtaufgabe, die Aussage des Textes auf die gegebene Gemeindesituation anzuwenden, nicht aber unbedingt mich dabei der Vorstellungen und Bilder des Hebr zu bedienen. Jedoch verweist mich die Hohepriestervorstellung des Hebr darauf, daß das Versöhnungswerk Christi nicht allein von Ostern her gesehen werden darf (der Hohepriester hat die Himmel durchschritten, die Hölle besiegt, von Gott die Versöhnung erlangt), sondern auch von Karfreitag, d.h. der Passion her: Der Hohepriester mußte durch Leid und Versuchung gehen und diese bestehen (vgl. auch 2,17). Darum: Weil er in der Passion am Gottvertrauen und am Bekenntnis festgehalten hat, weil er Gott treu (= ohne Sünde) und damit sich selbst treu geblieben ist, ist er ein »treuer Hoherpriester«, der »große Hohepriester« (2,17; 4,14).
Für die Predigt sind mir folgende Motive wichtig, die im Text zum Tragen kommen:
a) Zuspruch und Anspruch. Weil wir haben – laßt uns festhalten; wir haben – darum laßt uns hinzutreten. Indikativ und Imperativ, Evangelium und Gesetz stehen hier gleichgewichtig nebeneinander, und zwar so, daß das eine (Evangelium) das andere (Gesetz) begründet. Diese Relation sollte auch in der Predigt gelten.
b) Hoherpriester als Sympathisant. Er, der durch das dargebrachte Opfer Erlösung von der Sünde bewirkt, identifiziert sich mit dem Opfer. Er leidet mit unserer

Schwachheit mit (sympathesai), durchsteht die Versuchung, ohne vor Gott schuldig zu werden. Er wird so zum verständnisvollen Vermittler, der unsere Gottesferne überbrückt und uns in aller Schwachheit Halt und Stärke geben kann. Da mit der Bezeichnung »Sympathisant« Menschen oft in eher negative Zusammenhänge (z.B. Terrorismus) gerückt werden, bietet der Text Anlaß, die ursprünglich ganz andere Bedeutung aufzuzeigen.

c) Versuchung. In der Versuchung steht das Christsein, Erfüllung oder Verfehlung unserer Bestimmung auf dem Spiel. Unsere Bestimmung ist es, im Vertrauen auf und in Verantwortung vor Gott zu leben und darin Liebe zum Nächsten und Pflege der Schöpfung zu bewahren. Die Versuchung zielt darauf, uns von Gott zu trennen, ihn als absolute Verantwortungsinstanz abzusetzen, das Vertrauensverhältnis zu zerstören, indem wir uns selbst oder anderes an Gottes Stelle oder über Gott setzen. Es gibt keine Lebenssituation, die nicht versuchlich werden könnte: Not oder Überfluß, Leid oder Glück, schlechthin alles kann zur Anfechtung unseres Glaubens werden und uns in die Gefahr bringen, Gott zu vergessen, zu verleugnen, ihn herabzusetzen, anderem mehr zu gehorchen oder mehr zu vertrauen. Auch der Frömmste kann seiner nicht sicher sein, denn selbst der Glaube kann zur Versuchung werden, in Fanatismus oder zum Mittel eigener Profilierung und Machtentfaltung zu pervertieren. Das wird in der Versuchungsgeschichte Jesu (Evangelium des Sonntags) verdeutlicht und zugleich: daß Jesus die Versuchung und Anfechtung, der wir Menschen ausgesetzt sind, auf sich genommen, ausgehalten und bestanden hat. Das hat eine christologische und eine ethische Komponente: Wir können gewiß sein, daß Christus uns in unseren Versuchungen versteht, im Kampf gegen sie auf unserer Seite steht und uns nahe ist. Und er ist andererseits unser Vorbild, dem wir es in den Versuchungen nachtun sollen: Gott treu bleiben, am Vertrauen festhalten und demgemäß leben.

d) Festhalten. Der Halt, der uns gegeben wird, soll festgehalten werden. In einer Welt, in der wir das Loslassen einüben müssen, gilt es auch das Festhalten zu lernen. Wenn ich mich auf die Frage einlasse »Was gilt es loszulassen, was gilt es festzuhalten?«, finde ich viele Predigtbeispiele.

e) Bekenntnis. Die ursprüngliche Bedeutung von Homologia ist forensisch: Es geht um die »Gleichheit des Wortes«, die übereinstimmende Zeugenaussage vor Gericht. Die Gemeinde übernahm es zur Bezeichnung der gemeinsamen, einhelligen Glaubensaussage, die das gemeinsame Leben in Glauben, Hoffnung und Liebe begründet. Homologia ist somit durch »Bekenntnis« sachgemäß übersetzt, sofern darin alles, was als Konsequenz aus dem Bekenntnis folgt, eingeschlossen ist: das Leben im Glauben. So bewegt sich die Homologia als gemeinsame Vergewisserung des Grundes von Vertrauen und Hoffnung sowie der Grundbestimmung des Denkens und Handelns in einer Spannung: Da ist einerseits schon lange als gemeinsamer Grund Gefundenes, als gültig Bewährtes und andererseits neu zu Entdeckendes, weil die jeweils gegebenen Realitäten zu neuen Antworten herausfordern – oder doch mindestens dazu, das Vorgegebene zu reformieren, d.h. in neue, verständliche Form zu bringen. »Festhalten am Bekenntnis« heißt also keinesfalls, einseitig beim Althergebrachten zu bleiben, sondern schließt ein, lebendige und gegebenenfalls neue Antwort im Geiste Jesu zu wagen.

f) Gnade. Hier wird in geprägten und biblisch gefüllten Begriffen (Barmherzigkeit) Verheißung zugesprochen, Hoffungsziel gesetzt, erfahrbare Wirklichkeit (rechtzeitige Hilfe) angesagt. Sie erinnern mich an das Gleichnis vom barmherzigen Vater (Lk 15) und das Gleichnis vom barmherzigen Samariter, die beschreiben, wie Gottes Barmherzigkeit zur lebendig machenden Erfahrung wird und wie menschliche Barmherzigkeit das Gebot der Nächstenliebe erfüllt (»gehe hin und tue desgleichen!«).

Zusammenfassung: Ich nehme mit der Predigt die Absicht des Hebr auf, zum Gottvertrauen zu ermutigen. Der Hebr richtet sich erkennbar an Menschen, die im Glauben angefochten sind und in der Gefahr leben, ihren Glauben preiszugeben. Auch in unserer Gemeinde findet sich viel Zweifel, Unruhe, Anfechtung und Verunsicherung. Da gebe ich die Botschaft des Textes weiter: Gottes Liebe, in der Hingabe und Solidarität des Christus konkretisiert, ist ein kostbares Geschenk, an dem es festzuhalten gilt. Denn sie befreit uns dazu, der Wirklichkeit standzuhalten, eröffnet Zukunft, ermutigt und stärkt für unseren Weg.

Vorschläge zur Liturgie

Lieder

50; 53,1–3 u. 8; 140; 201; 208; 244; 250; 260; 277; 293. Vertrauen wagen (604); Fürchte dich nicht (700); Ich möcht', daß einer mit mir geht ...

Psalmtexte

Psalm 91 i.A. oder Psalm 143. Erwägenswert ist jeweils die Verlesung in der Übertragung von Jörg Zink (in »Womit wir leben können«).

Kollektengebet

Barmherziger Gott, du stellst uns den Leidensweg Jesu vor Augen. Es ist der Weg deiner Liebe zu uns allen. Du rufst auch uns auf den Weg der Liebe, weil er zum Leben führt. Hilf uns, in den Versuchungen zu widerstehen, die uns von deinem Weg abbringen wollen auf Wege der Macht, der Selbstherrlichkeit oder der Rücksichtslosigkeit. Gib uns das Vertrauen und die Kraft, dir treu zu bleiben, durch Jesus Christus ...

Schlußgebet

Erreiche uns, Gott, mit der seltenen Liebe Jesu, die uns Nähe und Befreiung schenkt. Nicht ins Leere hinein möchten wir hoffen und beten, nicht hängenbleiben in ausweglosem Verhalten unserer zerstrittenen Welt. Wir lernen und beten in seinem Geist: Laß uns zweifeln an Erfolgen, erwachsen aus krankmachendem Druck. Laß uns zweifeln an glattzüngigen Begründungen, die den Kurs der Machthaber stützen. Laß uns zweifeln an der Feindseligkeit, zu der fanatischer Glaube verleitet. Laß uns vertrauen dem seltenen Verständnis, das ärgerlich Schwache und Fremde einbezieht in unsere vertrauten Kreise. Laß uns vertrauen der seltenen Freiheit, die für das Wohl und das Recht der Gegner eintritt und so dem Frieden Brücken baut. Laß uns vertrauen der seltenen Liebe, die verkümmertes Leben behutsam zum Blühen bringt. So denken wir an die Menschen, von denen wir in diesen Tagen hören, über die wir reden, die uns begegnen, daß sie spüren können, was wir hier beten. (aus Gottesdienst menschlich 2)

Vorschläge für die Predigt

Möglicher Anfang
»Lohnt es sich (noch), am christlichen Glauben festzuhalten?« Diese Frage stellt sich immer wieder. Sie kann aus leisem Zweifel kommen oder aus massiver Absage an Gott. E. Kästner drückte sie in einem Gedicht, mit dem er Jesus direkt anredet, so aus: »Zweitausend Jahre sind es fast, seit du die Welt verlassen hat, du Opferlamm des Lebens! Du gabst den Armen ihren Gott. Du littest durch der Reichen Spott. Du tatest es vergebens! // Du sahst Gewalt und Polizei. Du wolltest alle Menschen frei und Frieden auf der Erde. Du wußtest, wie das Elend tut und wolltest allen Menschen gut, damit es schöner werde. // Du warst ein Revolutionär und machtest dir das Leben schwer mit Schiebern und Gelehrten. Du hast die Freiheit stets beschützt und doch den Menschen nichts genützt. Du kamst an die Verkehrten! // Du kämpftest tapfer gegen sie und gegen Staat und Industrie und die gesamte Meute. Bis man an dir, weil nichts verfing, Justizmord, kurzerhand, beging. Es war genau wie heute. // Die Menschen werden nicht gescheit. Am wenigsten die Christenheit, trotz allem Händefalten. Du hattest sie vergeblich lieb. Du starbt umsonst. Und alles blieb beim alten!«
Genau betrachtet, spricht aus dem Gedicht eine Hochachtung vor Jesus, vor alledem, was er getan hat – aber dann auch eine tiefe Resignation: Du tatest es vergebens! Die Menschen werden nicht gescheit! Du hattest sie vergeblich lieb! Du starbst umsonst! In diese Resignation werden viele einstimmen, die in ihrem Leben in die Enge des Versagens, des Scheiterns, des Zweifels, des Leidens getrieben wurden, die an der Ungerechtigkeit und dem Unfrieden in der Welt verzweifeln. Sie haben vielleicht einmal auf Gott ihr Vertrauen gesetzt, sind dann aber dem Druck der Verhältnisse erlegen und trauen nicht mehr der Verheißung. Es lohnt sich nicht mehr, zu glauben, sagen sie. Wir haben ja doch nichts davon. Wir sehen nicht mehr ein, wozu es gut sein soll, an Gott zu glauben.

Zum weiteren Verlauf
Hier kann der Predigttext eingeführt werden als Antwortversuch auf die Frage: Lohnt es sich, an Gott zu glauben? Dazu können, je nach Gemeindesituation, betimmte Motive des Textes (vgl. Homilet. Besinnung) hervorgehoben und ausgeführt werden. Mir wäre wichtig darzulegen: Gott hat seine Liebe in Christus gezeigt. Davon gingen und gehen die Christen aus. Er hat Leuten, die blind waren, eine neue Sicht gegeben. Er hat Menschen, die verkrümmt und gelähmt waren, aufgerichtet und in Bewegung gesetzt. Er hat Schuldbeladenen und Versagern einen neuen Anfang geschenkt. Er hat Menschen, die andere abgeschrieben hatten, angenommen und ihnen so das Leben wiedergegeben. Er hat Menschen, die man stumm und mundtot gemacht hat, wieder mündig gemacht. Er hat Versuchungen bestanden und in Versuchungen geholfen.

Was man vom Glauben hat? Antwort: Glaube eröffnet neue Zukunft. Den Menschen, die müde und resigniert sind, die die Freude am Leben verloren haben, wird die Zukunft im Lichte der Verheißung gezeigt, mit all den noch nicht endgültig verspielten Chancen des Friedens und der Zufriedenheit, des menschenwürdigen Miteinanders.
Das Licht der Verheißung hat einen realen Ursprung: Es scheint von Gottes Liebe her, die sich im äußersten Leiden hingibt, die aber dennoch von Tod und Schrecken nicht endgültig besiegt werden kann. Christus, der selbst Opfer teuflischer Versuchung und menschlicher Gewalt und Grausamkeit wurde, der, bis zur Verzweiflung getrieben, doch sich selbst und Gott treu blieb, begegnet uns mit tröstendem Verständnis und will uns Mut machen, unser Vertrauen nicht wegzuwerfen. Er bringt den Schwachen die Kraft Gottes, die ihn selbst in seiner Schwachheit gestärkt hat. Er weckt Phantasie der Liebe und des Vertrauens, orientiert unsere Vernunft und unseren Lebensmut neu an der Verheißung, daß die Liebe stärker ist als der Tod und selbst der bösesten Gewalt überlegen, auch wenn diese zeitweilig überhandnimmt und großes Leid verursacht. Im Glauben erfahren wir, wovon wir leben und was uns menschlich macht. Im Glauben spricht uns Gott vergewissernd zu: Du bist behütet! Du bist kostbar! Du bist ein freier Mensch! Du bist ein geliebter Mensch! Du darfst in Hoffnung leben!
Daraus wächst uns Kraft und Lebensmut zu, dadurch wird unsere Fähigkeit zur Nächstenliebe gestärkt. Das gibt uns Halt: Es kann uns davor bewahren, uns selbst und andere aufzugeben. Es will uns davor bewahren, der Gewalt mehr zuzutrauen als der Liebe und der Geduld, alles nur unter dem Gesichtspunkt der Leistung zu bewerten, den Profit oder die eigene Macht oder eine Ideologie über das Wohl der Mitmenschen zu stellen, uns in Vorurteilen oder Gleichgültigkeit oder Resignation zu verlieren.

Schluß
Es lohnt sich, den Glauben an Gott festzuhalten, seine Liebe und Treue mit Liebe und Treue zu beantworten, denn allein so gelangen wir zu einem sinnvollen, erfüllten Leben.

Alternativer, nicht ausgeführter Predigtvorschlag
Einstieg mit einem »modernen Glaubensbekenntnis« (evtl. Text der Gemeinde an die Hand geben) und dann daran entlanggehend aufzeigen, daß »Festhalten am Glauben« die ständige, wirklichkeitsbezogene Neuorientierung des Glaubens und Lebens an der ermutigenden Liebe Gottes bedeutet.

Kontexte

»Führ uns nicht in Versuchung«, so bitten wir dich. Wir meinen nicht die kleinen Versuchungen, die unser Herz gefangen nehmen oder uns die Sinne verwirren, nicht die Leidenschaften, denen wir verfallen, sondern die eine große Versuchung: So viel, Vater im Himmel, geschieht ohne sichtbaren Sinn. Bewahre uns davor zu sagen: Es hat alles keinen Sinn. Das ist die Versuchung, die wir fürchten. Es ist so viel Lüge in der Welt. Bewahre uns davor, zu sagen: Es gibt keine Wahrheit. So viel Leid geschieht, so viel Unheil. Bewahre uns davor, zu sagen: Es gibt keinen Gott, der es wahrnimmt. So viel Gewalt tobt sich aus, so viel Bosheit. Bewahre uns davor, zu sagen: Das Böse hat die Macht. Die Gewalt hat Recht. Führe uns nicht in die Versuchung, an deiner Nähe zu zweifeln, an deiner Macht und Herrschaft. Führe uns nicht in die Versuchung, die Lüge für mächtiger zu halten als dich, das Unrecht für stärker als deine Gerechtigkeit. Führe uns nicht in die Versuchung, deine Hand loszulassen, uns in der Welt einzurichten und uns mit Lüge, Gewalt und Unrecht abzufinden. Halte du unsere Hand fest. (J. Zink: Wie wir beten können, Kreuz Verlag, Stuttgart 1970.)

Christus ist ein barmherziger Hoherpriester und Helfer der Seinen so geworden, daß er ihnen in seiner Erniedrigung gleich wurde, ihre Situation des ›peirazesthai‹ teilte, infolgedessen ein volles Verständnis ihrer Lage erwarb und das nun in seinem ›sympathesai‹ vom Himmel aus praktisch bestätigt. Offensichtlich gleitet ›eleos‹ hier in die Bedeutung des praktisch die Schwäche der Brüder kennenden und ihr aufhelfenden Mitleidens über. (Käsemann: Das wandernde Gottesvolk)

Keines seiner Worte glaubte ich, hätte er nicht geschrieen: Gott, warum hast du mich verlassen. Das ist mein Wort, das Wort des untersten Menschen. Und weil er selber so weit unten war, ein Mensch, der ›Warum‹ schreit und schreit ›Verlassen‹, deshalb könnte man die von weiter oben, auch die anderen Worte vielleicht ihm glauben. (R.O. Wiemer)

Fürchtet euch nicht vor Menschen, von denen ihr abhängig seid. Laßt euch nicht einschüchtern von Räten, Funktionären, Direktoren. Fürchtet euch nicht vor Präsidenten und Bischöfen, nicht vor Zensoren und Vorsitzenden, die euch begutachten und abwerten. Ihre Machenschaften und das Unrecht, das sie euch tun, werden sich nicht verbergen lassen. Es wird alles ans Licht der Wahrheit kommen und Klarheit schaffen. Fürchtet euch nicht vor denen, die eure Personalakten führen und eure Gehälter bestimmen, denen ihr Arbeit verdankt und Fortkommen. Laßt euch nicht das Denken und den Mund verbieten. Laßt euch nicht verunsichern, wenn sie euch Fehler vorrechnen, wenn sie euch drohen. Fürchtet euch nicht, laßt euch nicht herumkommandieren und macht keine krummen Buckel. Ihr könnt darauf vertrauen: Auf die Dauer läßt sich die Wahrheit nicht verkehren oder unterdrücken. In meiner Nachfolge bleibt ihr mutig und frei. Fürchtet euch aber vor denen, die euch zu Gefallen reden, die euer kritisches Denken einschläfern, die euch kaufen, die euch feige, angepaßt und eitel machen, die euch das Rückgrat rauben und euch in Kriecher verwandeln wollen. Lernt das Fürchten vor allen, die eure Gedanken und Gefühle verderben, so daß ihr denkt in Vorurteilen, Beziehungen, Popularitätskurven und Gewinnchancen. Sie verdammen euch in die Hölle der Rücksichtslosigkeit. Denn die Torheit eurer Verführer wird ans Licht kommen. Heute ist es nur noch eine Frage der Zeit. (Manfred Fischer: Einmischung in innere Angelegenheiten)

Reminiscere

Predigttext: Römer 5,1–5

Ludwig Keller

Theologisch-homiletische Skizze

Rechnen Sie ruhig damit, daß auch »Ungläubige« unter Ihren Zuhörern sind, die behaupten, nicht an Gott zu glauben. Dann sprechen Sie nämlich auch die Zweifel und Fragen der »Gläubigen« an und werden nicht reden, als stünde außer Zweifel, was »Frieden mit Gott« bedeutet. Für den, der nicht glaubt, daß es Gott gibt, erscheint die Frage, ob er mit Gott im Zerwürfnis oder im Frieden lebt, irrelevant: Wie kann er mit einem streiten oder sich versöhnen, den es nicht gibt? Doch auch der »Ungläubige« verklagt Gott, ohne das so zu nennen, wenn er, vom Augenschein, von Erfahrung und Einsicht getrieben, unter der Sinnlosigkeit und Hinfälligkeit der Welt und unter dem Bösen leidet und sich dagegen auflehnt oder darüber in Traurigkeit versinkt. Ihm wie allen begegnet Gott in der erschreckenden Unbegreiflichkeit und Offenheit, der wir alle ausgesetzt sind, in der verwirrenden, immer wieder unübersichtlichen Wirklichkeit, in einem Leben, das immer, auch in seinen glücklichen Stunden, von Leid, Schuld und Tod überschattet ist. Auch der »Ungläubige« versöhnt sich mit Gott, sobald er hofft und sich frei fühlt und liebt. Daß er nicht »Gott« sagt, liegt nur daran, daß dieses Wort zwar nicht auf den Hund, aber auf eine Art Superweihnachtsmann in den Wolken gekommen ist. (Karl Rahner: »Gott sei Dank gibt es nicht, was 60 bis 80 Prozent der Zeitgenossen sich unter Gott vorstellen.«) In Wahrheit haben es alle mit Gott zu tun, und ob einer glaubt oder nicht, erweist sich allein daran, ob er dem Unbegreiflichen, Offenen traut oder nicht. Davon schreibt Paulus.

»Gerechtfertigt aus Glauben«, »Frieden mit Gott«, »Herr Jesus Christus«, »sich rühmen«, »Herrlichkeit Gottes« ... lauter Ausdrücke, die in der Sprache unserer Zuhörer kaum noch vorkommen. Aber was diese Worte meinen, kommt vor und ist zu sagen nötig. Deshalb mühe ich mich sehr um die Übertragung in unseren Sprachgebrauch, gebe mich nicht mit »genauer« Übersetzung zufrieden, sondern löse die Formeln, die zu Leerformeln geworden sind, in Sätze auf, die auslegen, was die Formeln verschließen. So kommt eine Paraphrase zustande, die natürlich meine Interpretation enthält und durch meine Wahrnehmung und Einsicht bestimmt ist. Und ich empfehle Ihnen, den Text Ihrer Zunge und den Ohren Ihrer Zuhörer zugänglich zu machen. Meine Paraphrase kann Sie vielleicht dazu ermutigen und anregen. Es kann nicht Aufgabe der Predigt sein, den Sprachgebrauch des Paulus zu erklären.

Die Predigt steht vor einer schwereren Aufgabe. Mögen wir noch so gläubig sein: Leiden und Tod fliehen wir alle. Daß Leid einen Sinn haben könnte, scheint uns in der Wohlstandsnische unbegreiflich geworden zu sein. Höchstens überstandener Leiden pflegen sich manche zu rühmen, als wären es Heldentaten. Auch machen uns Leiden nicht geduldig, wie Paulus von sich berichtet. Er besteht darauf, daß Leiden eine geradezu befreiende Wirkung haben können. Wie können wir unseren Zuhörern das zumuten? So weit, wie wir selbst es akzeptieren? Wir sollten wohl den Abstand zwischen dem Wir des Römerbriefs und dem Wir unserer Gottesdienstgemeinde nicht verdecken und die Worte des Paulus wieder einmal und immer noch als

Zukunftsmusik hören, als lockende Vision einer Lebenshaltung, deren Freiheit und Gelassenheit, Glaube und Liebe sich gerade im Leid bewährt. Nicht Leidenssucht wollen wir propagieren, aber den Weg zeigen, auf dem das unvermeidliche Leid nicht in Verzweiflung und Verbitterung führt, sondern in eine bewährte Hoffnung, die nicht zuschanden wird.

Vorschläge zur Liturgie

Lieder
aus dem EKG: 306; 283

Paraphrase des Predigttextes
Wir sind die Freigesprochenen.
Uns hat Jesus aus der Angst genommen.
Ihm, dem Zuverlässigen, trauen wir in allem
und sind einverstanden wie er mit Leben und Tod.
Er hat uns den Weg gewiesen zum gnädigen Geschick, in dem wir stehen.
Wir rühmen die Klarheit, die uns erwartet bei Gott.
Doch nicht nur das: Wir rühmen sogar unsere Leiden.
Wissen wir doch, daß Leid uns Geduld lehrt.
Geduld bringt Bewährung,
und Bewährung stärkt die Hoffnung,
Hoffnung, die nicht zuschanden wird.
In unseren Herzen der Hauch Gottes,
seine Liebe, die wir empfangen.

Fürbittengebet
Vater, in deine Hände legen wir alles,
was unseren Geist erfüllt und bewegt:
in deine Hände unseren Dank dafür,
daß du uns kennst und liebst;
in deine Hände unsere Hoffnung
auf die Klarheit, die uns erwartet bei dir;
in deine Hände unsere Wünsche und Pläne, unsere Liebe und Sehnsucht
und auch unsere Angst, Traurigkeit und Schuld;
in deine Hände Glück und Unglück
und Schmerzen und Leid und Tod.
In deine Hände befehlen wir das Geschick der Menschen,
die uns nahe sind, die wir lieb haben,
für die wir Verantwortung tragen, die uns Sorgen machen,
in deine Hände auch die, über die wir uns ärgern.
In deine Hände befehlen wir alle,
die für uns arbeiten und entscheiden,

unsere Kirche in ihren tätigen und leidenden Gliedern,
die Kranken und Sterbenden und die ihnen beistehen,
die Hungernden und Unterdrückten
und die unter Krieg und Blutvergießen leiden.
In deine Hände den Frieden, Frieden für alle, wie du verheißen hast.

Predigtvorschlag

Möglicher Anfang

Was würden Sie halten von einem, der auf die Frage, Wie geht's denn? antworten könnte: Danke, schlecht, Gott sei Dank! Ziemlich verrückt, nicht wahr? Gewöhnlich ist es ja schon nicht angenehm, wenn jemand nur Danke, schlecht, antwortet. Denn dann muß ich ja wohl nachfragen, was ihm fehlt, und wer weiß, welch traurige Geschichte ich dann zu hören bekomme. Oder er erwartet gar Hilfe von mir und zieht mich in seine Schwierigkeiten hinein. Fast finde ich es unhöflich, wenn er auf die harmlose Frage nicht harmlos antwortet: Danke, gut. Auch, wenn das nicht stimmt. Dann könnte ich mich doch erst einmal unbehelligt fühlen. Ganz ratlos allerdings würde mich die Antwort, Danke, schlecht, Gott sei Dank, machen. Was ist denn mit dem los, würde ich denken; dem geht es schlecht, und er findet das auch noch gut? Das darf man doch nicht. Jeder hat doch die Pflicht, dafür zu sorgen, daß es ihm gut geht. Ist das nicht so? Hat jeder die Pflicht, dafür zu sorgen, daß es ihm gut geht?
Paulus war anderer Meinung. Er könnte gesagt haben: Mir geht es Gott sei Dank schlecht. Hier schreibt er ja: Wir rühmen die Klarheit, die uns erwartet bei Gott; doch nicht nur das: wir rühmen sogar unsere Leiden. Und er schreibt das nicht bloß für sich allein. Er schreibt: Wir. Wir rühmen sogar unsere Leiden. Wir, die Freigesprochenen. Wir, die Jesus aus der Angst befreit. Wir, die ihm vertrauen in allem, denen er den Weg gezeigt hat zum gnädigen Geschick. Wir Christen, wir rühmen sogar unsere Leiden! Denn wir, schreibt er, wir lernen ja im Leiden Geduld, wo andere nur jammern oder bitter werden oder verzweifeln. Und in der Geduld, schreibt er, bewähren wir unser Vertrauen auf Gott, daß er es in allem gut mit uns meint. Und das bestärkt unsere Hoffnung, schreibt er. Und er möchte so gern, daß diejenigen, die seinen Brief lesen – wir also! –, daß wir uns überwinden, uns schon üben und einstimmen in seine Worte: Wir rühmen die Klarheit, die uns erwartet bei Gott. Wir rühmen sogar unsere Leiden.
Wenn wir das könnten, das wäre gut. Wenn wir in den Leiden, die wir ja nicht vermeiden können, nicht in der Klage stecken blieben, nicht verbittert oder verzweifelt würden, sondern durch die Klagen und Tränen hindurch doch wieder Hoffnung schöpfen könnten, eine Hoffnung, die nicht zuschanden wird. Wenn wir das doch könnten! Wie lernt man so etwas? Paulus hat es von Jesus gelernt, und wir können es auch von Jesus lernen, von der Erinnerung an sein Leiden und Sterben.

Zum weiteren Verlauf
Jesus konnte, wie wir lesen, wunderbar viel. Am erstaunlichsten: er konnte leiden. Er wußte, was ihm drohte, und hatte Angst davor, aber er lief nicht weg. Er litt das Schlimmste: verraten und verlassen, verdammt und verhöhnt, gequält und qualvoll getötet: und beschimpfte nicht die Schuldigen, wehrte sich nicht, jammerte nicht. Zwar schrie er vor Schmerzen und fühlte sich sogar von Gott verlassen – aber gegen seine Verzweiflung sprach er: »In deine Hände befehle ich meinen Geist.« Deutlicher kann keiner bezeugen, was Paulus schreibt: »Wir rühmen die Klarheit, die uns erwartet bei Gott.« Über die ganze Ungerechtigkeit und Sinnlosigkeit, über den Schmerz und Jammer hinaus traut er der Doxa, die uns erwartet bei Gott. Wir können das lernen und üben, indem wir das Gebet Jesu nachsprechen: »In deine Hände befehle ich meinen Geist«, also mich selbst mit meinen Freuden und Hoffnungen, Wünschen und Plänen, mit meiner Angst, Sorge, Trauer und Schuld. So können wir uns üben, alles dem anzuvertrauen, dessen Klarheit uns erwartet. Mit diesem kurzen Gebet können wir unsere Hoffnung über das Leid und den Tod hinaus stärken. Da kann die Hoffnung nicht zuschanden werden. Da ist die Klarheit, die wir hier im Trüben und Wirren noch nicht kennen, nach der unsere Herzen sich sehnen.

Möglicher Schluß
Die Leute, mit denen wir zusammen leben, brauchen Menschen, die sich an der Klarheit orientieren, die uns erwartet bei Gott. Unsere Familien und Freunde und Nachbarn, unsere Kolleginnen und Kollegen und auch die vielen anderen, denen wir nur flüchtig begegnen: sie alle brauchen Menschen, die ihr Leben nicht als Flucht vor Leid und Tod gestalten. Sie brauchen Menschen, die nicht von dem Hunger nach immer mehr Glück und Wohlsein getrieben werden. Sie brauchen Menschen, die auch dem Leid und Unglück standhalten können, Menschen, die noch unter Tränen im Vertrauen leben und ihre Hoffnung weit ausstrecken über die Grenzen von Glück und Unglück hinaus. Wir selbst ja auch: Wenn uns der Mut sinkt und die Hoffnung stirbt, wenn uns Angst und Traurigkeit verdüstern: Wir brauchen auch immer wieder einmal Menschen, die die Klarheit rühmen, die uns erwartet bei Gott. Es gibt, Gott sei Dank, solche Menschen, die es erfahren haben und vielleicht auch sagen können wie Paulus: »In unseren Herzen empfangen wir den Hauch Gottes, seine Liebe.«

Kontexte
Wenn es in Ihrer Kirche ein Bild der zwölf Apostel, darunter des Apostels Mattias gibt, dann können Sie daran erinnern, daß in diesem Jahr am Sonntag Reminiscere der Gedenktag dieses Heiligen in den alten Kirchen begangen wird. Mattias wurde durch das Los zum Ersatz für Judas Ischariot bestimmt (Apg 1,15–26). Sein Los war, nach der Legende, der gewaltsame Tod. Er wird meistens mit einem Beil oder

Schwert dargestellt, manchmal auch mit Hellebarde, Kreuz oder Steinen, um die Art seiner Hinrichtung zu zeigen. Auch er also ein Zeuge nicht nur des Weges und Glaubens Jesu, sondern auch der Hoffnung, die in Leiden und Tod nicht zuschanden wird.

Eine ganze Theologie des Leidens enthält das Lied »Endlich bricht der heiße Tiegel ...« (EKG 305) – das freilich für den Gemeindegesang wegen der Fülle mythologischer Aussagen kaum noch geeignet ist; am ehesten noch die vierte Strophe:
Leiden sammelt unsere Sinne,
daß die Seele nicht zerrinne
in den Bildern dieser Welt;
ist wie eine Engelwache,
die im innersten Gemache
des Gemütes Ordnung hält.

In Gedichtsammlungen der Gegenwart findet man zwar alle Arten von Leid reichlich beschrieben, auch Klagen und Anklagen und viel Bitterkeit, aber wenig Hoffnung. Da ist es schon viel, wenn in dem folgenden Gedicht der Katalog der Beschwerden plötzlich abbricht (mit der Zeile »Plötzlich werde ich gesehen«) und in eine Art Lied übergeht mit gereimten Versen, in denen der eigene Tod klaglos beschrieben wird. Die Dichterin ergibt sich darein wie ein Kind in den Schlaf, das schon halb im Traum noch ein letztes sagen will:

Liegenbleiben

Schwere Beine, kurze Hoffnung
Atemnot und Angst vorm Schlafen
Schwäche, kleine Knoten, Undank
Schuldbewußtsein, schwacher Pulsschlag
Regelmäßig kein Vertrauen
Langeweile, Himmelsferne
Unbenutzte Erdumdrehung
Plötzlich werde ich gesehen
Eines Morgens bin ich jemand
Der im langen Traum verirrt
Nun umsonst gerufen wird
Eines Morgens bin ich jemand
Der versehentlich die Nacht
Nimmermehr zum Tage macht
Heut bin ich nicht aufgewacht
Heute muß ich liegenbleiben –
Laß mich das noch niederschreiben!
Laß mich noch dies letzte Mal
Sagen: Schönes Jammertal.

Gabriele Wohmann, Ausgewählte Gedichte 1964–1982, H. Luchterhand Verlag, 1982

Für diesen Band arbeiteten

Pfarrerin Gisela Arp-Kaschel, Esgrus. Pfarrerin Barbara Berg, Wendeburg-Bortfeld. Dekan Dr. Friedhelm Borggrefe, Ludwigshafen. Pfarrerin Berthild Boueke-v. Waldthausen, Bielefeld. Pfarrer Ludwig Burgdörfer, Gundersweiler. Stadtsuperintendent Hans Werner Dannowski, Hannover. Pfarrer Werner Dettloff, Oldenburg. Pfarrer Dr. Andreas Eitz, Freigericht. Pfarrer Joachim Funk, München. Pfarrer Helmut Gröpler, Cottbus. Pfarrer Ralf Handelsmann, Kutenholz. Pfarrerin Hildegard Heimbrock-Stratmann, Tönisvorst. Pfarrer Bernhard von Issendorff, Frankfurt-Unterliederbach. Pfarrer Andras Jagdhuhn, Cottbus. Pfarrer Ludwig Keller, Kassel. Dekan Peter Kreyssig, Stuttgart. Pfarrerin Sigrid Lunde, Bad Kreuznach. Pfarrerin Dorothea Margenfeld, Ludwigsburg. Pfarrer Klaus Nagorni, Karlsruhe. Pfarrer Martin Ost, Unteraltenbernheim. Pfarrerin Sabine Ost, Unteraltenbernheim. Pfarrer Hans Reinhard Rapp, Laatzen. Wiss.Ass. Harald Schroeter, Bonn. Pfarrerin Ursula Schütz, Aalen. Pfarrer Michael Schwekendiek, Rotenburg (Wümme). Pfarrerin Susanne Wahl, Klagenfurt. Propst Prof. Dr. Christian Zippert, Marburg.